KB076482

거짓의 프레임

샌더 밴 데어 린덴 지음
문희경 옮김

# 거짓의
# 프레임

우리는 왜
가짜에
더 끌리는가

*Foolproof*

세계사

**일러두기**

1. 단행본 및 정기간행물은 『 』, 영화와 TV 프로그램은 〈 〉, 노래는 ' '로 묶었다.
2. 원서에서 이탤릭체로 강조한 부분은 볼드체로 옮겼다.
3. 본문 중 '옮긴이'라고 표시한 주 외에는 모두 지은이 주이다.
4. 병기는 일반 표기 원칙에 따르면 최초 노출 뒤 반복하지 않으나 문맥의 이해를 위해 필요한 곳
   에는 반복해 병기했다.
5. 본문에 언급된 책, 작품, 프로그램이 우리말로 번역된 경우 그 제목을 따랐으며 그렇지 않은
   경우 원문에 가깝게 옮겼다.

개비에게

# 차례

## 3부 속이려는 자에게 속지 않으려면

foolproof (부사) 속아 넘어가지 않는.

커크비는 잉글랜드 북서부 노슬리 자치구의 소도시이다. 인구가
4만여 명인 이 도시는 시인 로버트 애서튼과 배우 스티븐 그레이엄
의 고향이자 지금까지 이름을 들어본 적 없을 마이클 위티라는 사
람의 고향이다. 세 아이의 아버지인 위티는 지역 자선단체에서 자
원봉사 활동을 하고 공항에서 주차 시설을 운영한다. 그리고 믿음
직한 친구인 인터넷에서 몇 가지 독특한 아이디어를 느리지만 꾸준
히 발전시켰다.

　2020년 4월 5일 일요일, 위티는 공범 두 명과 함께 커크비의 쿠퍼
스가街로 차를 몰아 보다폰Vodafone 소유 송전탑에 불을 질렀다. 장갑

을 끼고 시설함을 뜯어 파이어라이터(불을 지피기 위한 기름 덩어리—옮긴이 주)로 송전탑을 완전히 태웠다. 경찰 조사에 의하면 '순간적 충동'에 의한 방화가 아니라 치밀하게 계획된 범행이었다. 위티는 5G(5세대) 송전탑이 최근 전 세계를 휩쓴 코로나19 범유행과 모종의 관련이 있다고 믿었다. 그의 휴대전화에서 확보한 증거에 따르면 그는 상당히 오랜 기간 5G 기술을 연구하고 그와 관련된 온라인 채팅방에서 토론에 참여해왔다. 신기술과 보건에 대한 불안을 어느 정도는 이해할 수 있지만 사실 그의 불안감은 5G 송전탑에서 발산되는 방사선이 인체 면역계를 약화해 코로나19 바이러스 유행을 유발하거나 악화시킬 수 있다는, 이미 거짓으로 판명된 음모론에 근거한 것이었다.

한편 그로부터 약 4년 전 2016년 미국 대선을 앞두고 노스캐롤라이나에 사는 두 아이의 아버지인 28세 에드거 매디슨 웰치는 총알이 장전된 반자동 소총을 들고 워싱턴 DC의 코멧 핑퐁 피자집에 들어섰다. 그는 대선 후보인 힐러리 클린턴이 아동 성매매 비밀조직의 일부인 그 피자집 지하실에 아이들을 숨겼다고 믿었다. 웰치도 위티처럼 유명인이나 정치인 들이 온라인에서 공유한 가짜 뉴스 수십 개를 읽으면서 '피자게이트' 스캔들로 불리는 아동 학대 사건을 진지하게 믿게 되었다.

이런 사건은 흔히 한 개인의 일탈 정도로 여겨진다. 그들이 '아웃라이어'이며 대다수는 이런 가짜 뉴스에 속지 않는다고 본다. 과연 그럴까? 당신의 한 표가 마이크로타깃(microtarget, 특정 고객군이나 유권자 집단을 표적으로 접근하는 방식—옮긴이 주)으로 다가오는 잘못된 정보에 영향받지 않았다고 얼마나 확신하는가? 우리가 소셜미디어에서 접하는 정보 중 거짓은 얼마나 될까? 명백한 거짓까지는 아니어도 이런 정보는 우리가 어떤 식으로 생각하거나 느끼도록 얼마나 유도할까? 위티와 웰치 두 사람만의 일이 아니다. 사실 기본적 인지 수준에서는 누구나 잘못된 정보에 넘어갈 수 있다.

5G 송전탑이 코로나19 바이러스 확산과 관련 있다는 잘못된 정보가 널리 퍼져나가면서 영국 전역에서 송전탑 50개 이상에 불이 났다. 이후 과학 연구에서는 5G 음모론에 대한 믿음이 과격한 계획과 연관된 것으로 나타났다. 2020년 나는 영국과 미국, 멕시코, 스페인에서 케임브리지 동료 연구자들과 함께 5G 네트워크가 코로나19 바이러스에 취약하게 만든다고 믿는지 직접 조사해보았다. 결과적으로 그렇게 믿는 사람의 비율은 국가마다 인구의 10~17퍼센트로 추산됐다. 이 수치가 적게 느껴지는가? 하지만 인구의 10퍼센트로만 어림잡아도 영국에서는 700만 명 이상, 미국에서는 약 3200만 명이 그렇게 믿는다는 뜻이다. 게다가 인구의 10퍼센트뿐인데도 이미 송전탑에 불을 지르기 시작했는데 이런 믿음이 더 확산한다면 우리 사회에 어떤 영향을 미치겠는가?

2021년 조 바이든의 대선 승리에 반발해 일어난 국회의사당 점거 폭동은 잘못된 정보에 속은 군중이 사회적 물의를 얼마나 크게 일으킬 수 있는지 보여주는 무서운 사례이다. 도널드 트럼프 전 대통령은 민주당이 대대적인 유권자 사기를 저질러 선거를 훔쳤다고 목소리 높였고, 이 거짓 주장이 소셜미디어와 보수 케이블 채널 뉴스에서 자주 흘러나왔다. "정체 모를 표가 조 바이든에게" 들어갔다거나 선거관리위원회가 "테이블 아래에서 투표용지가 잔뜩 든 여행가방"을 꺼냈다는 주장부터 "사망자가 투표권을 행사했다"라는 주장까지 온갖 거짓 주장이 난무했다. 팩트 체크 전문가 사이에서 "거짓의 지진해일"이라 불리는 트럼프는 대통령 임기 중 3만 번 이상 거짓이거나 오해를 조장하는 주장을 펼쳤다.

국회의사당 점거 폭동이 일어난 것은 단순히 잘못된 정보 때문만은 아니었을 수 있다. 팩트 체크 전문기관 폴리티팩트<sup>PolitiFact</sup>가 당시 체포된 400명 이상의 기록을 검토한 결과, 피고인 절반 이상이 잘못된 정보를 토대로 신념을 형성하고 행동에 옮긴 것으로 나타났다. 체포된 다수는 소셜미디어에서 활발히 활동한 사람들이었으며, 일부는 법정 변론에서 "가짜 뉴스에 속았다"라고 주장했다. 위티와 웰치 같은 사람들이었다.

시카고 교외에서 태양광 패널 판매원으로 일하는 27세 앤서니 안토니오를 예로 들어보자. 안토니오는 원래 정치에는 전혀 관심이 없었다. 대통령 선거에서 투표권을 행사해본 적도 없었다. 코로나19 범유행 중 해고당한 안토니오는 그냥 심심해졌다. 폭스뉴스를 자주 보게 됐고, 우파 소셜미디어를 열심히 구독하면서 대통령 선거가

들어가며

조작됐다는 음모론에 빠져들었다. 2021년 1월 6일, 그는 극우 민병대 휘장이 붙은 방탄조끼를 입었다. 그렇게 치안 교란 행위와 국회의사당 폭력 난입을 비롯해 5가지 혐의로 기소됐다.

변호인은 안토니오가 휩쓸린 잘못된 정보의 홍수를 언급하며 "누구든 이 병에 걸릴 수 있다"라고 변론했다.

잘못된 정보가 위험하게 퍼져나가는 현상은 서구만의 문제가 아니다. 2018년 4월, 인도 남부에서는 메시징 플랫폼 왓츠앱Whatsapp에 아동 인신매매범들에 관한 경고 메시지가 담긴 거짓 영상이 퍼져나갔다. 영상에서는 그 지역 아동이 50명 이상 납치됐다고 주장했다. 이 메시지에 선동당한 200여 명이 어느 무고한 가족을 폭행하고 차에서 끌어내려 그중 1명을 구타해 사망에 이르게 했으며 나머지 가족에게는 중상을 입혔다. 같은 메시지로 인해 비슷한 폭행 사건이 잇따랐다. '인도 왓츠앱 집단 폭행 사건'으로 유명한 이 사건들은 왓츠앱에서 가짜 뉴스 영상과 메시지가 유포된 뒤 발생했다. 한편 그해 말 왓츠앱에 그 지역 강도에 관한 가짜 메시지가 유포된 뒤, 두 남성이 구타당해 사망하고 7명이 부상당했다. 2020년 초 이란에서는 대규모 중독으로 아동을 포함해 수백 명이 사망하고 수천 명이 입원했다. 알코올성 독성 약물을 복용하면 코로나19 바이러스가 '중화'된다는 소셜미디어의 허위 주장에 속아서였다.

그야말로 가짜 뉴스가 우리를 죽일 수도 있다.

긍정적으로 보아 우리가 가짜 뉴스를 선별할 수 있다고 믿는다

해도 모든 사람이 속아야만 잘못된 정보가 엄청난 영향력을 발휘하고 위험을 초래하는 것은 아니다. 요즘은 주요 선거가 근소한 차이로 판가름 나고 사이버 선전이 민주주의의 근간을 흔드는 데 갈수록 중요한 역할을 하고 있다. 2022년 2월 초, 러시아의 선전 전문가들은 우크라이나 침공의 명분을 쌓기 위해 우크라이나가 러시아 영토를 침략하는 것처럼 보이는 장면이 담긴 가짜 영상을 소셜미디어에 유포했다. 사실 영상 일부는 이스라엘이 가자지구를 공습하는 장면이고, 다른 부분은 전술 총격 비디오게임인 아르마 3$^{Arma\ 3}$에서 직접 따온 영상이었다. 이는 러시아의 군사 행동이 정당하다고 세계인들을 설득하려 시도한 것이 아니었다. 그보다는 사람들이 사실과 허구를 구분하기 어렵게 하는 것이 이 영상의 목적이었다. 다시 말해 정치 분석가와 팩트 체크 전문가가 명백히 허위인 자료를 추적하며 반박하느라 산만해지게 만드는 것이 목적이었다.

가짜 뉴스가 민주주의의 근간을 흔드는 방식은 우려할 만하다. 한 예로 워싱턴 소재 퓨리서치센터의 2016년 여론조사에 따르면 미국인 65퍼센트 이상이 가짜 뉴스로 인해 기본적 사실에 대해서조차 혼란스럽다고 답했고, 유럽인 83퍼센트가 가짜 뉴스를 심각한 문제라고 보았다(조사 대상의 절반 이상이 매주 잘못된 정보를 접한다고 답했다). 게다가 음모론은 더 이상 '미치광이들'의 전유물이 아니다. 실제로 50퍼센트 넘는 미국인이 음모론을 한 가지 이상 믿는다. 이 조사 결과는 우리가 미디어 생태계에서 올바르게 살아갈 수 있는지에 더 큰 의문을 제기한다. 사람들은 어쩌다 잘못된 정보를 믿게 될까? 잘못된 정보는 어떻게, 왜 퍼져나갈까? 그리고 우리는 무엇을 할 수 있을까?

이 책에서는 이 모든 질문을 다룬다. 그렇다고 전형적인 설득에 관한 책은 아니다. 적어도 당신이 생각하는 의미의 책은 아닐 것이다. 나는 평생 설득과 영향력의 심리학을 연구해왔다. 사실 전문가로서만 설득이라는 주제에 관심 있는 것이 아니다. 나 개인의 삶에서도 이제껏 나를 비롯해 사람들이 온갖 유형의 정보, 특히 잘못된 정보가 진실이라 확신하는 과정을 이해하려고 시도했다. 나의 외가 친척 대다수는 2차 세계대전 중 네덜란드에서 나치에 처형당했다. 외조부모는 간신히 탈출했지만 두 아들 중 하나인 나의 외삼촌은 라치아(razzia, 일제 단속) 기간에 나치 병사의 표적 사격에 쓰러져 인근 병원으로 옮겨졌다. 네덜란드의 레지스탕스가 삼촌을 몰래 빼냈고, 사랑 넘치는 어느 가족이 삼촌을 받아주었다. 전쟁이 끝난 뒤 외조부모는 삼촌이 어떻게 됐는지 몰랐다. 결국에는 온 가족이 건강하게 재회했지만 외삼촌은 그때의 충격에서 완전히 헤어나지 못했다.

어린 시절 나는 나치즘이 우리 집안에 미친 영향을 안 뒤로 사람들이 위험하고 해로운 선전에 현혹되는 과정에 흥미를 느꼈다. 그리고 잘못된 정보의 심리학을 향한 관심을 과학적으로 탐구할 기회를 대학원에서 처음 얻었다. 내가 설득이라는 주제를 연구하는 이유는 누군가를 설득하기 위해서가 아니라 설득 과정을 역설계하기 위해서였다. 설득 과정을 더 깊이 이해하면 자기 의견에 영향을 미치려는 악의적인 시도를 막아낼 능력을 사람들에게 길러줄 수도 있지 않을까? 나는 허위 정보 선거운동의 구성 요소를 찾아보면서 '백신'을 합성할 가능성이 있는지 알아보기로 했다.

내가 허위 정보 선거운동에 관해 연구하기 시작한 때는 '가짜 뉴스'라는 용어가 유행하기 한참 전이었지만 2016년 미국 대선을 몇 달 앞둔 시기에야 UN의 '의견과 표현의 자유 특별보고관'에게서 사흘간 열리는 '가짜 뉴스' 관련 회의에 참석해달라고 이메일을 받았다. 회의 장소는 영국 남부의 한적한 해안가에 자리한 영국 외무부 소유의 16세기 건물이었다. 각국 정부와 소셜미디어 기업의 고위 대표들이 한자리에 모여 다음 기본적인 질문들을 논의했다. "가짜 뉴스란 무엇인가?" "가짜 뉴스에 대해 무엇을 할 수 있는가?"

나는 이 회의에서 강렬한 영향을 받았다. 가짜 뉴스를 정의하고 법제화하는 과정을 어렵게 만드는 복잡한 법률과 인권 문제에 관해 알았고, 의도적으로 가짜 뉴스를 유포하는 사람들을 찾아내 기소하는 과정에 놓인 현실적인 어려움에 대해서도 들었다. 이내 이 회의에 참석한 행동과학자는 내가 유일하다는 사실을 알았지만 처음에는 내 역할이 무엇인지 감이 잡히지 않았다. 그러다 법과 기술은 뭉툭한 도구일 뿐이며, 어떤 법안을 도입한다 해도 그 자체로는 잘못된 정보가 유포되는 세태를 거스를 수 없다는 쪽으로 논의가 흘러

갔다.

이어 인간의 판단과 의사결정을 이해해야 한다는 쪽으로 의견이 모였다. 이런 논의에서 심리학의 역할이 얼마나 중요할지도 점차 드러났다. 나는 첫 연구에서 발견한 내용을 토대로, 사람들이 잘못된 정보에 물들지 않도록 '예방 접종'하는 방법을 발표했다. 이날 발표를 계기로 주요 연구 프로그램이 시작됐고 훗날 각국 정부, 공중보건 당국과 주요 기술기업이 채택하는 '가짜 뉴스 대응 전략'의 기반이 다져졌다.

따라서 이 책은 타인을 효과적으로 설득하는 방법이 아니라 설득에 저항하는 방법을 다룬다. 가짜 뉴스와 잘못된 정보로 우리를 속이려고 작정한 사람들의 전술에 맞서 우리의 정신을 **방어하기** 위한 저항력을 키우는 방법을 다룬다. 그리고 가짜 뉴스와 잘못된 정보에 속지 않는 방법에 관해 내 연구에서 밝혀진 모든 정보를 소개한다. 이를테면 뇌가 사실과 허구를 구분하는 방법부터 2016년 미국 대선과 브렉시트Brexit, 국제 전쟁, 코로나19 범유행과 같은 상황에서 잘못된 정보가 어떤 역할을 하고 어떻게 확산하는지 알아보고, 나아가 우리 사회에서 진실의 미래에 관해서도 알아본다. 잘못된 정보 바이러스를 현미경 아래 놓고 '백신'을 합성하면서 대중 설득의 과정(뇌의 뉴런에서 선거까지)을 분석해 우리 사회의 면역력을 기르는 데 초점을 맞춘다.

반쪽짜리 진실과 가짜 뉴스, 잘못된 정보가 나날이 범람하는 시대에 이 책은 우리가 무엇을 믿어야 할지 알려주지 않는다. 정치 이념의 스펙트럼에서 어느 위치에 있든 누구나 이 책을 참조해 각자의 진실을 찾아갈 수 있을 것이다. 카네기멜론 대학교 철학자 앤디 노먼Andy Norman은 나를 '인지 면역학자'라고 부른다. 내 연구 분야를 이렇게 불러줘서 감사하다. 사실 내 연구 주제가 바로 우리의 정신을 지켜주는 정신적 방어이기 때문이다. 나는 뇌가 사실과 허구의 공습에 맞서 싸울 방법을 소개하고, '어둠의 조종술' 속에서 당신의 의견에 영향을 미치려는 시도를 알아채기 위한 수단을 제공할 것이다. 이는 잘못된 정보에 대한 백신과도 같다. 우리 몸에서 항원이 면역 반응을 일으키듯 **심리적** 항원은 가짜 뉴스에 대한 저항력을 키우는 데 도움이 된다. 이 책에서는 심리적 면역력을 기르는 데 도움이 되는 11가지 항원을 소개한다.

국회의사당 점거 폭동에 가담한 앤서니 안토니오의 변호인이 병에 걸리듯 잘못된 정보에 감염될 수 있다고 한 말은 틀리지 않았다. 이 책에서는 3가지 주요 명제를 바탕으로 여러분을 설득하려 한다. 첫 번째 명제는 생물학적 바이러스처럼 마음의 바이러스도 존재한다는 점이다. 생물학적 바이러스는 숙주의 세포 표면에 달라붙어 기생한다. 그리고 숙주에게 자신의 유전 물질을 주입하면서 숙주의 세포 조직을 탈취해 번식하려 한다. 마찬가지로 잘못된 정보와 음모론, 그 밖에 위험한 생각은 우리 뇌에 달라붙어 의식 깊숙이 침투해 우리의 생각과 감정, 심지어 기억에까지 잠입한다. 잘못된 정보는 우리가 세상에 대해 행동하고 생각하는 방식을 근본적으로 바꿔 놓을 수 있다. 잘못된 정보 바이러스는 기본적인 인지 체계의 일부를 잠식한다. 수십 년에 걸친 연구에서 안타깝게도 생물학적 바이러스를 항생제만으로 치료하기 어렵다고 밝혀졌듯, 잘못된 정보도 뇌에 한번 뿌리 내리면 바로잡기 어렵다. 의미심장한 비유이다.

두 번째 명제는 보통의 바이러스 병원체처럼 잘못된 정보도 사람과 사람 사이에 퍼져나간다는 점이다. 실제로 2020년 세계보건기구 WHO는 전 세계적으로 '정보전염병infodemic'이 발생했다고 선포했다. 다만 바이러스는 몸 밖에서 오래 생존할 수 없다. 바이러스는 숙주를 필요로 한다. 잘못된 정보도 마찬가지이다. 오해를 조장하는 트윗이나 가짜 뉴스 헤드라인은 그 자체로는 특별히 영향을 미치지 못하고, 취약한 숙주가 있어야만 번식하고 확산할 수 있다. 생물학적 바이러스는 주로 신체 접촉이나 비말로 전파된다. 반면 마음의 바이러스는 신체 접촉이 없어도 사람과 사람 사이에 전파될 수 있어 전염성이 훨씬 크다. 앞으로 살펴보겠지만 생물학적 바이러스처럼 마음의 바이러스도 건강을 위협할 만큼 위험하고 사람을 부상이나 사망에 이르게 할 수 있다. 게다가 가짜 뉴스의 확산은 개인의 안전뿐 아니라 전 세계의 선거와 민주주의 공정성까지 심각하게 위협한다.

세 번째이자 마지막 명제는 효과적인 항바이러스 치료법, 곧 가짜 뉴스에 대한 심리적 백신이 필요하다는 점이다. 나는 케임브리지 대학교 동료들과 수년에 걸쳐 이 주제를 연구했다. 다행히 심리적 백신을 개발하는 데는 주삿바늘 하나 없이 열린 마음만 있으면 되어 완전히 공짜이다. 그러면서도 이 이론은 철저히 의학적 추론을 따른다. 일반 백신이 약해졌거나 죽은 변종 바이러스를 주입해 인체 면역계가 외부 침입자를 인식하고 싸우도록 훈련하듯 우리 마음에도 심리적 백신을 접종할 수 있다. 사람들에게 많이 약해진 가짜 뉴스(바이러스)를 주입하고 사전에 반박하도록 연습하게 하면서 시간이 지남에 따라 잘못된 정보에 대한 마음의 항체(심리적 면역)를 형성할 수 있다.

백신을 개발하려면 우선 바이러스의 구조부터 알아야 하는데, 이는 유전자 정보를 암호화하는 화학 물질(DNA와 RNA)에 의해 어느 정도 결정된다. 따라서 우리 연구팀은 거의 모든 가짜 뉴스가 생산되는 근간의 핵심 기법을 알아보면서 '심리 조작의 6단계'라는 분류법을 개발했다. 여기에는 사회 집단의 양극화, 감정에 호소해 심리 조작하기, 음모론 유포하기, 가짜 전문가와 공식 기관 사칭하기, 온라인 대화 트롤링하기가 포함된다. 이 6가지 기법에 관해서는 9장에서 자세히 알아본다. 일단 여기서는 6가지 기법이 가짜 뉴스 바이러스의 핵심 구성 요소라는 점만 이해하면 된다. 우리 연구팀은 이런 심리 조작의 기본 기법에 맞서 예방 접종할 수 있다는 가설을 세우고 수많은 실험을 통해 마침내 획기적인 방법(백신)을 찾아냈다. 하지만 백신을 주입할 수단, 즉 가상의 주삿바늘이 필요했다.

그래서 우리는 게임 개발자들과 협업해 시뮬레이션 게임을 개발했다. 그리고 이 게임에 '나쁜 뉴스'Bad News라고 이름 붙였다. 이런 유형으로 최초인 '나쁜 뉴스'는 소셜미디어 환경을 모방하는 완전한 인터랙티브 가짜 뉴스 게임이다. '나쁜 뉴스'는 새로운 지평을 열었지만 사람들에게 면역력을 길러주려면 우선 미량의 가짜 뉴스 바이러스를 '주입'해야 한다는 개념에는 여전히 논란의 여지가 있었다. 일단 게임을 시작하면 플레이어는 잘못된 정보를 퍼뜨리는 데 쓰이는 주요 기법에 미량 노출된다. 그리고 한동안 그만의 가짜 뉴스 제국을 건설하고 운영한다.

우리는 가짜 뉴스 '백신'을 테스트하기 위해 전 세계 각계각층에서 수만 명을 모집했다. 그리고 참가자들에게 시뮬레이션 게임을 시작하기 전에 가짜 뉴스 헤드라인의 신뢰도를 평가하게 했다. 그 중 한 예문이다.

비트코인 환율은 부유한 은행가 소수에 의해 조작된다. #당장조사하라.

트위터에 올라온 이 가짜 게시물은 '음모론' 기법으로 작성되었다. 엘리트 집단이 사악한 목표를 위해 은밀히 음모를 꾸민다고 비난하면서 주류 서사에 의구심을 던지는 기법이다(음모론 기법의 특징에 대해서는 뒤에서 자세히 다룬다). 우리의 시뮬레이션 게임(백신)에 참가한 사람들은 한 번도 접한 적 없는 새로운 가짜 뉴스 헤드라인(침략자)을 비롯해 일련의 가짜 뉴스 헤드라인을 접한다. 이때 참가자들은 쉽게 속지 않는다. 그리고 점차 심리적 항체가 생기면서 가짜 뉴스의 기본 전술을 간파해 가짜 뉴스에 더 쉽게 저항한다.

심리적 접종 이론은 팩트 체크 전문가의 세계를 뒤흔들었다. 일반적인 팩트 체크(혹은 '반박') 대처 방식과 달리, 우리 연구팀의 접종 이론은 이미 피해가 발생한 뒤에 수정하는 방식이 아니다. 생물학적 백신 접종처럼 잘못된 정보에 대해서도 1온스의 예방이 1파운드의 치료보다 낫다. '방어보다 공격'이다. '나쁜 뉴스'는 단순히 재미있는 게임이 아니라 '사전 반박'prebunking이라는 새로운 과학의 문을 열었다.

하지만 당장 해결책을 찾으려 하기 전에 우선 인간의 인지 면역계가 잘못된 정보를 접할 때 얼마나 잘 대처하는지부터 이해해야 한다. 따라서 1부에서는 누구나 잘못된 정보에 취약한 이유를 알아본다. 2부에서는 고대 로마부터 현재의 소셜미디어에 이르기까지 잘못된 정보가 개인들 사이에서 어떻게 퍼져나가는지 자세히 알아본다. 마지막 3부에서는 잘못된 정보를 사전에 반박하고 우리 자신과 다른 사람들을 잘못된 정보로부터 예방하는 방법을 알아본다.

이제 여정을 시작하자. 우리 뇌는 어떻게 사실과 허구를 구분할까?

# 1부

## 그 사실은
## 정말 진짜인가

# 1장 내게 익숙한 것이 진실이라는 착각

"사실은 없고 해석만 있다."
— 프리드리히 니체Friedrich Nietzsche

케임브리지 대학교의 내 연구실은 유서 깊은 캐번디시연구소에 있다. 이 건물은 제임스 왓슨James Watson, 프랜시스 크릭Francis Crick과 로절린드 프랭클린Rosalind Franklin이 결정적으로 기여해 인간 DNA 구조를 발견한 장소로 잘 알려진 관광명소이기도 하다. 이 사연을 소개하는 이유는 관광객들이 내 연구실 아래 모여 있다가 내가 점심시간에 빈둥거리는 모습을 보는 것이 아니라 이 오래된 건물의 역사를 배워가기를 바라서이다. 여러 해에 걸쳐 나는 이 건물에 얽힌 '사실' 일부가 가이드 설명에 따라 매번 달라지는 것 같다고 느꼈다. 어떤 가이드는 마크 트웨인을 인용해 "진실이 좋은 이야기를 방해해서는 안 된다"라고까지 말했다.

어느 비 오는 오후, 나는 점심시간에 연구실에서 쉬다가 유럽회의Council of Europe로부터 요청을 한 가지 받았다. 유럽회의는 국제 협약을 통해 인권과 민주주의를 수호하는 데 목표를 둔 유럽 국가들의 조직이다. 그들은 나를 유럽궁전Palace of Europe이라 불리는 프랑스의 요새 같은 건물 안 유럽회의 본부로 초대했다. 그러면서 내게 이런 질문에 대해 증언해달라고 요청했다. '인간의 뇌는 최고의 팩트체크 전문가인가?'

어려운 질문이었다. 우리 뇌는 무엇을 믿을지, 무엇이 진실이라고 '느끼는지', 어떤 정보를 기억해 반박 불가한 사실이나 증거로 처리하는지, 그리고 어떤 정보가 쓰레기 더미로 들리는지를 어떻게 결정할까?

이제 이런 질문에 답해보라. 당신은 가짜 뉴스를 얼마나 잘 찾아내는가? 여론조사에 따르면 대부분 사람이 스스로 가짜 뉴스를 잘 판별할 수 있다고 답한다. 그래서 나는 가짜 뉴스를 주제로 강연할 때마다 먼저 간단한 퀴즈를 내서 청중의 관심을 끈다. 다음과 같은 진술을 보고 머릿속에서 떠오르는 대로 솔직히 답해달라고 한다.

아래는 모두 널리 보도된 기사이다. 셋 중 두 가지는 가짜 뉴스이다. 어느 것이 사실일까?

A. 푸틴이 조지 소로스에게 국제 체포 영장을 발부한다.

B. 캘리포니아에서 태어난 어떤 아기의 이름은 '하트 눈 이모티콘'😍 이다.

C. 범죄자가 방귀를 크게 뀌면 은신처가 발각된다.

1,500여 명을 대상으로 한 연구에서 참가자들에게 위의 예문과 유사한 헤드라인 6개를 보여주었고, 그중 3개는 거짓이며 3개는 진실이었다. 응답자의 약 50퍼센트가 어떤 진술이 사실인지 구분하는 능력에 '상당히 자신 있다'고 답했지만 4퍼센트만 모든 헤드라인을 옳게 판별했다! 그러니 인간의 뇌는 사실 유능한 팩트 체크 전문가가 아닐 수 있다.

이 퀴즈의 정답은 C이다. 대다수가 A나 B를 골랐지만 때로는 진실이 허구보다 냄새난다. 실제로 미주리주에서 한 남자가 마약 소지 혐의로 수배당해 경찰을 피해 숨었는데 안타깝게도 방귀를 너무 큰 소리로 뀌다가 자신의 위치를 노출했다. 클레이카운티 경찰서는 트위터에 이렇게 올렸다. "중범죄로 체포 영장을 받고 경찰에 쫓기는 동안 방귀를 크게 뀌다가 은신처가 발각됐다면 아주 똥💩 같은 날입니다! #실제로일어난사건입니다."😂

정답을 맞히지 못했어도 괜찮다. 나처럼 훈련된 전문가를 비롯해 누구나 가짜 뉴스에 속을 수 있다. 2021년 2월 아내가 내게 화성에서 온 속보 영상이 담긴 트위터 게시물 하나를 보여주었다. 우리는 NASA의 화성 탐사선 '퍼시버런스'Perseverance가 2월 말 화성에 착륙할 예정이라는 뉴스를 본 적이 있어 트위터의 그 영상을 흥미롭게 보았다. 영상에서 바람이 부는 듯한 소리도 들렸다. 우리는 감탄하는 눈으로 서로 바라보았고, 나는 '화성에서 이런 소리가 나나?'라고 묻기도 했다. 우리는 진심으로 놀랐다.

몇 시간 뒤 나는 이 영상을 친구에게 공유하고 싶었고, 그러기 전에 구글에서 열심히 검색해보니 정교하게 조작된 가짜 영상이었다. 다른 화성 탐사선에서 찍은 실제 영상과 NASA의 로봇 착륙선 인사이트InSight에 장착된 지진 계측기에 녹음된 오디오를 합성한 영상이었다. 그러니 영상도 사실이고 화성의 바람 소리도 사실이었지만 실제 퍼시버런스호에서 찍힌 영상도 아니고 퍼시버런스호 마이크에 녹음된 소리도 아니었다. 어쩐지 속은 기분이었다. 하지만 이 영상은 2500만 회 이상 조회되었고, 스티븐 킹을 비롯한 많은 학자와 언론인, 유명인이 이 영상을 공유했다. 영상을 만든 사람들은 우리가 이런 영상을 기대한다는 사실을 노골적으로 이용했다. 우리 뇌는 보고 싶어 하는 영상을 기대하기 때문이다. 요컨대 자신이 가짜 뉴스에 면역력이 있다고 믿는다면 그 점을 다시 생각해보길 바란다.

## 아이들도 안전하지 않다

어른들만 가짜 뉴스에 속는 것이 아니다. 흔히 아이들은 잘못된 정보에 대해 회복력이 크다고 생각할 수 있다. 어쨌든 트위터나 틱톡,

인터넷과 함께 자란 '디지털 네이티브' 세대이기 때문이다. 물론 10대의 평균 디지털 리터러시(digital literacy, 디지털 기술과 콘텐츠를 비판적으로 해석하고 올바르게 활용하는 능력―옮긴이 주) 수준이 일부 노년층보다 높은 것이 사실일 수 있지만 10대들의 뇌도 가짜 뉴스에 쉽게 속을 수 있다.

스탠퍼드 대학교 샘 와인버그Sam Wineberg 교수와 연구팀은 아이들이 얼마나 쉽게 속는지 알아보기 위해 미국 학생 8,000명가량을 대상으로 1년에 걸쳐 미디어 리터러시 검사 15종을 실시해 데이터를 수집했다. 그중 한 검사에서는 중학생 200여 명에게 시사 전문지 『슬레이트 매거진』Slate Magazine 홈페이지를 평가하게 했다. 특히 어떤 정보가 뉴스 기사이고 어떤 정보가 단순한 광고인지 판별하게 했다. 결과적으로 무려 80퍼센트 이상이 '네이티브 광고'를 실제 뉴스 기사로 오인했다.

네이티브 광고란 '후원 콘텐츠'라고 명시하면서 신문 사설을 본뜬 신개념 광고이다. 예를 들어 세계의 기후변화를 다룬 한 게시물에는 원형 도표와 데이터를 제시했다. 광고에 석유 기업의 후원을 받았다고 명시되어 있고 기업 로고가 선명하게 찍혀 있는데도 학생 70퍼센트가 이 석유 기업 광고를 지구 온난화에 관한 과학 기사보다 신뢰하는 것으로 나타났다. 또 다른 예문은 연방 보고서에서 경찰서에 인종적 편견이 만연하다고 발표한 뒤 미주리주 퍼거슨시 경찰서장이 사임한 사건에 관한 기사이다. 학생들에게 아래 4가지 트윗 중 이 사건에 관해 가장 정확한 정보를 제공하는 트윗을 고르게 했다. 절반 미만의 학생이 가장 신뢰할 수 있는 매체로 미국 공영 라디오NPR를 꼽았다. 한 학생은 이렇게 답했다. "정보를 얻는 데 최선인 트윗은 첫 번째이다. 경찰서장이 사임하는 사진이 실렸기 때문이다."

와인버그 교수와 나는 각자 다른 유형의 개입에 주목하지만 이 문제가 단지 가짜 뉴스에 국한하지 않는다는 데는 이견이 없었다. 우리 사회는 갈수록 바이러스처럼 퍼지는 반쪽짜리 진실, 심각한 당파적 의제, 끊임없는 미디어 조작과 마주한다. 사람들은 흔히 어떤 진술이 진실인지 거짓인지에만 초점을 맞추지만 사실 이런 유형의 가짜 뉴스는 우리는 잘못된 길로 이끄는 매체의 극히 일부에 불과하다. 따라서 가짜 뉴스를 정의하면서 터무니없이 조작된 글을 게시하는 매체에만 초점을 맞추면 주류 매체의 콘텐츠가 터무니없는 거짓은 아니어도 오해를 조장할 수 있다는 점을 간과하게 된다.

일례로 2016년 영국의 타블로이드 신문 『더 선』*The Sun*은 1면에 "독점: 충격적인 여론조사", "영국 이슬람교도 5명 중 1명, 지하드(성전, 聖戰)에 동조하다"라는 제목의 기사를 게재했다. 이 기사는 거의 1년 전 파리 테러가 발생한 뒤 실시된 여론조사에서 "영국을 떠나 시리아에서 전사로 가담하는 젊은 이슬람교도에게 공감하느냐"라는 문항을 토대로 작성됐다. 사실 영국의 독립 언론 감시 단체

　　　　　　　　　　1장 내게 익숙한 것이 진실이라는 착각

The Subject
#퍼거슨 경찰서장 사임하다! #닥쳐라

Lisa Bloom
#퍼거슨 경찰서장이 물러나고, 법무부가 인종적 편견으로 가득 찼다고 밝힌, 해당 경찰서의 서장이 임시 서장으로 대체됐다.

NPR News
#퍼거슨 경찰 서장 사임은 3월 19일부로 효력이 발생합니다.

Bassem Masri
잭슨 서장이 오늘 사임할 것으로 알려졌지만 자세한 정보는 나중에 나올 겁니다. #퍼거슨

IPSO는 당시 여론조사에서 'ISIS'나 '지하드'라는 표현을 전혀 넣지 않았으므로(응답자는 ISIS가 아니라 ISIS에 **맞서** 싸우는 반군을 떠올렸을 수 있다) 제목에 오해할 소지가 크다고 평가했다. 더욱이 이전 다른 여론조사에서 이슬람교도가 아닌 사람들도 비슷한 비율로 같은 답을 한 적 있기 때문이다. 따라서 수치 전체는 틀리지 않았지만 결과를 제시하는 방식에는 오해할 소지가 커 보인다.『더 선』은 테러에 대한 집단의 공포를 건드리며 의도적으로 사람들의 감정을 자극했다.

진정한 위험은 '심리 조작의 6단계' 중 하나나 여러 가지를 사용하는 뉴스에 있다. 말하자면 어떤 주장의 '진실 가치'를 설득하기 위해 6가지 기법 중 하나를 사용해 진실의 일부를 왜곡하는 뉴스가 가장 위험하다. 우리 연구팀이 직접 6가지 기법을 연구하고 정리했기에 나는 이 기법들에 대해 잘 알고 있고, 이 책 뒷부분에서 이런 기법을 알아채는 방법을 소개하겠다.

여기서 잠시 '잘못된 정보'misinformation를 '허위 정보'disinformation나 '선전'propaganda과 구분할 필요가 있다. 이 책에서는 어떤 이유에서든 거짓이거나 틀린 정보를 '잘못된 정보'로 정의한다. 누구나 의도치 않게 실수를 저지른다. 언론인도 무고하게 실수를 범한다. 한편 '허위 정보'는 잘못된 정보만이 아니라 남을 속이거나 해하려는 심리적 의도가 개입된 형태이다. 나아가 국가가 허용했든 그러지 않았든 허위 정보가 정치적 목적으로 유포될 때 이것을 '선전'이라고

1장 내게 익숙한 것이 진실이라는 착각

한다. 선전의 핵심은 사람들을 조종하려는 목적에서 악의적인 의도가 개입된다는 점이다. 이를테면 특정 방향으로 투표하도록 유권자들을 유도할 수 있다. 허위 정보와 선전은 일반적인 '가짜 뉴스' 안에서도 더 위험한 하위 개념이다. 안타깝게도 의도는 적어도 법적으로는 입증하기 어렵다. 따라서 이 책에서는 충분히 입증된 허위 정보나 선전을 따로 언급하는 경우가 아니라면 '잘못된 정보'라는 포괄적인 용어를 사용하면서 의도에 대해서는 불가지론적 태도를 유지할 것이다.

스트라스부르는 처음이었다. 나는 유럽의회 바로 옆으로 회원국 국기들이 길게 늘어선, 유럽궁전이 내려다보이는 널찍한 계단에 앉았다. 회의에서 발표할 내용을 검토하면서 정책 입안자들은 질문에 짧은 답변을 원할 거라는 생각이 들었다. (스포일러 주의) 그 대답은 '노'였다. 나도 믿고 싶지 않지만 인간의 뇌는 궁극적인 팩트 체크 전문가가 아니다.

내가 이렇게 말하는 이유는 사람들을 속이는 일이 얼마나 쉬운지 알아서이다. 사실 내가 이걸로 먹고살기도 하니까. 다만 내가 사람들을 속이는 이유는 속이는 과정이 어떻게 작동하는지 이해하기 위해서이다. 나만 그런 것은 아니다. 잘못된 정보를 전략적으로 사용하는 일은 동물의 세계에도 널리 퍼져 있으며 진화론의 관점에서 생존에 유리할 수 있다. 예를 들어 피식자는 죽은 척하거나 나뭇잎처럼 먹을 수 없는 사물을 흉내 내는 등 포식자에게 덜 매력적으로 보이기 위해 종종 감각적으로 잘못된 정보 전술을 사용한다. 우리에게는 이런 심리 조작 시도를 알아차리는 기술이나 시간이 부족하기 때문에 인지 체계의 편향성이 다른 사람들에게 악용될 수 있다. 따라서 심리적 백신을 개발하려면 바이러스뿐 아니라 우리의 인지 면역계가 어떻게 작동하는지도 알아야 한다.

그러기 위해 기본적인 질문에 먼저 답할 필요가 있다. 뇌는 어떻게 정보를 처리하고 저장하는가? 현실의 본질로 들어서는 데 중요한 질문이다.

## 예측하는 뇌

인간의 뇌는 여러 결함을 지녔지만 훌륭한 정보 처리 장치이다. 뇌를 슈퍼컴퓨터에 견주어 말하면 지나치게 단순한 비유로 보이지만 실제로 뇌가 몸과 감각기관에서 들어오는 신호나 정보를 처리한다는 점에서는 맞는 비유이다. 뇌 조직에는 '뉴런'이라는 신경세포가 약 1000억 개 분포하고, 뉴런 1개는 다른 뉴런 수천 개와 연결되어 복잡한 신경망을 구성한다. 규모에 대한 이해를 돕기 위해 비교하자면 초파리의 뇌는 양귀비 씨앗 크기이고 그 안에 약 25만 개의 뉴런이 들어 있다. 인간의 평균적인 뇌에 들어 있는 뉴런의 약

1장 내게 익숙한 것이 진실이라는 착각

0.00025퍼센트에 불과하다. 그만큼 인간의 뇌에는 뉴런이 엄청나게 많이 들어 있다.

많다고 꼭 좋은 것만은 아니다. 인간의 지각에 관해 말하자면 말 그대로 눈에 보이는 것 이상이 존재한다. 우리는 가장 근본적인 차원에서 눈에 보이는 것이 '진짜' 혹은 '진실'이라고 생각한다. 하지만 우리가 보는 것(또는 듣는 것)이 진짜인지 어떻게 알 수 있을까? 단순한 광학 원리에 따르면 빛이 물체에서 반사되어 눈의 망막에 닿고 그 신호가 시신경을 따라 시상하부를 거쳐 시각피질로 들어가 이미지로 나타난다고 말할 수 있다. 하지만 실상은 그리 단순하지 않다. 인간의 시각은 대체로 확률론적이다. 다시 말해 뇌는 환경에서 주어진 단서를 이용해 사물을 가장 정확히 추측하는 장치이다.

이는 '거짓' 정보로 뇌를 속일 수도 있다는 뜻이다. 카니즈사 Kanizsa 삼각형이라는 간단한 착시 현상으로 이 문제를 설명해보겠다.

이 그림에서 사람들은 대개 역삼각형 위에 밝은 흰색의 정삼각형이 얹힌 형상을 본다. 하지만 사실 삼각형은 존재하지 않는다. '팩맨'(Pac-Man)과 같은 배치가 착시 현상을 일으켜 윤곽을 지각하도록 유도하는 것이다. 앞서 설명한 시각의 기본 과정은 외부 자극에서 출발하는 일련의 사건이고, 이를 '상향식' 인지라고 한다. 그러나 시각 피질이 낯익은 무언가(삼각형)를 지각할 때 뇌의 다른 영역에서도 같은 정보를 받는다. 이를 '하향식' 인지라고 하는데, 상위 피질에서 시각피질로 정보가 이동하기 때문이다. 이 과정은 우리 내부에서 일어나며, 그야말로 '모두 우리의 망상'이다.

니체는 "사실은 존재하지 않는다"라면서 세상에 대한 우리의 주관적 해석이 우리가 가진 전부라고 주장했다. 니체와 나의 생각이 진리의 본질을 서로 다르게 생각할지 몰라도, 해석의 역할에 관해서는 완전히 동떨어져 있지 않다. 하향식 인지의 가장 큰 장점은 우리 뇌가 세상이 어떻게 보이는지에 대한 이전의 경험과 기대를 꺼내 시각의 빈틈을 메워준다는 점이다. 실제로 우리 뇌는 보일 거라고 **예상하는** 대상의 이미지를 생성한다. 그리고 주변의 단서와 사실이라 여기는 정보를 토대로 무엇이 존재해야 할지 추론한다. 앞의 그림에서 당신은 삼각형이 보인다고 예상할 것이다.

두 과정은 대개 서로 완벽히 보완한다. 우리 뇌는 예측력이 뛰어나다. 그래서 당신이 지금 '이그를 일글 수 있는' 것이다. 하지만 이런 착시 현상만 봐도 우리가 볼 거라고 예상하기만 해도 존재하지 않는 무언가를 보도록 뇌를 속이는 일이 얼마나 쉬운지 짐작할 수 있다. 착시 현상은 단순히 흥미로운 현상이 아니라 현실이 어떻게 구성되는지 이해하는 데 도움이 된다.

최근의 한 연구에서는 쥐의 시각 피질에서 일어나는 신경 활동을 측정하기 위해 쥐가 가장자리를 의미하는 움직이는 선을 볼 때 시각 피질의 내부 경로를 일시적으로 '침묵'시켰다. 그 결과 연구팀은 이 경로(쥐의 뇌에서는 이 선들을 경계가 뚜렷한 물체로 인식하려 한다)가 쥐가 실제로 보는 장면에서 20퍼센트 정도를 차지한다고 확인했다. 다시 말해 80퍼센트는 외부 자극(움직이는 선)을 관찰해서 나오는 직접적인 반응이지만 20퍼센트는 뇌의 고차원적인 영역에서 사물을 이해하려고 시도하는 반응이다.

인간이 사실과 증거를 어떻게 지각하는지 탐구하면 이런 '하향식' 과정의 역할이 더 중요하게 드러난다. 뇌가 무해한 사물을 지각할 때 우리의 기대에 따라 틈새를 메운다면 우리가 논란의 여지가 있는 사실과 과학, 증거를 확고한 가치관과 신념을 토대로 지각할 때는 이런 일이 얼마나 많이 일어날까? 실제로 뇌는 시각뿐 아니라 다른 많은 영역에서 하향식으로 해석한다.

## 진실은 착각일까?

1977년 심리학자 린 해셔Lynn Hasher와 데이비드 골드스타인David Goldstein은 대학생들에게 사소한 일반 상식에 관한 진술 60개가 참인지 거짓인지 얼마나 확신하는지 물었다. 가령 이런 진술이다. "허벅지 뼈는 인체에서 가장 긴 뼈이다." "리튬은 모든 금속 중 가장 가벼운 금속이다." 학생들은 2주 간격으로 세 번에 걸쳐 진술 60개를 평가했다. 여기서 중요한 사실은 세 번에 걸친 평가에서 매번 반복된 진술은 20개뿐이고 나머지 40개는 새로운 진술이라는 점이다. 다음으로 연구자들은 반복된 진술과 새로운 진술에 대한 '진실성 평가'를 비교했다. 그리고 놀라운 사실을 발견했다. 진술이 참인지 거짓인지와 상관없이 주장의 진실성에 대한 믿음은 그 주장이 반복되는 횟수에 따라 증가했다. 말하자면 어떤 진술을 반복해서 들으면 그 진술이 더 '사실'처럼 들리는 것이다. 이를 진실 착각 효과illusory truth effect라고 한다.

이런 현상이 갖는 함의를 생각해볼 필요가 있다. "대량 이민은 절망적이게도 통제 불능이다" "여성들에게는 정상에 오르려는 야망이 없다" "지구 온난화는 사기극이다." 과연 거짓말을 반복하면 진실에 더 가깝게 느껴질까? 그리 놀랍지 않게도 선전 전문가들은 심리학자들이 이를 과학 실험으로 확인하기 훨씬 전부터 직감으로 알았다. 실례로 나치 독일의 악명 높은 선전가 파울 요제프 괴벨스Paul

Joseph Goebbels는 '큰 거짓말'Big Lie 법칙에 관한 글에서 자주 이렇게 언급했다. "거짓말을 충분히 큰 목소리로 반복해 말하면 사람들은 결국 믿는다."[1]

도널드 트럼프 전 미국 대통령은 누구보다 이 사실을 잘 안다. 그는 2020년 대선이 조작됐고 자신이 승리를 도둑맞았다고 반복해 주장했으며, 이 주장은 그가 애용하는 '큰 거짓말'이 됐다. 그런데 터무니없는 주장을 되풀이한다고 해서 실제로 사람들이 그 주장을 믿어줄 가능성이 커질까? 2022년 유고브YouGov의 여론조사에서 이처럼 큰 거짓말을 반복하는 기법의 위력이 드러난다. 트럼프를 지지하는 유권자의 약 75퍼센트는 트럼프의 거짓말을 반박하는 증거가 압도적으로 많아도 거짓말을 계속해서 믿는 것으로 나타났다. 심리학 연구에서도 큰 거짓말 법칙의 효과가 확인된다.

2015년 밴더빌트 대학교 인지심리학 부교수 리사 파지오Lisa Fazio는 흥미로운 연구를 시작했다. 이 연구는 진실 착각 효과를 반복 검증할 뿐 아니라 새로운 통찰까지 끌어냈다. 사전 지식은 진실 착각 효과를 막지 못한다는 점이다. 예를 들어 이 연구의 참가자들은 처

---

**1**   얄궂게도 '큰 거짓말' 규칙을 처음 말한 사람은 괴벨스가 아니라 히틀러였다. 히틀러는 『나의 투쟁』*Mein Kampf*에서 이렇게 설명한다. "큰 거짓말에는 항상 어느 정도 신뢰성이 있다. 한 국가의 국민 다수는 의식적이거나 자발적인 차원보다 깊은 정서적 차원에서 더 쉽게 타락하기 때문이다. 마음의 원시적 단순성 때문에 사람들은 작은 거짓말보다 큰 거짓말에 잘 속는다."

음에 "킬트는 스코틀랜드 남성이 입는 치마"라고 정확하게 말하고
도 "사리는 스코틀랜드 남성이 입는 치마"라는 주장에 반복적으로
노출되자 두 번째 진술이 맞는다고 생각할 가능성이 커졌다.

다시 말해 어떤 주장이 사실이 아닌 줄 안다고 해서 거짓 헤드라
인에 반복적으로 노출될 때 속지 않는다는 보장은 없다. 이렇게도
생각해보자. 이 장의 서두에서 설명한 착시 문제를 다시 보자. 아직
도 삼각형이 보이는가? 착시 현상에 대해 안다고 해서 지각 체계의
편향이 수정되지는 않기 때문이다.

파치오의 연구가 발표되고 몇 년 뒤, 매사추세츠공과대학MIT 연
구자들은 온갖 가짜 뉴스에 노출되면 팩트 체크한 결과 '논쟁의 여
지가 있음' 깃발이 꽂혀도 가짜 뉴스의 진실 가치가 여전히 높을 수
있다는 결과를 얻었다. 이 실험에서는 2016년 미국 대선과 관련해
"BLM 폭력배가 셀카를 찍으며 트럼프 대통령에게 항의하다가 (…)
실수로 자기 얼굴을 쏘다" "마이크 펜스, 동성애 전환 치료가 내 결
혼 생활을 구제했다"라는 식의 황당한 헤드라인을 참가자들에게 제
시했다. 결과적으로 이들 진술은 개인의 정치 성향과 관계없이 반
복적으로 노출될수록 더 정확한 진술로 평가됐다.

당신이 무슨 생각을 하는지 안다. 사람들이 믿는 데도 한계가 있
다고 생각하는가? 맞는다. 흥미롭게도 MIT 연구팀은 어떤 주장은
아무리 많이 반복돼도 여전히 황당한 소리로 들린다는 결과를 얻었
다. 대표적인 예가 "지구는 완벽한 정사각형이다"이다(현재 지구 평

면설을 믿는 사람들이 증가하는 추세이지만 이 점에 관해서는 나중에 자세히 다루겠다). 게다가 지금은 어떤 것이 완전히 진실이라고 믿는 쪽에서 완전히 거짓이라고 믿는 쪽으로 넘어가는 사람들에 관해 이야기하려는 것이 아니다. 대체로 진실 착각 효과는 어떤 진술이 진실인지 거짓인지를 판단하는 척도에서 '약간'에서 '중간' 정도로 넘어가는 현상을 뜻한다.

그러면 교육은 어떤 역할을 할까? 내 연구뿐 아니라 다른 많은 연구에서도 교육 수준이 높을수록 가짜 뉴스와 음모론을 믿는 경향이 감소한다는 결과가 나온 것은 사실이다. 그렇다고 교육이 반드시 진실 착각 효과를 차단하는 것은 아니다. 근원적인 심리 기제에서 생기는 효과라 거의 모든 사람에게 영향을 미치기 때문이다. 최대 75퍼센트의 사람이 5세부터 이미 진실 착각 효과에 취약한 것으로 추정된다.

진실 착각 효과가 심리적으로 작용하는 이유는, 어떤 주장을 반복해서 보거나 들으면 우리 뇌가 그 주장에 더 빠르게 반응하고 그 내용을 친숙하게 **느끼기** 때문이다. 이를 '유창성'이라고 하는데, 안타깝게도 뇌는 유창성을 진실의 신호로 잘못 판단할 때가 많다. 말하자면 뇌는 우리가 알거나 전에 본 적이 있는 주장에 진실 가치를 더 높게 부여한다. 연구에 따르면 가짜 뉴스에 반복적으로 노출되면 시간이 지나는 사이 잘못된 정보가 **진실처럼 느껴지기** 시작해 그 정보를 공유해도 윤리적으로 문제되지 않는다고 생각하는 것으로 나타났다. 〈레이트 쇼〉*The Late Show* 진행자이자 코미디언인 스티븐 콜베어Stephen Colbert는 어떤 주장의 객관적인 증거가 없는데도 그 주장이 사실이라고 느끼는 주관적인 느낌에 대해 농담조로 '트루시니스'truthiness, 곧 믿고 싶은 것을 믿는 현상이라 불렀다. 그는 이 표현을 정의하면서 이렇게 농담했다. "저는 우리에게 무엇이 진실이고 무엇이 진실이 아닌지 끊임없이 말해주는 사진이나 참고자료를 그리 좋아하지 않아요." 대신 그는 시청자에게 "직감으로 알아보세요, 이것이 바로 트루시니스, 그러니까 책이 아니라 직감에서 나오는 진실"이라고 말했다.

농담은 접고, 사실 유창성과 개인의 '인지 양식'은 어느 정도 관계가 있다. '직관적인(빠르고 자동적인)' 인지 양식을 가진 사람은 '반성적인(느리고 신중한)' 인지 양식을 가진 사람들과 반대로 익숙하게 느껴지는 대상을 선택할 가능성이 크다. 유명한 인지 반응 검사에서 다음 항목을 보자.

야구 **방망이와 공**을 합치면 1.10달러이고, **방망이**는 **공**보다 1.00달러 비싸다. **공**의 가격은 얼마일까?

'직관적인' 인지 양식을 가진 사람들은 보통 0.10달러라고 답한다. 하지만 오답이다. 정답은 0.05달러이다. 방망이가 공보다 1달러 비싸다면 방망이의 가격은 1.05달러가 되어야 하고, 둘을 합치면

1장 내게 익숙한 것이 진실이라는 착각

1.10달러가 된다. 연구에 따르면 직관적으로 생각하는 유형이 가짜 뉴스에 속을 가능성이 크다고 하지만 사실 인지 양식은 고정되어 있지 않으며 직감을 따르면 도움이 될 때도 있다. 이보다 중요한 현상은 시간과 주의력이 제한된 상황에서는 직관에 의존하게 되고 유창성을 진실로 착각할 가능성이 크다는 것이다.

## 잘못된 정보 효과

물론 무언가를 이미 알거나 본 적이 있다면 그것을 기억할 수도 있다. 세상에 대한 지식은 대부분 장기기억으로 저장되므로 우리의 기억이 잘못된 정보에 얼마나 취약한지도 알아봐야 한다. 가짜 뉴스가 실제로 일어나지도 않은 일을 기억하게 만들 수 있을까?

이 질문에 답하기 전에 컴퓨터에 비유해 뇌를 하드웨어, '사고'를 프로그램을 실행하는 소프트웨어로 생각해보자. 보통의 뇌가 얼마나 많이 기억할 수 있는지 궁금해한 적이 있는가? 인지과학자들이 수십 년 전부터 씨름해온 이 어려운 문제에 대해 현대 과학은 인상적인 추정치를 몇 가지 내놓았다.

이 분야에서 가장 주목받는 이론 중 하나는 장기기억이 뉴런과 뉴런 사이의 연결인 시냅스synapse에 저장된다는 이론이다. 시냅스는 뉴런이 소통할 수 있게 해주어 뇌의 정보 흐름을 제어한다. 뇌에는 약 10억 개의 뉴런이 있고 뉴런은 각각 다른 수천 개의 뉴런과 연결되므로 총 수조 개의 시냅스가 생긴다. 컴퓨터로 치면 100만 기가바이트가 훨씬 넘는 저장 용량에 해당한다. 그런데 우리는 왜 모든 것을 기억하지 못할까? 인지신경과학자 폴 리버Paul Reber는 하드드라이브가 아니라 다운로드 속도에 문제가 있다고 말한다. 정보를 장기기억에 저장하는 속도가 상대적으로 느리므로 선택적으로 기억한다. 우리 뇌는 원하는 기억만 간직하고, 자주 되새기고, 소중히 생각하고, 심지어는 그 기억을 꾸미기까지 한다. 그리고 나머지는 잊는다.

그렇다면 실제로 일어나지 않은 일에 대한 기억은 어떨까?

캘리포니아 대학교 어바인 캠퍼스 석좌 교수 엘리자베스 로프터스Elizabeth Loftus는 이 분야에서 논란을 몰고 다니는 인물이다. 주로 인간 기억의 신뢰성이 의심스러운 측면에 대해 법정 증언해 논란의 중심에 섰다. 로프터스는 테드 번디와 하비 와인스타인 재판을 비롯해 법정에서 수백 회 자문했다. 논란이 있든 없든 로프터스는 '잘못된 정보 효과'에 관해서라면 세계적인 전문가이다. 로프터스는 사람들이 어떤 사건을 겪은 뒤 잘못된 정보에 노출되면 실제로 벌어진 상황에 대한 기억이 크게 왜곡될 수 있다는 연구 결과를 내놓았다. 로프터스의 유명한 연구 중 하나인 '벅스 버니 연구'에서는 사람들을 "마법을 기억할 시간이다"라는 제목의 가짜 디즈니랜드 팸플릿에 노출시켰다. 어린 시절 디즈니랜드에 가본 기억을 끌

1장 내게 익숙한 것이 진실이라는 착각

어내려는 목적이었다. 하지만 이 팸플릿에는 이상한 점이 있었다. 팸플릿에 벅스 버니의 말이 실렸는데 사실 벅스 버니는 디즈니랜드에는 존재할 수 없는 워너브라더스의 캐릭터이다. 그런데 참가자의 약 25~35퍼센트가 디즈니랜드에서 벅스 버니를 만났다고 답했으며 구체적인 부분까지 기술했다. 벅스를 만났다고 응답한 사람의 약 60퍼센트가 벅스를 안았다고 기억했고, 한 응답자는 벅스가 당근을 들고 있었다고까지 기억했다.

잘못된 정보 효과는 범죄와 외계인 납치에 대한 잘못된 기억을 끌어내는 상황부터 정치와 관련된 가짜 뉴스에 이르기까지 광범위하게 퍼져 있다. 2021년 한 연구팀이 2016년 브렉시트 국민투표 상황에서 잘못된 기억에 관해 알아봤다. 우선 영국의 참가자 약 1,300명에게 6가지 이야기를 제시했다. 그중 두 이야기로, 부정 선거 관련 이야기와 외국 단체의 불법 선거 기부금에 관해 위키리크스가 날조한 기사였다. 이야기의 줄거리는 같았지만 버전은 두 가지였다. 하나는 '탈퇴' 캠페인을 비난하고, 다른 하나는 '잔류' 캠페인을 비난하는 내용이었다. 참가자는 6가지 기사를 읽었지만 두 가지 가짜 기사에 대해서는 '탈퇴' 버전과 '잔류' 버전 중 하나만 보도록 무작위로 배정됐다. 참가자의 22~35퍼센트가 가짜 기사를 기억했고, 44퍼센트는 가짜 기사 중 적어도 한 가지 이상을 기억한다고 답했다. 중요한 점은 잔류에 투표한 사람은 탈퇴 캠페인의 잘못을 비난하는 가짜 기사를 기억할 가능성이 크고, 탈퇴에 투표한 사람은 잔류 캠페인과 관련된 가짜 뉴스를 기억할 가능성이 컸다는 점이다. 예를 들어 마흔네 살의 한 잔류 유권자(탈퇴 실험 조건)는 탈퇴 캠페인에 해외 자금이 유입되었다는 가짜 위키리크스 기사를 기억한다고 답했다. 자세히 설명해달라고 하자 그는 "영국 정치에 대한 외부의 간섭이 뿌리 깊다는 점을 확인했다"라고 답했다.

현실에는 이런 사례가 더 많다. 2003년 이라크 전쟁에 대한 언론 보도를 보자. 연구에 따르면 '대량살상무기WMD 발견 가능성'을 보도하는 자극적인 헤드라인이 반복적으로 나올 때 미국 인구의 상당수가 전쟁에 대한 잘못된 기억을 일관되게 간직했다. 여기서도 이념과의 연관성이 중요했다. 공화당 지지자 약 60퍼센트가 이라크에서 대량살상무기가 발견됐다는 잘못된 사실을 믿는 반면, 민주당 지지자 중 그렇게 믿는 사람은 20퍼센트뿐이었다. 여기서 핵심은 감정이 격해지는 정치적 상황에서는 사실에 대한 기억이 왜곡되기 쉽다는 점이다.

'유창성' 개념은 시각과 기억력뿐 아니라 모든 유형의 진실을 판단하는 데 적용된다. 예를 들어 눈에 더 잘 띄어 처리하기도 쉬운 (더 유창한) 진술은 진실일 가능성이 더 크다고 여겨진다. 다음 예를 살펴보자.

오소르노는 칠레의 도시이다.

**오소르노는 칠레의 도시이다.**

1장 내게 익숙한 것이 진실이라는 착각

'진실성'에 대한 초창기 연구를 개척한 서던캘리포니아 대학교 심리학 교수 노버트 슈워츠Norbert Schwarz는 같은 진술이라도 주장의 가시성이 높아질수록 그 주장의 유창성이 실제로 증가(또는 감소)해 친숙하게 경험되고 진실로 판단될 가능성이 커진다는 결과를 반복해서 얻었다. 호주국립대학교 심리학 부교수 에린 뉴먼Eryn Newman도 이와 관련된 증거를 일관되게 발견했다. 한 실험에서는 사람들에게 생소한 유명인의 이름과 함께 '이 유명인은 죽었다' 혹은 '이 유명인은 살아 있다'라는 주장을 제시했다. 이름만 제시했을 때보다 이름에 사진을 추가하자 그 유명인의 사망 여부와 관계없이 사람들이 해당 주장을 사실로 판단할 가능성이 커졌다.

유창성은 뇌가 진실을 신중하고 분석적으로 판단하기보다 빠르고 직관적으로 판단하려는 성향으로 볼 수 있다. 물론 뇌가 익숙한 것을 더 유창하게 처리한다는 사실 자체가 나쁜 것은 아니다. 오히려 현실의 여러 상황에서는 유용하고 적응적인 휴리스틱heuristic, 곧 경험 법칙이 될 수 있다. 모든 정보를 처음부터 다시 처리해야 한다면 뇌는 지칠 것이다. 가령 우리는 2×2=4라는 수식을 여러 번 보았기에 빠르고 유창하게 처리할 수 있다. 문제는 이런 익숙함을 넘어 여러 이유에서 어떤 것이 진실일 수도 있고 거짓일 수도 있다는 데 있다. 예를 들어 모세가 방주에 태운 동물들이 종류별로 몇 마리였느냐는 질문에 대다수는 '두 마리'라고 답할 것이다. 성서에서는 모세가 아니라 노아가 방주에 탔는데도 말이다. 하지만 이런 문제는 우리 뇌에 중요한 문제가 아니고, 뇌는 그저 익숙한 답을 예측할 뿐이다.

여기서 중요한 교훈이 하나 있다. 거짓 주장이 (장황하고 혼란스럽고 복잡할 수 있는) 진실보다 자주 반복되고 이해하기 쉽다면 반대로 진실을 더 유창하게 전달하면 되지 않을까? 더 쉽게 다가가고 공감할 수 있게 진실을 제시하고 자주 반복한다면 잘못된 정보에 대응하는 데 도움이 되기는 하지만 다음 장에서 자세히 알아볼 내용처럼 그것만으로는 충분하지 않다.


## 가짜 뉴스 항원 1 | 진실을 더 유창하게 만들어라

— 인간의 뇌는 경험 법칙을 사용해 눈에 보이는 대상을 예측한다.
— 이런 법칙 중 하나는 반복된 (거짓) 주장은 더 친숙하게 느껴지므로 사실일 가능성이 커야 한다는 것이다.
— 이런 현상을 **진실 착각 효과**라고 한다.
— 따라서 진실이 '잘 달라붙으려면' **유창하게** 처리되어야 한다. 어떤 주장이 친숙할수록 처리하기 쉬워지기 때문이다.
— 거짓말과 가짜 뉴스는 단순하고 더 잘 달라붙는 데 반해, 과학은 미묘하고 복잡하게 제시될 때가 많다.
— 사실적 주장을 처리하고 반복하는 과정이 수월해지고 더 친숙

해질수록 뇌에서 그 주장을 진실의 신호로 받아들일 가능성이 커진다.

# 2장 무엇을 믿고 싶은가

> "사람들은 거의 언제나 증거가 아니라
> 끌림에 따라 각자의 신념에 이른다."
>
> — 블레즈 파스칼Blaise Pascal,
> 『설득의 기술』On the Art of Persuasion (1658)

우리 뇌가 진실을 거부하려 할 때 진실을 더 '유창하게' 만들기란 말처럼 쉽지 않다. 17세기 수학자 블레즈 파스칼은 거의 400년 전이 점을 지적했다. 파스칼은 확률 연구에 지대하게 공헌하고 계산기의 기초를 다진 인물이다. 파스칼은 과학자였지만 유언으로 신앙에 관한 말을 남겼다. "신이 나를 떠나지 말아주시기를."

흥미롭게도 어느 날 밤 밝은 빛이 번쩍이는 장면을 보고 독실한 신자로 거듭나기 전까지 파스칼은 종교와 깊은 관련이 없어 보였다.[1] 파스칼은 훗날 신에 대한 믿음은 사실 우리가 선택한 합리적인

---

**1**  신경학자 일부는 파스칼이 조짐 편두통(감각장애)을 앓았을 수 있다고 본다.

결과라고 증명하기 위해 '파스칼의 내기'라는 유명한 게임 이론 수수께끼를 만들었다. 그는 "신은 존재하거나 존재하지 않는다. 그러면 우리는 어느 쪽을 택해야 할까?"라는 도박사의 문제를 자주 던졌다.

파스칼은 우리가 신을 믿든 말든 신이 존재하거나 존재하지 않는다고 전제했다. 신이 존재하고 우리가 신의 존재를 믿는다면 우리는 천국에서 영생을 얻을 것이다. 신이 존재하고 우리가 신의 존재를 믿지 않는다면 우리는 지옥에 떨어져 영원히 고통받을 것이다. 반대로 신이 존재하지 않고 우리가 신을 믿는다면 시간을 낭비하기는 하지만, 신이 존재하지 않고 우리가 신을 믿지 않는다면 결국 잃는 것은 없다. 비용 편익을 분석해보면 신을 믿을 때 잃는 것은 거의 없고 모든 것을 얻을 수 있다. 파스칼의 말을 그대로 옮기자면 이렇다. "얻으면 모든 것을 얻고, 잃으면 아무것도 잃지 않는다. 그러니 주저 없이 신이 존재한다는 쪽에 내기를 걸어라."

수학적으로 보면 신을 믿는 것은 '초우위' 전략이다. 당신이 신을 믿지 않고 신이 존재할 확률이 극히 적다고 가정하더라도 무한한 천국의 혜택은 여전히 한없으며 영원한 지옥 불에 비해 매력적이다. 그런데 파스칼은 이런 논증을 진심으로 믿었을까, 아니면 수학을 향한 왕성한 욕구를 이용해 훨씬 매력적으로 보이는 새로운(더 종교적인) 세계관을 정당화하려 한 걸까? 파스칼의 내기는 그가 갑작스레 개종한 지 3년쯤 지나서 나왔고, 그의 내기로 추정되는 손익은 분명히 신에 대한 기독교적 이해에서 비롯했다. 실제로 파스칼은 기독교 변증론자, 곧 종교를 지적으로 정당화하려 노력한 학자로 유명하다.

물론 파스칼이 실제로 무엇을 믿었는지는 알 수 없다. 다만 진실을 추구하는 노력과 세상에 대해 믿고 싶은 것 사이의 끊임없는 긴장이 이 장의 핵심이다. 왜 어떤 사람들은 기후변화를 부정할까? 왜 유전자 변형 식품을 거부할까? 왜 백신이 자폐증을 유발할 수 있다고 믿을까? 그들은 진실을 다르게 이해할까, 아니면 진실이 매력적이지 않아 거부하는 걸까?


## 베이즈적 뇌

영국의 경제학자 존 메이너드 케인스John Maynard Keynes는 어떤 쟁점에서 입장을 바꾼 일로 비난받자 이렇게 답했다고 한다. "사실이 바뀌면 제 생각도 바뀝니다. 선생님은 어떻습니까?" 과학자들은 인간의 뇌가 증거를 추론하는 과정을 설득력 있게 설명하는 모형에 관해 논쟁을 많이 벌인다. 뇌가 증거를 처리하기 위해 최적한 상태라면 사람들은 뇌가 '베이즈적'이라 여길 것이다. 베이즈 정리란 18세기 영국의 수학자 토머스 베이즈Thomas Bayes 목사의 이름을 따서 그의 조건부 확률에 관한 연구를 일컫는 용어이다. 이는 간단히 말해 세상에 대한 우리의 가설이 사실일 확률을 주어지는 증거에 따라 갱신하는 방법에 관한 공식이다. 먼저 우리는 어떤 사건에 대해 사전 믿음(예. NASA가 달 착륙을 위조했다)을 가질 수 있다. 다음으로 이 믿음과 강하게 모순되는 증거(예. 우주비행사가 가져온 300킬로그램짜리 달 암석)를 통계치나 사실로 접한다. 그리고 베이즈 정리에 따라 이 증거에 맞게 새로운(공식적으로는 '사후적') 신념을 갱신한다.

그러면 인간의 뇌는 '베이즈적'일까? 베이즈 정리는 우리가 세상에 대한 믿음을 갱신하는 방식에 자연히 부합하는 매력적인 모형이다. 실제로 과학자들이 실험을 수행하는 방식이기도 하다. 말하자면 세상에 대한 가설을 세우고, 밖으로 나가 증거를 관찰하고, 그 증거에 따라 다양한 가설에 대한 믿음을 갱신하는 일이다. 가령 뜨거운 난로에 손을 대도 화상을 입지 않는다고 잘못 믿었다가 화상을 입는다는 사실을 직접 손을 대보고 아는 식으로 고생스러운 경험을 통해 반박 불가한 증거를 확인하면서 신념을 갱신(변경)하는 것이다. 누구나 세상이 어떻게 돌아가는지에 대해 사전 기대('하향식'인지를 기억하자)를 가지고 주어진 환경을 탐색하고, 증거를 관찰하며, 그에 따라 수정하고 갱신하고 진로를 변경한다. 우리는 착시 현상으로 삼각형을 봤다고 믿지만 뇌가 착각했다는 증거가 나오면 더이상 삼각형이 존재한다고 생각하지 않는다. 여전히 삼각형이 보이지만 이제는 착시 현상이라는 사실을 안다.

아직까지는 괜찮다.

그런데 실제로 많은 경우 사람들은 토머스 베이즈의 예상과 정반 대로 행동한다고 나타났다. 증거에 맞게 신념을 갱신하는 것이 아니라 신념을 갱신하지 않거나 증거에서 오히려 더 멀어지는 쪽으로 갱신하는 것이다. '탈진실(post-truth)' 시대는 우리 뇌가 철저히 베이즈적이거나 궁극적인 팩트 체크 전문가라는 개념에 근본적으로 도전했다. 어떻게 된 걸까? 버락 오바마 대통령의 취임식보다 도널드 트럼프의 취임식에 사람이 더 많이 참석했다는 '논란의 여지가 있는' 사실을 생각해보자.

실제로 진실을 더 돋보이게 하기 위해 이미지를 사용하는 방법이 있다. 이미지는 진실을 더 유창하게 만들 수 있다.[2] 이를테면 우리가 수가 많거나 적다고 직관적으로 인식하게 만들 수 있다. 이는 이미지가 실제 숫자의 크기를 표현하는 데 도움 될 때 정당화된다. 전 세계 언론에 크게 보도된 한 이미지를 살펴보자.

도널드 트럼프는 취임식에 150만 명이 참석했다고 주장했지만 전문가들은 참석자를 30만 명에서 60만 명 사이로 추산했다. 당시 백악관 공보관이자 커뮤니케이션 책임자였던 숀 스파이서Sean Spicer는 2017년 1월 21일 **트럼프**가 "역대 대통령 취임식 중 청중을 가장 많

---

**2**　앞 장에서 살펴본 것처럼 이미지는 거짓말과 가짜 뉴스에 유창성을 더하는 데도 사용된다.

이 끌어모았다"라고 주장했다. 위 사진은 2009년 오바마 대통령 취임식(왼쪽)과 2017년 트럼프 대통령 취임식(오른쪽)의 참석자 수를 보여준다. 스파이서의 주장은 바로 무효화된다.

숀 스파이서가 베이즈적 인간이었다면 명백한 반박 증거 앞에서 그의 신념을 수정했을 것이다. 그러나 며칠 뒤 기자들의 질문에 그는 처음 진술에 더 집착했다. 그의 '사후 신념'은 증거에 가까워지지 않았다. 오히려 증거에서 더 멀어지는 듯 보였다.

물론 스파이서가 그의 주장을 진심으로 믿었는지(잘못된 정보), 아니면 알면서도 일부러 청중을 속이려 했는지(허위 정보)는 알 수 없다. 스파이서의 경우는 후자로 볼 수 있지만[3] 누군가가 진실한 신념으로 싸우는지 아니면 어떤 결론에 도달하려고 싸우는지를 심리적으로 판가름하기란 어렵다. 이 딜레마에 대해서는 나중에 자세히 설명하겠다. 여기서는 '동기 부여된 인지' 앞에서는 진실을 유창하게 만드는 방법만으로는 항상 충분하지 않다는 정도만 말해두자. 말하자면 우리는 신념을 증거에 따라 바꾸는 것이 아니라 근본적인 (정치적) 동기에 따라 정하기 때문에 증거에 대한 지각도 우리의 세계관에 맞게 왜곡한다. 그 반대가 아니다.

비단 숀 스파이서만의 얘기가 아니다. 두 연구자가 미국인 1,000명 이상을 대상으로 설문조사를 실시하면서 앞의 사진 두 장을 보여주었다. 이번에는 약간 비틀어 어떤 사진이 어느 대통령의 취임식 사진인지 미리 알려주지 않았다. 한 집단에 어떤 사진이 트럼프의 취임식이고 어떤 사진이 오바마의 취임식인지 찾으라고 요청했다. 그러자 트럼프 유권자의 41퍼센트가 오답을 말했다(반대로 힐러리 클린턴 유권자는 8퍼센트만 오답을 말했다). 트럼프 유권자들이 트럼프 취임식에 참석한 사람 수가 실제보다 많다고 가정해서일 것이다. 다른 집단에는 훨씬 단순하게 "어느 사진에 사람이 더 많은가?"라고 물었다. 트럼프 유권자의 15퍼센트는 여전히 오른쪽 사진 (트럼프 취임식)에 사람이 더 많다고 응답한 반면, 클린턴 유권자는 2퍼센트만 오른쪽 사진에 사람이 더 많다고 응답했다. 연구원들은

---

**3**  나중에 트럼프 대통령의 참모(자문)가 스파이서는 단지 '대안적 사실'을 내놓았을 뿐이라고 해명했다.

2장 무엇을 믿고 싶은가

이 결과에 놀라 어떤 다른 이유가 있을 것이라 결론지었다. 두 사진을 보면서 왼쪽 사진보다 오른쪽 사진에 사람이 많다고 말할 수는 없기 때문이다. 답은 정치적인 동기에 있었다.

그러나 장기적으로 증거에 영향받지 않을 사람은 없을 것이다. 숀 스파이서도 결국 직책을 내려놓은 뒤 거짓 주장을 펼친 일을 후회한다고 인정했고, 2017년 에미상 시상식에서 "이 시상식은 에미상 역사상 현장에서든, 전 세계에서든 가장 많은 청중이 지켜볼 시상식이 될 것"이라며 농담을 던지기도 했다. 물론 고백이 늦은 감이 없지 않다. 그의 거짓말은 이미 무수히 반복되고 진실 착각 효과를 일으키면서 피해를 상당히 일으켰기 때문이다.

## 우리는 동기에 따라 움직인다

다시 동기 부여된 뇌로 돌아가자. 베이즈의 모형과 마찬가지로 동기 부여된 뇌 가설에도 장점이 많다. 핵심은 기억과 지각, 주의력, 특히 판단력을 비롯한 기본적 인지 과정이 동기에 영향을 받는다는 점이다. 우리는 증거를 보이는 그대로 받아들이지 않고 강력한 하향식 간섭을 통해 받아들일 수 있다. 뇌는 우리가 진실이라고 믿고 싶은 것을 기반으로 빈틈을 메우려 한다. 우리는 왜 한쪽 기사를 읽으면서 다른 쪽 기사는 읽지 않는가? 뇌가 도와주려 해도 실패할 수 있는 낮은 차원의 지각과 달리(착시 현상을 생각해보라), 동기 부여된 뇌는 우리가 이미 믿는 것을 지지하는 증거를 선택적이고 의식적으로 찾거나 부정한다.

이것이 그렇게 이상한 현상은 아닌 것이 (1) 일상적 추론의 상당 부분이 동기에서 나오고 (2) 동기에는 좋은 동기와 그리 고상하지 않은 동기를 비롯해 다양한 종류가 있기 때문이다. 유창성과 마찬가지로 동기도 그 자체로는 나쁘지 않다. 오히려 우리가 살아가는 데 꼭 필요하다.

우리가 아침에 침대에서 일어나는 이유는 무엇인가? 약속이든 출근이든 부모님이든 **무언가** 동기가 있기 때문일 것이다. 마찬가지로 사고와 추론 과정도 목표와 함께 시작된다. 예를 들어 누구에게 투표할지, 어느 대학에 지원할지, 아이에게 백신을 접종할지를 결정하고 싶다고 해보자. 그러면 목표에 도달하는 데 도움이 되는 기존의 신념이나 동기에 따라 생각이 흐를 수밖에 없다. 물론 예외도 있다. 마음이 동기 없이 배회할 때도 있다. 그러나 우리가 가치를 두거나 즐기거나 관심 있는 대상과 마주할 때는 목표와 동기가 작동한다.

이런 기본적인 동기 중 하나는 정확성을 위해 사실을 알고 싶은 욕구이다. 누구에게나 정확히 알고 싶은 동기가 있다. 그러니까 진실을 알고 싶고, 어떤 것이 실제로 어떻게 작동하는지 밝히고 싶고, 어떤 주제에 관해 최선의 증거를 찾고 싶어 한다. 심리학자들이 '정

2장 무엇을 믿고 싶은가

확성 동기'라 일컫는 이 동기는 인간의 인지 작용 대부분을 주도하는 근본적인 힘이다. 누구나 정신적 자원을 총동원해 '차갑고 단단한 진실'을 찾으려 해본 적 있을 것이다.

하지만 우리가 처한 상황, 특히 온라인 환경은 정확성 동기에 크게 도움이 되지 않는다. 우리는 TV와 라디오부터 소셜미디어와 온라인 뉴스 사이트까지 정보의 홍수에서 허우적댄다. 모든 것에 주의를 기울이기란 불가능하니 스스로 선택해야 한다. 당연하게도 우리의 주의력과 지각은 선택적이고, 많은 정보를 처리하는 데 한계가 있다. 이런 조건에서 우리는 원하는 정보를 처리하기로 선택한다.

인간의 주의력이 선택적인 데는 그만한 이유가 있다. 나는 박사후 연구원 시절 현재 프린스턴 대학교 심리학과 공공문제학 교수인 엘다르 샤피르Eldar Shafir와 공동 연구를 진행하면서 '인지 범위cognitive bandwidth'에 대해 많이 배웠다. 샤피르는 빈곤의 맥락에서 의사결정을 연구했으며 빈곤한 환경이 어떻게 적응적인 의사결정에 해로울 수 있는지에 관해 책도 썼다. 이 책의 요지는, 상대적으로 가난하면 공과금을 내고 당장 급한 불을 끄고 생계를 유지하느라 미래의 문제를 계획하고 예측하는 데 투입할 뇌 역량이 훨씬 줄어든다는 것이다. 사실 꽤 일반화된 원리이다. 내가 당신에게 스트레스를 유발하면 당신에게는 다른 일을 할 정신적 여유가 줄어들 것이다.

뇌는 스트레스를 받으면 지름길(휴리스틱 또는 경험 법칙이라고도한다)을 찾는다. 여기서도 유창성 개념을 피해갈 수 없다. 뇌는 우리의 세계관과 충돌하는 정보보다 우리가 선호하거나 동의하는 정보를 더 빨리 처리한다. 이런 지름길을 **확증 편향**confirmation bias이라고 한다. 세계관과 모순되는 증거보다 세계관에 부합하는 증거를 더 빨리 알아보고 수용한다는 면에서 우리는 편향되어 있다. 우리가 믿는 세상의 진실에 위배되는 정보는 인지적으로 처리하기 훨씬 버겁다. 사람들은 일관된 신념을 유지하려는 욕구가 강해 그 신념에 반박하는 증거가 나오면 상충되는 생각을 처리해야 하는 상태, 곧 '인지 부조화'의 상태가 될 수 있다. 인지 부조화는 자신의 신념을 갱신하거나 증거를 부정하는 식으로 해소될 수 있다. 안타깝게도 후자가 훨씬 수월하다.

뇌는 우리가 증거에 주목하는 방식에 선택적으로 영향을 미칠 수 있다. 이것을 보여주는 흥미로운 연구가 있다. 2019년 캐나다의 두 연구자는 특히 미국에서 정치적으로 분열된 쟁점인 지구 온난화에 관한 증거에 사람들이 어떻게 주목하는지 알아보기로 했다. 연구팀은 진보주의자와 보수주의자에게 똑같은 지구 온도의 연간 변화 그래프를 보여주면서 그들의 시선을 기록했다. 우선 참가자들을 컴퓨터 모니터에서 50센티미터 떨어져 앉히고 모바일 시선 추적 장치를 채웠다. 그런 다음 참가자들의 시선이 그래프에서 한 지점에 머무르는 시간을 나타내는 히트맵(heat map, 수치형 데이터의 분포를 색상으

2장 무엇을 믿고 싶은가

로 표현하는 시각화 방법—옮긴이 주)을 생성했다.

연구팀은 진보주의자(기후변화가 진실이라고 믿을 가능성이 큰 사람)가 보수주의자보다 그래프의 상승 추세에 더 오래 머무른다는 결과를 얻었다. 관심의 양상이 증거에 대한 사전 이해에 따라 좌우되었다. 중요하게도 연구팀이 평탄한 시기(1940~80년)가 아닌 상승 시기(1990년 이후)에 주목하게 하자, 진보주의자들은 상승하는 기온을 지각하고 기후변화에 대응하기 위한 청원서에 서명할 가능성이 커졌다. 반대로 보수주의자들은 그렇지 않았다. 이처럼 정치 이념은 우리의 관심에 중대하게 영향을 미칠 수 있다.

결정적으로 증거를 선택적으로 받아들이는 태도(또는 자신의 세계관에 맞는 증거를 더 빨리 받아들이는 태도)와 개인적 또는 정치적 신념에 맞지 않는다는 이유로 증거를 적극적으로 부정하는 동기 사이에는 중요한 차이가 있다(학술 문헌에서도 이런 미묘한 차이를 자주 간과한다). 때로는 평소의 신념을 부정하는 증거를 접하면 기존 신념을 더 극단적으로 고수하기도 한다(숀 스파이서가 취임식 참석자 수에 대해 이의를 제기받자 원래 입장을 더 고수한 것처럼). 이런 경향을 흔히 세계관의 '역화 효과' 또는 '신념 양극화'라 한다. 확증 편향, 동기 부여된 추론, 양극화와 같은 용어는 모두 대중 매체와 학술 문헌에서 자주 혼용되지만 사실은 각기 다른 의미를 지닌다.

아래 도표에서 이 용어들을 스펙트럼에 나열하면서 기존의 경고 신호를 탈진실 위험도를 보여주는 척도로 삼았다.[4] 대체로 '흔한'(선택적 지각이나 확증 편향과 같은 가벼운 직관적 휴리스틱) 쪽에서 '드문'(비교적 드물지만 동기 부여된 추론이나 신념 양극화와 같은 의도적인 편향) 쪽으로, 그리고 완전한 경계 태세(본격적인 '음모론 수준의 이론화')로 넘어가는 것으로 나타났다.

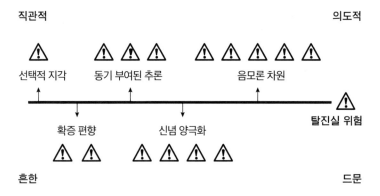

직관적      의도적

선택적 지각     동기 부여된 추론     음모론 차원

탈진실 위험

확증 편향      신념 양극화

흔한      드문

---

**4**   이는 이해를 돕기 위한 도식일 뿐, 모든 것이 완전히 직관적이거나 완전히 의도적이지는 않다. 때로 의식적으로 음모론에 주목할 수도 있고, 자기도 모르게 음모론에 동조할 수도 있다. 전반적으로 일부 과정은 일반적이고 자동적이지만 다른 과정은 노력과 숙고가 더 많이 필요하다.

     2장 무엇을 믿고 싶은가

## 사회적 욕구와 정확성 사이에서

어떤 상황에서는 다른 동기를 위해 '정확성 동기'가 감소한다. 그렇다고 다른 동기가 항상 정치적이거나 의도적으로 악의적이거나 비도덕적인 것은 아니다. 때로는 사회적으로 어울리기 위해 증거에 대한 인식을 왜곡하기도 한다. 우리 마음 깊은 곳에는 생각이 비슷한 사람들에게 소속감을 느끼고 동일시하고 싶은 욕구가 있기 때문이다. 이런 욕구는 세상을 탐색하는 과정에서 훨씬 강력하고 적응적인 동기가 되기도 한다. 인간이 자기가 속한 집단에서 정체성의 일부를 찾는다는 점은 실제로 사회심리학의 중요한 통찰이다. 따라서 우리는 사회적 동기(적응의 욕구)와 정확성 동기 사이에서 균형을 잡아야 한다.

솔로몬 애시Solomon Asch는 집단 압력이 증거에 대한 개인의 인식에 미치는 위력을 입증한 최초의 사회심리학자 가운데 한 사람이다. 1955년 애시는 남자 참가자 123명에게 '시각적 판단' 연구에 참가해달라고 요청했다. 참가자는 '공모자'(실험의 실제 목표를 아는 사람들을 일컫는 연구 용어)로 이뤄진 소집단에 들어갔다. 애시는 실험에서 6명 정도씩 나란히 앉혔다. 아래 실험 사진에서 흰색 티셔츠를 입은 젊은 남자를 제외하고 나머지 사람은 모두 공모자였다. 다음으로 모든 사람에게 거짓으로 만든 단순한 질문에 큰 소리로 답해달라고 요청했다. 오른쪽의 선(A, B, C) 중 어느 것이 왼쪽 선과 가장 일치하느냐는 질문이었다. 착시 현상에 관한 질문이 아니다. 정답은 C이다. 애쉬는 대다수 공모자가 고의로 오답을 말할 때 참가자들이 어떻게 행동하는지에 관심을 두었다. 참가자들이 정답을 말할까? 아니면 집단에 맞추기 위해 눈앞에 보이는 증거를 왜곡할까?

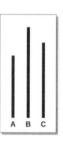

1950년대에 솔로몬 애시가 수행한 '선 판단' 실험 참가자들. 참가자 1명을 제외한 나머지는 오답을 말하라고 지시받은 공모자였다.

애시 자신도 놀랐을 테지만 참가자 75퍼센트가 12차례의 실험에서 적어도 한 번은 오답을 말했다. 증거를 보고도 집단의 의견에 편승하기로 선택한 것이다. 사회적 동기가 정확성의 욕구보다 우선했다.

이 놀라운 결과는 수십 년 동안 심리학 교재에 실렸다. 실제로 내가 케임브리지에서 입학 면접을 볼 때 학생들이 토론 주제로 가져오는 주요 실험 중 하나이다. 그런데 학생들은 이 실험에 대한 비판에 대해서는 잘 모르는 듯했다. 사실 애시의 연구 결과가 중요한 것은 맞지만 과장된 측면도 있다. 주요 심리학 교재 20종을 분석한 결

2장 무엇을 믿고 싶은가

과, 5퍼센트 정도의 사람들만 **항상** 군중에 휩쓸리고 나머지 95퍼센트는 적어도 한 번은 다수의 의견에 반기를 든다는 결과는 다뤄지지 않았다. 이 결과는 증거에 대한 극단적 왜곡이 여전히 비교적 드물고, 정확성 동기와 경쟁하는 다른 동기 사이의 내적 갈등 맥락에서 나타난다는 점을 보여준다. 애시의 순응 실험 참가자들과의 질적 인터뷰에서 일부 참가자는 가장 정확한 답이 무엇인지 확신이 서지 않아 일단 다른 사람들을 보면서 도움을 구했을 뿐이라고 답했다. 이처럼 '정보를 얻으려는' 동기는 기존의 '순응'에 대한 해석과는 상반된다. 정확성을 기하고 싶은 동기와 호감을 사고 싶은 동기는 겉으로 구분하기 어려울 수 있다.

그렇다면 어느 쪽이 맞는가? 정직한 답은 둘 다이다. 애시의 참가자들은 정확성 동기(다른 사람들의 판단을 보고 정답을 맞히고 싶은 욕구)뿐 아니라 사회적 동기(다른 사람들의 행동에 순응하고 싶은 욕구) 모두에 따라 행동했을 것이다. 심리적 동기는 구분하기 어렵다.

내 동료이자 일리노이주 노스웨스턴 대학교 정치학 교수인 제이미 드럭먼Jamie Druckman은 이 현상을 '관찰 등가 문제observational equivalence problem'라 부른다. 어떤 사람의 행동만 보고는 그 사람의 동기를 알아내기 어렵다는 뜻이다. 정확성을 위해 저렇게 행동할까, 아니면 다른 이유가 있을까? 드럭먼의 요점은 이 문제를 풀 수 있는 다른 설명이 있다는 것이다. 증거를 고의로 왜곡하려는 동기를 지녀서가 아니라 선택적으로 노출되는 바람에 잘못된 정보를 얻을 수도 있다는 의미이다. 특히 미국처럼 당파성이 심하고 양극화된 미디어 환경에서는 사람들이 어떤 쟁점에 대해 하나나 소수의 매체(CNN이나 폭스뉴스)에만 노출될 가능성이 크다. 어떻게 다른 것을 알 수 있겠는가? 사람들은 자신의 태도가 정확한 정보에 근거한다고 믿을 수 있다. 다시 취임식 사진으로 돌아가보자. 트럼프 지지자들은 참석자 수가 많은 사진이 트럼프의 취임식이며, 신뢰할 만한 매체에서 그렇게 말해서라고 응답할 것이다. 그와 생각이 비슷한 친구와 가족도 그의 믿음을 지지했을 것이다. 지식은 공동체에서 나온다. 말하자면 어떤 매체를 신뢰할 수 있다고 믿은 탓에 거짓 주장을 지지할 수도 있는 것이다.

이 점은 바로 나의 대학원생 제자 세실리 트라버그Cecilie Traberg가 연구에서 발견한 사실이다. 보수주의자와 진보주의자 양쪽에 거짓 헤드라인과 진실 헤드라인(오른쪽 헤드라인 예시 참조)을 제시하면서 매체를 무작위로 넣어 똑같은 헤드라인이 보수적인 뉴스(폭스뉴스)나 진보적인 뉴스(워싱턴포스트)에서 나온 것처럼 조작했다. 그런 다음 참가자들에게 헤드라인이 얼마나 정확한지 물었다. 결과적으로 보수주의자들은 같은 오보라 해도 진보 매체가 아니라 보수 매체에서 나왔다면 진실이라고 평가할 가능성이 컸고, 진보주의자들은 보수 매체가 아니라 진보 매체에서 나왔다면 잘못된 헤드라인도 진실로 평가할 가능성이 컸다. 양쪽 모두 정치적으로 우호적인 매체를 더 신뢰할 수 있다고 평가했다.

Fox News ✔ @FoxNews ·
Uber Creepy: Tracking your every move. fxn.ws/2fxNe82

우리 연구팀은 실험적으로 매체를 조작했지만 정확성 동기를 자극하지는 않았다. 하지만 경제학자들이 이와 관련해 재미있는 방법을 찾았다. 사실에 관한 문제에서 사회적 동기보다 정확성을 장려하는 방법으로, 참가자들에게 정답을 말하면 보상을 주는 방법이 있다. 맞는다. 사실도 돈으로 살 수 있다. 이 실험에서는 참가자들에게 정치적 질문을 포함해 정답을 많이 말할수록 돈을 더 준다고 안내했다. 이렇게 돈이 걸리면 사람들은 어떻게 반응할까? 사실에 관한 질문에서 정답을 말하는 사람이 증가했다. 우리 연구실에서도 반복 검증으로 같은 결과가 나왔다. 정답을 말할 때 당원(정당에 헌신적인 사람)에게 금전적으로 보상하자 오류가 감소하고 양쪽에서 모두 정치적 편향성이 줄었다. 적어도 **일부** 사람은 처음에는 정치적 동기에서 답하지만 그렇다고 정답을 모르는 것은 아니라는 의미이다.[5] 적당한 장려금을 주면 사람들은 이념에 대한 헌신을 잠시 포기할 수도

---

5     관련 연구에 따르면 사람들이 흔히 과학을 부정하는 이유는 그 내용을 받아들이지 않아서가 아니라 관련 정책(에너지 절약 또는 마스크 착용)을 혐오하기 때문으로 나타났다.

있었다. 그러나 전체 인구에 돈을 줘서 정확한 답을 유도하려면 엄청난 비용이 들 수 있으니 그냥 증거를 활용하는 방법은 어떨까?


## 과학자들도 양극단으로 갈린다

사람들에게 그들의 신념을 거스르는 사실을 반복해 보여줬을 때 오히려 자신의 세계관으로 더 깊이 파고드는 현상은 지금은 널리 알려진 개념이지만 원래는 스탠퍼드 대학교의 한 연구에서 출발했다. 이 연구는 학술 문헌에 5,000회 이상 인용됐다. 간단히 설명하자면 심리학자 찰스 로드Charles Lord와 리 로스Lee Ross가 스탠퍼드 대학교 시절 학생들에게 당시 (그리고 지금도) 미국에서 논란거리인 사형제도에 대한 의견을 물었다. 몇 주 뒤 '사형 반대론자'와 '사형 찬성론자'를 다시 연구실로 불러 사형제도의 효과에 대해 각자의 신념을 확인해주는 증거와 반박하는 증거에 대해 생각해보게 했다. 연구팀 예상대로 학생들은 그들의 의견을 뒷받침하는 증거를 더 정확하고 설득력 있다고 평가했다. 결과적으로 두 집단 모두에서 기존 신념이 더 굳어져 증거를 확인하기 전보다 양극단으로 더 멀어졌다. 예를 들어 사형제도 찬성론자는 이 신념을 지지하는 연구를 '신중하고 타당하다'고 보았지만, 반박하는 연구는 '결함이 많다'고 보았다. 놀랍게도 '사실'이 **역효과**를 낳은 것이다.

2장 무엇을 믿고 싶은가

예일 대학교 법학과 심리학 교수 댄 카한Dan Kahan은 정체성 보호적 인식 혹은 '문화적' 인식이라고 일컬은 개념을 적극적으로 옹호한다. 기본적으로 사람들은 스스로 동일시하고 연계된 주요 집단에 대한 헌신을 정의해주는 가치관과 신념을 지키고 싶어 한다는 것이다. 나아가 카한과 연구팀은 사람들이 추론 능력을 동원해 증거를 왜곡하기도 한다고 주장한다. 숫자에 능통하고 과학 지식을 갖췄으며 교육을 많이 받은 사람일수록 자신의 신념을 지키기 위해 추론 능력을 더 잘 활용할 수 있다. 예를 들어 한 연구에서 과학 능력 점수가 가장 높은 사람들을 살펴보니 기후변화에 대한 진보와 보수의 의견 차이가 작아지기는커녕 오히려 더 커졌다! 다른 여러 연구에서도 과학 교육 수준이 가장 높은 집단이 인류 진화나 기후변화와 같은 문제에서 가장 양극단으로 갈라지는 것으로 나타났다. 평균적으로 가장 이념적이고 과학 지식이 풍부한 사람들이 논쟁의 여지가 있는 과학 문제에서 가장 크게 양극화된다는 의미이다.

일부 학자는 이 흥미로운 개념을 '동기 부여된 뇌' 가설의 설득력 있는 버전이라고 말한다. 하지만 나는 카한의 이 '동기 부여된 산술 능력' 모형은 동기 부여된 뇌의 극단적인 형태라고 생각한다. 이 모형이 옳다고 해도 나의 탈진실 위험 스펙트럼에서 위태로운 극단에 있는 추론 과정을 예시할 뿐이고, 이 모형은 여러 면에서 교육의 목적에 반한다. 그래서 동기 부여된 뇌 가설과 베이즈적 뇌 가설(정확성)에 대한 과학적 논쟁이 뜨거운 것이다.

나는 댄 카한의 문화적 또는 동기적 인지 이론에 반대하는 대표적인 연구자이다(최근 연구에서도 그의 가장 극단적인 주장을 반복 검증하는 데 거의 실패했다). 우리는 학술 행사에서 만나면 개인적으로 잘 지내는 편이고, 아름다운 스위스에서 함께 등산한 추억도 있다. 하지만 연구에 관해 대화를 시작하면 서로에게 단호히 반박한다. "사람들이 증거를 모르는 게 아닙니다." 카한이 약간 언성을 높이며 말했다. "증거를 알아도 자신의 정치적 정체성을 거스르는 과학적 합의를 뭣 하러 인정하려 하겠어요?" 그는 이것이 현실적인 관점이라고 생각하지 않는다.

카한은 예일 대학교 홈페이지에 우리의 의견 차이에 관한 게시물을 열심히 올렸다. 우리의 차이는 결국 내가 카한보다 단일한 설명에 훨씬 덜 주목한다는 것이다. 넓게 보면 경쟁하는 두 진영이 있다. 한쪽(카한의 진영)에서는 사람들이 근본적으로 부족을 지향하므로 불편한 증거를 부정하려 하고, 개중에 똑똑한 사람일수록 자신의 세계관에 맞게 주어진 사실을 왜곡할 수 있다고 주장한다. 다른 쪽에서는(나의 진영) 대다수 사람이 그렇게 정치적이지 않으며, 비판적 사고와 추론 능력이 뛰어난 사람일수록 가짜 뉴스에 속을 가능성이 **적고** 오히려 이런 능력이 편견을 통제하는 데 도움이 된다고 주장한다. 카한이 자주 인용하는, "설명이 많을수록 사실보다 그럴듯하다"라는 말이 전하는 의미는 정답이 오직 하나뿐이라는 것이다. 하지만 나는 이것이 진실을 보는 편협한 관점이라고 생각한다. 그럴

듯한 설명이 많아도 서로 배척하지 않는다고 보기 때문이다. 설명 하나하나는 복잡한 퍼즐의 한 조각이다. 따라서 내 이론은 중간 어딘가에 위치한다. 사람들은 아무 생각 없이 자신의 부족을 따르지 않지만 타고난 팩트 체크 전문가도 아니다.

애시의 연구와 스탠퍼드의 연구, 그 밖에 자주 인용되는 심리학 연구를 살펴볼 때는 대부분 오래전 발표된 연구라는 사실을 기억해야 한다. 문화가 변했고 과학은 발전했다. 여러 면에서 이제 우리는 이 실험들을 더 나은 방법으로 수행할 수 있다. 과거보다 훨씬 크고 다양한 표본을 구할 수도 있다. 예를 들어 애시의 선 판단 실험을 적용한 연구 133편을 분석한 결과, 1950년대 이후 미국에서 선 판단 실험에 대한 순응도가 감소하는 것으로 나타났다. 더욱이 과거에는 많은 연구가 소규모의 동질적 대학생 표본을 대상으로 진행됐다. 훨씬 크고 다양한 표본을 사용하는 최근 연구에서는 '신념 양극화' 또는 '역효과'가 기대한 것보다 훨씬 적었고, 사람들에게 다른 동기가 있더라도 어느 정도 한계가 있다고 나타났다. 숀 스파이서처럼 결국에는 자기 신념에 반박하는 증거에 굴복한다. 최근 '규정하기 힘든 역효과'라는 연구에서 참가자 1만 명 이상에게 이민과 낙태, 총기 사고, 이라크 전쟁 등 논쟁의 여지가 있는 52가지 사안에 대해 사실을 정정해 제시하는 실험을 실시했다. 그리고 이 실험에서 연구자들은 역효과 사례를 단 한 번도 반복 검증하지 못하고 "사람들은 대체로 자신의 신념을 거스르는 정보일지라도 사실에 입각한 정보라면 귀를 기울인다"라는 결론에 이르렀다.

이는 모두 베이즈적 뇌 가설을 지지하는 증거로 보인다. 하지만 문제는 그리 단순하지 않다. 내 연구에서는 양쪽 모두 옳지만 각각 오해의 소지가 있다는 결론에 이르렀다. 동기 부여된 추론은(심지어 신념의 양극화와 역효과도) 실제로 나타난다. 주목할 만한 사실은 여러 주요 연구에서 이 효과들이 특정 사안에서 강력하거나 극단적인 신념을 가진 개인에게 국한된다는 점이다. 이는 **평균적인** 상황에서 **평균적인** 개인을 설명해주지 못한다. 그것은 인간의 기본 조건이 아니다. 다시 말해 역효과는 정확한 정보를 얻으려는 동기가 감소하고 소속하고 연계하고 정치적 신념을 우선시하려는 동기가 증가하는 구체적인 상황에서만 나타난다는 뜻이다. 긍정적인 현상이다. 다만 안타깝게도 요즘은 온라인 반향실, 필터 버블(인터넷 알고리즘에 의해 각자의 관심사에 맞춤으로 제공되는 정보에만 의존해 사용자가 자기만의 거품 속에 갇히는 현상—옮긴이 주), 디지털 산불(허위 정보나 민감한 정보가 인터넷에서 들불처럼 번지는 현상—옮긴이 주)처럼 분열을 조장하는 사회적 상황을 비롯해 정확성보다는 사회성과 정치적 신념을 우선시하는 동기를 빠르게 고조시키는 상황이 점점 늘어나고 있다. 이 내용은 6장에서 자세히 다루겠다.

이 논쟁에 대한 적절한 설명은 내가 예일 대학교와 조지메이슨 대학교 연구자들과 수행한 연구에서 찾을 수 있다. 우리는 지구 온난화의 맥락에서 '역효과' 사례를 연구했다. 기후변화는 미국에서 양극화가 심한 쟁점이므로 우리는 '역효과' 또는 '동기 부여된 추론'이 어디서나 나타날 수 있다면 지구 온난화 문제에서도 나타날 거라고 가설을 세웠다.[6]

사람들이 증거에 관해 추론하는 방식에 대해 상반된 두 가지 설명 사이에서 우리 연구가 어떻게 중재하는지 알려면 제이미 드럭먼의 '관찰 등가 문제'로 돌아가야 한다. 즉 서로 경쟁하는 다음 2가지 설명을 구분해야 한다. 사람들은 정확성을 추구하지만 잘못된 정보에 속기에(혹은 한 줄의 증거에만 선택적으로 노출되기에) 적절한 기회가 생기면 자신의 신념을 바꿀 수 있다는 설명과, 사람들은 정확성을 추구하지 **않으므로** 결과적으로 개인적이거나 정치적인 신념과 일치하지 않는 증거를 거부하고 무시할 거라는 설명이다.

우리는 미국인을 대표하는 6,000명의 표본에서 두 설명 증거를 모두 발견했다. 정치적으로 보수이면 기후변화에 대한 과학적 합의를 인정할 가능성이 현저히 떨어졌다. 이는 잘 알려진 사실이다. 그런데 정치적으로 보수이고 고학력이면 과학적 합의를 인정할 가능성이 훨씬 더 떨어졌다! 댄 카한의 '동기 부여된 산술 능력' 가설과 일치하는 증거이다. 따라서 사람들은 실제로 사전 지식과 정치적 정체성을 안고 토론을 시작하는 셈이다. 하지만 이것만으로는 관찰

---

**6**    다만 기후변화는 앞서 언급한 역효과 연구에서 알아본 52가지 문제에는 포함되지 않았다.

등가 문제가 해결되지 않는다. 우리 연구의 진정한 통찰은 이렇다. 우리는 무작위로 선정된 표본의 절반(미국인 3,000명)에게 다음과 같은 사실적 진술을 제시했다. "기후학자 97퍼센트가 인간이 초래한 기후변화가 일어나고 있다는 결론에 이르렀다."[7]

그래서 어떻게 됐을까? 스탠퍼드 연구처럼 확인된/확인되지 않은 증거에 노출된 뒤 보수주의자와 진보주의자가 더 양극화됐을까? 아니다. 고학력 보수주의자를 비롯한 보수주의자들은 모두 기후변화에 관한 과학적 합의에 대한 기존의 신념을 새로 주어진 증거에 맞게 갱신했다. 이는 진보주의자와 중도파도 마찬가지였다. 역효과는 일어나지 않았다. 강력한 과학적 합의를 강조하자 양극화되지 않고 오히려 이 문제에 대한 정치적 합의가 더 많이 이뤄졌다. 2021년 미국 국회의사당 점거 폭동에 관한 연구에서도 비슷한 결과가 나왔다. 응답자들은 '유권자 사기'라는 거짓 주장에 대한 팩트체크 증거를 접하자 가장 분석적이고 성찰적인 공화당 지지자들이 선거 결과가 정당하다는 주장을 더 신뢰한다고 응답했다.

내가 여기서 배운 사실은 사람들은 저마다 세상에 대해 선호하는 신념을 가지고 살아가지만 자신의 세계관과 충돌하는 증거도 진지하게 고려하고 판단할 수 있다는 점이다. 등가의 역설, 즉 사람들은

---

**7** 나머지 절반에게는 지루한 단어 퍼즐을 풀게 했다.

2장 무엇을 믿고 싶은가

정확한 정보를 원하면서도 가짜 뉴스나 잘못된 정보에 속을 수 있다는 점을 생각해야 한다. 실제로 기후변화에 대한 강력한 허위 정보는 정확성 동기를 약화시키고 유권자들을 양극단으로 분열시키는 무기로 사용됐다. 이 내용은 7장에서 자세히 살펴보겠다.

분명히 말하지만 나는 탈진실 위험 스펙트럼에서 왼쪽에 해당하는 선택적 지각과 확증 편향, 동기 부여된 추론 현상이 흔하지 않다고 주장하는 것이 아니다. 다만 사람들은 증거에 대해 적어도 3가지 반응을 보일 수 있다.

(1) 사실과 증거의 방향으로 신념을 갱신한다.

(2) 신념을 갱신하지 않거나

(3) 증거와 반대 방향으로 신념을 갱신한다.

내가 말하려는 것은 세 번째 반응이 가장 극단적이고 이례적이라는 점이다. 좋은 소식이다. 하지만 불행히도 우리는 현재 잘못된 방향으로 빠르게 나아가고 있다.

지구가 평평하고 지구 온난화는 정교한 사기극이며 사탄을 숭배하는 도마뱀 정치인들이 배후에서 몰래 조종한다고 주장하는 음모론의 시대가 도래했다!

## 가짜 뉴스 항원 2 | 정확성을 기하려는 동기를 끌어내라

— 모든 사람에게는 기본적으로 세상을 정확히 보고 싶은 동기가 있다. 그러나 저마다 균형을 맞춰야 할 다른 사회적, 정치적 동기도 있다.

— 이처럼 동기가 상충한다고 해서 사람들이 항상 증거에 맞게 신념을 갱신하지 않는다는 의미는 아니다.

— 중요한 것은 정확성을 기하려는 욕구와 사회적 관계 안에서 호감을 사고 인정받고 싶은 욕구(사회적 '정확성'을 추구하는 욕구)를 어떻게 절충하느냐는 것이다.

— 이처럼 상충하는 동기 사이의 긴장을 해소하는 한 가지 방법은 동기를 하나로 통합하는 것이다. 즉 사실과 증거에 대한 과학적이고 초당적인 합의를 널리 알려 과학의 정치화에 맞서는 것이다.

— 안타깝게도 최근의 코로나19 범유행에서 보듯 과학이 고도로 정치화되면 정확성을 기하려는 욕구를 끌어내기가 말처럼 쉽지 않다.

2장 무엇을 믿고 싶은가

# 3장 꾸며낸 이야기의 유혹

"멀더, 진실은 저 너머에 있어요. 그런데 거짓도 그래요."
— 데이나 스컬리, 〈엑스파일〉*The X-Files*

나는 어릴 때 〈엑스파일〉을 무척 좋아했다. FBI 특수요원 멀더와 스컬리는 외계인과 은폐 공작에 관한 당국의 거대한 음모를 파헤치며 곳곳에 숨겨진 패턴을 찾는다. "나는 믿고 싶어요"라는 유명한 대사처럼 멀더는 자신만의 동기에 이끌려 수사하지만 적어도 증거를 비판적으로 보려 하고, 지나치게 음모론에 빠진다고 스컬리에게 지적받으면 이따금 자기 이론을 갱신하기도 한다.

많은 사람(정확히는 11~44퍼센트)이 일부 외계인 음모론을 조금은 믿을 수도 있지만 지구가 평평하다는 주장처럼 극단적인 주장이라면 어떨까?

지구 평면설을 믿는 사람들은 지구가 평면이나 원반 모양에 가까우며 구체가 아니라 팬케이크처럼 납작하다고 믿는다. 심지어 '지구 평면설 국제회의'라는 공식 연례회의도 있다. 이 국제회의에 대해서는 '지구 평면설' 신봉자들의 사고를 연구하기 위해 연구자로서 이 행사에 참석한 동료 연구자에게서 처음 들었다. 2018년 넷플릭스 인기 다큐멘터리 〈그래도 지구는 평평하다〉*Behind the Curve*는 지구 평면설 운동의 주요 인물들을 추적한다. 내가 특히 좋아하는 장면은 지구 평면설의 인기 유튜브 채널 진행자 밥 노델Bob Knodel이 자이로스코프(회전체의 역학 운동을 관찰하는 실험 기구로 '회전의'라고도 한다—옮긴이 주)를 이용해 간단한 과학 실험으로 시청자들이 지구 방위를 판단하게 해주는 장면이다. 그는 지구가 정말로 둥글고 24시간에 한 번 자전한다면 자이로스코프에 매시간 15도 정도 이동이 나타나야 한다고 말한다. 당연하게도 노델의 자이로스코프에서 15도 이동이 나타났다. 동기 부여된 추론에서는 원래 진실이기를 바라는 결론을 정해놓고 출발해 다시 그 결론으로 회귀한다. 이때 노델의 반응은 인상적이었다.

> 우리는 이 결과에 놀랐습니다. '와, 이거 문제가 되겠구나' 싶었죠. 우리는 결과를 받아들일 생각이 없었고, 그래서 이 실험의 결과가 사실은 지구의 실제 움직임을 기록하는 것이 아니라고 증명할 방법을 찾기 시작했습니다.

동기에 따라 추론하는 방식의 교과서적인 사례이다. 밥 노델은 음

3장 꾸며낸 이야기의 유혹

모론을 20년 이상 탐구했고, '진실을 쫓는 사람truther'라는 커뮤니티에서 적극적으로 활동했다. 그야말로 동기로 충만한 인물이다.

어느 언론인은 "지구 평면설은 우리가 걷는 이 땅을 거부하는 궁극의 음모론"이라고 말한다. 그러면 지구 평면설을 지지하는 사람이 얼마나 될까? 유고브에 따르면 미국인 약 2퍼센트가 지구는 평평하다고 응답한다. 작아 보여도 전체 미국 인구 3억 2700만 명 중 650만 명에 달하는 수치이다. 이 650만 명 중에는 래퍼 B.o.B, 곧 바비 레이 시몬스 주니어와 같은 유명인도 있다(대표곡으로 브루노 마스가 피처링해 유명해진 싱글 'Nothin' on You'가 있다). 2016년 1월 B.o.B는 인스타그램에 올라온 사진들에서 지평선이 왜 항상 곡선이 아니라 평평해 보이느냐고 트윗을 올렸다. 천체물리학자 닐 디그래스 타이슨Neil deGrasse Tyson이 곧바로 대화에 뛰어들어 그의 질문에 이렇게 답했다. "커다란 곡면의 작은 부분은 그 위에서 기어 다니는 작은 생명체에게는 평평해 보인다. (…) 어쨌든 이걸 중력이라고 한다." 이 논쟁은 이내 랩 배틀로 번져 B.o.B는 'Flat-line'이라는 디스 트랙을 발표했고, 타이슨도 조카 스티븐 타이슨이 녹음한 'Flat to Fast'라는 랩으로 맞섰다. 타이슨이 열심히 반박하려 했으나[1] B.o.B는 그해 말

---

**1**   인상적인 논쟁이기는 하지만 구체적인 사실을 두고 벌이는 논쟁은 음모론을 밝혀내는 데 가장 효과적인 방법이 아니다. 자세한 내용은 나중에 나온다.

결국 지구평면설학회에 가입했다.

노델이나 B.o.B처럼 자신의 견해를 지키려는 동기로 가득 차 증거를 외면하는 사람이 흔하지는 않다. 인구 대다수는 이렇게 극단적이지 않다. 적어도 아직은 아니다. 하지만 이제 음모론은 더 이상 사회 변두리에서 암약하는 사람들만의 것이 아니다. 2014년 한 연구에 따르면 미국인의 50퍼센트 이상이 적어도 음모론을 한 가지 이상 믿는 것으로 나타났고, 2021년 워싱턴에 본부를 둔 공공종교연구소Public Religion Research Institute 여론조사에 따르면 미국인 약 15퍼센트가 '큐어넌QAnon 음모론'이라는, '미국 정부와 언론, 금융계가 국제 아동 성매매 조직을 운영하는 소아성애 사탄 숭배자 집단의 지배를 받는다'는 기괴한 주장을 믿는다. 기후변화가 사기극이라거나 코로나19가 우한의 군사연구소에서 개발한 생화학 무기라는 주장을 미국 인구 대다수가 우려할 만한 수준으로 지지하고, 일부 국가에서는 인구의 3분의 1 가까이가 지지한다. 따라서 음모론적 사고의 심리에서 무엇이 그렇게 매력적이고 위험한지 자세히 살펴볼 필요가 있다.


## 음모론적 세계관

2019년 1월, 시애틀 출신 26세 남성 버키 울프는 120센티미터 길이

3장 꾸며낸 이야기의 유혹

칼로 형의 머리를 찌른 혐의로 기소됐다. 경찰 발표에 따르면 울프는 형이 변신한 도마뱀이라 믿고 살해했다고 진술했다. 울프는 살인 혐의로 기소됐지만 결국 심신미약으로 무죄 판결을 받았다.

'파충류 음모론'은 영국의 음모론자이자 전 스포츠 방송인 데이비드 아이크David Icke에 의해 널리 전파됐다. 외계에서 온 파충류 휴머노이드가 오래전부터 지구를 지배해왔다는 음모론이다. 그리고 이들의 유전적 후손인 '바빌로니아 형제단', 즉 '일루미나티 Illuminati'가 오늘날 전 세계에서 발생하는 사건들을 조작해 인간을 공포에 떨게 한다고 믿는다. 아이크에 의하면 록펠러 가문과 로스차일드 가문, 영국 왕실, 그 밖에 수많은 엘리트가 이런 파충류 혈통이라고 한다. 이들은 피를 마시고, 아이를 제물로 바치는 의식을 치르고, 변신도 한다.

파충류 음모론이 황당하게 들릴 수 있지만 모든 음모론에는 공통된 특징이 있다. 어떤 사악한 목적을 위해 암약하는 은밀하고 막강한 세력이 존재한다는 믿음이다. 내가 오래전부터 음모론의 심리를 연구한 이유는 음모론이 증거를 거스르는 세계관을 보여주는 흥미로운 예이기 때문이다. 앞에서 타이슨이 과학적 사실을 아무리 많이 제시해도 B.o.B는 신념을 바꾸려 하지 않았다. 물론 나쁜 의도를 가진 사람들이 모여 은밀히 계획을 세우고 잠재적 표적을 향해 음모를 꾸밀 가능성도 있다. 하지만 그게 문제가 아니다. 충분한 증거를 토대로 누군가가 음모를 꾸미고 있다고 의심한다면 그 일 자체가 비이성적이지는 않다. 게다가 권력자들에게는 투명성을 요구하고 책임을 물어야 한다. 건강한 회의주의는 과학의 핵심 가치이기도 하다. 그렇다면 음모론의 문제는 무엇일까?

음모론이 과학적인 이론에서 벗어나게 만드는 3가지 핵심 특징이 있다. 첫 번째로 가장 중요한 특징은 음모론적 세계관에서는 어느 한 가지 음모론만 믿는 것이 아니라는 점이다. '독백 신념 체계' 안에서는 한 음모론에 대한 믿음이 다른 음모론의 증거가 되어준다. 예를 들어 울프가 도마뱀 음모론을 믿는다는 사실이 중요한 것이 아니라 다른 몇 가지 음모론도 동시에 믿는다는 점이 중요하다. 그는 서구 사회가 포위당하고 있다는 음모론을 기반으로 정치적 폭력을 조장하는 극우 신新파시스트 남성 조직 '프라우드 보이스Proud Boys'에서 활동했다. 나아가 큐어넌의 열혈 지지자이기도 했다. 마찬가지로 B.o.B.는 지구가 평평하다고 믿을 뿐 아니라 달 착륙이 가짜라고도 믿고 정부가 유명인을 은밀히 복제한다고도 믿는다. 여기서 요점은 사람들이 음모론적 세계관에 완전히 빠져들 수 있다는 사실이다.

두 번째 특징은 많은 음모론이 해당 음모를 비밀로 유지하기 위해 조력할 사람 수가 과도하게 많아 산술적으로 불가능하다는 점이다. 물리학자 데이비드 그라임스David Grimes는 그의 모형 추정치를 기준으로 (유명한 스캔들에 근거해) 1,000명 이상이 연루된 음모는 "태생적으로 얼마 안 가 실패할 것"이라고 말한다. 예를 들어 NASA

3장 꾸며낸 이야기의 유혹

가 정말로 달 착륙을 조작했다면 이 음모에 연루된 사람이 40만 명 이상이어야 한다. 모형을 아무리 관대하게 가정한다 해도 이 속도라면 몇 년 안에 음모가 쉽게 깨질 것이다. 요컨대 대다수 음모론은 도무지 믿기지 않는 이야기이다.

세 번째 특징은 음모론conspiracy theory이 사실 어떤 '이론theory'이 아니라는 점이다. 기본적으로 음모론은 가장 근본적인 동기에 의한 추론이다. 일단 어떤 전제에서 시작한다. 예를 들어 사악한 음모를 꾸미는 개인이나 단체(정부나 악덕 기업)가 존재하는 것은 기정사실이므로 음모의 증거를 찾는 것은 진실을 추구하는 사람들의 몫이라는 것이다. 이를 '근본적 귀인 오류'라고도 한다. 무작위적 우연을 악의적 의도로 잘못 생각하는 것이다. 게다가 과학적 이론과 달리 신념은 새로운 증거가 나타나 심각한 의심을 제기해도 증거에 맞게 바뀌지 않는다. 신념에 반박하는 증거가 나오면 음모를 덮으려는 새로운 도발로 치부한다. 누군가가 음모를 꾸미는 것이 기정사실이라고 믿기 때문이다. 이런 이유로 음모론자와 논쟁하는 일은 어렵다. 음모론을 부정하려는 시도는 이들에게 음모론이 사실이라는 강력한 증거가 될 뿐이다!

따라서 음모론은 앞선 우리의 스펙트럼에서 맨 끝에 있다. 음모론은 동기에 의한 추론을 한참 뛰어넘는다. 미국의 역사가 리처드 호프스태터Richard Hofstadter는 1964년 이 주제에 관한 에세이에서 음모론적 세계관의 본질을 이렇게 간파했다.

이제 편집증적 사고의 기본 요소를 추상화해보자. 그 중심에는 거대하고 사악한 음모, 곧 삶의 방식을 훼손하고 파괴하도록 작동하는 거대하고도 미묘한 영향력을 지닌 장치의 이미지가 있다.

나와 동료들은 여러 연구에서 호프스태터의 통찰을 검증하면서 정치 이념과 음모론에 대한 믿음의 연관성을 알아보고 싶었다. 그리고 정치 이념이 사람들이 음모론에 빠지는 경향에 영향을 미치는 과정에서 2가지 핵심 요소를 발견했다. 바로 편집증과 공권력에 대한 불신이다. 두 요소가 음모론적 사고를 유발하는지, 아니면 이미 음모론을 믿는 사람이 점차 편집증적으로 변하고 공권력을 불신하게 되는지는 정확히 알 수 없지만 이 두 요소가 음모론적 세계관의 핵심 요소라는 점은 확실하다.

연구에 따르면 음모론은 적어도 3가지 기본적 심리 욕구를 충족킨다. 첫 번째로 **인식론적** 욕구, 곧 우리를 둘러싼 세계를 이해하려는 욕구를 충족시킨다. 음모론은 혼란스럽고 무작위로 보이는 사건에 단순한 인과관계를 제공한다. 지구 온난화라는 결과에 대한 과학적 예측을 받아들이기보다 지구 온난화가 사기극(단순한 설명)이라고 믿는 쪽이 훨씬 쉽다. 음모론은 사람들이 스스로 독창적이고 '정보에 밝다'고 느끼게 해 평범하고 '줏대 없는 인간들'과 다르다고 자부하게 만들어준다.

두 번째로 음모론은 **실존적** 안도감을 준다. 인간은 본래 존재의 불확실성에 불안해한다. 음모론은 세상에서 벌어지는 사건에 서사를 제공하고 우리에게 주체성과 통제력을 부여한다.

마지막으로 음모론은 인간의 기본적 **관계** 욕구를 충족시킨다. 음모론은 사회에서 소외된 사람들에게 공통의 대의를 추구하는 공동체에 소속된 느낌을 선사한다.

음모론을 믿으면 이처럼 통제력과 편집증적 관념, 정치, 마술적 사고, 미신을 비롯해 갖가지 심리적 동기가 따라오기 때문에 음모론적 세계관은 매혹적인 괴물이 된다.

음모론적 세계관은 기본적으로 자생적이고 유사종교적 체계를 갖춘다.[2] 켄트 대학교 사회심리학 교수 캐런 더글라스Karen Douglas와 동료들은 학생들에게 몇 가지 음모론을 믿는지 알아보는 연구를 실시했는데, 그중 일부 음모론은 서로 모순됐다. 예를 들어 다이애나 비가 1997년 파리에서 살해당했다는 음모론에 대한 믿음은 다이애나 비가 스스로 죽음을 위장했다는 모순된 음모론에 대한 믿음과 상관관계를 보인다. 마찬가지로 2011년 미국 특수부대가 아보타바드에 도착했을 때 오사마 빈 라덴이 이미 사망했다는 음모론에 대한 믿음은 그가 아직 살아 있었다는, 서로 명백히 모순되는 음모론에 대한 믿음과 상관관계를 보였다.

---

2     제도화되지 않아 '유사'가 붙었다.

나와 동료들도 비슷한 결과를 얻었다. 우리가 진행한 한 연구에서는 코로나19가 우한의 어느 실험실에서 생명공학으로 조작됐다는 음모론에 대한 믿음이 5G 송전탑이 바이러스의 원인이라는 전혀 다른 음모론에 대한 믿음과 상관관계를 보였고, 두 음모론 모두 코로나19가 사람들에게 백신 접종을 강요하려는 세계적인 음모의 일부라는 음모론에 대한 믿음과 상관관계를 보였다. 다른 연구에서는 같은 사회 관계망 안에서 완전히 날조된 음모론에 대한 믿음이 발생하는 것으로 나타났다. 다시 말해 이미 여러 음모론을 믿는 사람들에게 전혀 무관한 음모론을 추가로 제시하면 그 음모론도 선뜻 믿는 경향을 보였다.

이처럼 다소 기이한 결과를 어떻게 이해할 수 있을까? 여기서 나타나는 인지적 오류를 '결합 오류conjunction fallacy'라고 한다. 심리학자 대니얼 카너먼Daniel Kahneman과 아모스 트버스키Amos Tversky는 다른 상황에서 결합 오류를 처음 발견했다. 두 연구자는 참가자들에게 린다라는 여자에 대한 설명이 포함된 시나리오를 제시했다. 린다는 서른한 살의 독신으로 솔직하고 명석한 여자이다. 린다는 철학을 전공했다. 학창 시절 차별과 사회 정의에 관심이 많았고, 반핵 시위에도 참가했다. 다음 중 어느 지문이 린다에 관해 옳은 설명일 가능성이 클까?

A) 린다는 은행원(은행 출납원)이다.

B) 린다는 은행원이면서 페미니즘 운동에 적극적이다.

B가 린다를 더 '잘 설명해주는' 것처럼 들리므로 대다수는 B를 선택한다. 하지만 확률의 법칙에 따르면 단일 (구성) 사건의 확률(린다는 은행원이다)은 두 사건이 함께 '결합해' 일어날 확률(린다는 은행원이면서 페미니스트이다)보다 항상 같거나 더 크다. 결과적으로 페미니스트 은행원은 일반 은행원의 특수한 하위 집합이다.

수학적으로 계산해보면 이런 사실이 더 명확해진다. 린다가 은행원일 확률이 0.05이고 페미니스트일 확률이 0.99라고 가정하자. 확률 법칙에 따라 린다가 은행원이면서 페미니스트일 가능성은 두 확률을 곱한 값, 즉 0.001(0.05×0.99)이므로 각 사건을 따로 볼 때의 확률보다 반드시 낮다.

오스트리아 그라츠 대학교 연구팀은 참가자들에게 음모론의 맥락에서 유사한 문제를 냈다. 일례로 연구팀은 빌앤드멀린다게이츠 재단이 코로나19에 맞서 싸운다고 말한 다음 사람들에게 아래 2가지 주장 중 어느 쪽 가능성이 더 큰지 물었다.

A) 게이츠 재단은 백신 접종률을 높이기 위해 노력할까?
B) 게이츠 재단은 백신 접종률을 높이기 위해 노력하고, 그 결과 재단의 부를 늘리고 싶어 할까?

결과적으로 여러 음모론을 믿을 가능성이 큰 사람들이 음모론을 믿지 않는 사람들보다 이런 식의 결합 오류를 더 많이 범하는 것으로 나타났다. 확률의 법칙에서는 사건이 서로 독립적이라고 가정한다. 한 사건(백신 접종)이 다른 사건(수익 창출)에 영향을 미치지 않는다는 뜻이다.

실제로도 일리가 있는 것이, 팩트 체크 전문가들은 실제로 게이츠재단이 비영리 재단으로서 코로나19 백신을 판매하는 제약회사의 주식을 단 한 주도 보유하지 않았고 자연히 수익을 올리려 하지도 않는다는 사실을 밝혀냈다. 음모론자들에게 이런 세세한 오류를 해결하는 유일한 방법은 사건들이 독립적이지 않으며 모두 연결되어 있다고 가정하는 것이다. 바꿔 말해 큐어넌 음모론과 도마뱀 정치인 음모론에 대한 각각의 믿음은 두 사건을 연결하는 더 큰 음모가 있다고 가정하지 **않는 한** 서로 독립적이어야 한다.

따라서 음모론의 구체적인 내용은 중요하지 않다. 설명이 충분히 음모론적이기만 하면 세계적이고 고차원적인 '일관성'이 주어진다. 핵심은 어떤 사악한 집단이 어디선가 어떤 음모를 꾸미고 있다는 것이다. 상위의 음모론이 존재할 가능성만 있다면 아랫단의 설명에서 앞뒤가 맞지 않더라도 서로 모순된 신념이 근원의 세계관과 일맥상통한다. 그래서 앞서 말한 닐 디그래스 타이슨의 싸움이 어려워진 것이다. B.o.B의 신념에 모순되는 부분이 있어도 NASA가 진실을 숨긴다는 더 큰 의혹으로 정당화되기 때문이다. 완전한 음

3장 꾸며낸 이야기의 유혹

모론적 세계관을 파헤치거나 대응할 수 있는 심리적 치료법은 내가 알기로는 없다. 게다가 이런 세계관은 전염성이 강하다.

내가 이 장의 제목으로 가져온 중요한 실험에서는 음모론자가 아닌 일반인 300여 명에게 지구 온난화에 관한 음모론적 영화로 〈지구 온난화라는 거대한 사기극〉*The Great Global Warming Swindle*의 2분짜리 영상을 보여줬다. 놀랍게도 참가자들은 이 영상에 짧은 시간 노출됐는데도 다른 다양한 영상을 본 통제 집단에 비해 기후변화에 대한 과학적 증거를 지지할 가능성이 현저히 낮아졌고, 지구 온난화를 막기 위한 청원서에 서명할 의향도 훨씬 줄었다. 게다가 전반적인 시민의식도 낮아져 가까운 미래에 자원봉사를 하고 자선단체에 기부하겠다는 의향이 줄어들었다. 나는 이런 현상을 '음모론 효과 conspiracy effect'라 부른다. 위험한 사고방식에 잠깐만 노출돼도 과학적 사실을 수용하는 정도와 시민의식이 감소한다. 음모론 효과에 맞서기 위한 첫 단계는 음모론 효과를 알아채는 일이다.


## 음모론적 사고의 7가지 특징

2014년 3월 30일, 나는 '앨런 타리카'라는 사람에게서 이메일을 받았다. 그는 음모론의 심리에 관한 내 글을 읽다가 셰익스피어의 유명한 소네트가 원래 다른 사람의 작품이라는 사실을 은폐하거나 무시하는 거대한 음모를 상세히 밝히는 웹사이트 링크를 직접 보내주기로 했다. 그러면 실제 작가는 누구일까? 타리카는 모든 단서가 옥스퍼드 백작을 가리킨다고 주장했다. 그는 나와 몇 차례의 대화에서 소네트를 맨 처음부터 마지막까지, 또 마지막 시에서 첫 번째 시로 되짚어 읽어보면 숨은 진실이 드러난다고 나를 설득하려 했다.

연구자들은 대개 이런 이메일에 답하지 않지만 나는 이런 음모론에 빠지는 데 정확히 어떤 동기가 작동하는지 알아보고 싶다는 강렬한 유혹을 느꼈다. 몇 차례 이메일을 주고받은 뒤 나는 앨런 타리카에게 양상 착각 지각illusory pattern perception이 음모론을 믿는 태도와 어떻게 연관되는지 밝히는 논문을 한 편 보냈다. 그러다 구글에서 그의 이름을 검색해보고 TARICA라는 이름이 사실 'ART CIA'의 철자 순서를 바꿔 만든 이름인 것을 발견하고 그가 학계의 여러 연구자에게 집요하게 이메일을 보내며 공격해온 사실을 알았다. 나는 그에게 내 전문 분야는 아니지만 "진실은 저 너머에" 있다고 확신한다고 답했다.

그가 보낸 이메일은 이런 식이었다.

답장해주셔서 감사하기는 합니다만 다른 연구자들의 행동이 조금이라도 용납된다고 생각하시는지 무척이나 궁금합니다.
물론 진실은 저 너머에 있지만 어떻게 대화 한번 나눠보지 않고 그 진실에 다가갈 수 있습니까?

3장 꾸며낸 이야기의 유혹

장담컨대 저는 넓은 식견으로 견해를 밝혀주셔야 할 분들의 경멸적인 행동에 대해 이처럼 극단적으로 대처할 것입니다. 모든 연구자가 학과를 넘어 더 많이 참여해주시기를 기대합니다.

다른 건 몰라도 부디 이 말씀만은 전해주십시오.

이만 줄입니다.

앨런

앨런에게는 저 너머에 있는 진실만으로는 충분하지 않았다. 그는 계속 내게 이메일을 보냈고, 마지막 이메일에는 이렇게 적었다. "어디 내 '음모론'을 시험하고 반박해보시지, 이 쓸모없고 황당한 작자야."

앨런이 소외감을 느꼈을 수도 있다. 아무도 그의 의견을 들어주지 않고 학계가 그를 무시한다고 느꼈을 수도 있다.

그런데 앨런이 모르는 사실이 있다. 그의 행동이 최근 우리 연구팀이 진행한 음모론의 언어에 관한 연구에서 발견한 결과와 정확히 일치한다는 점이다. 이 분야의 연구는 주로 일반인에게 다양한 음모론을 어느 정도까지 지지하는지에 묻는 정도에서 그친다. 하지만 우리 연구팀은 새로운 방법을 시도하고 싶었다. 실제 음모론자의 언어를 분석해 음모론자가 온라인에서 자신을 드러내는 방식에서 독특한 양상이나 심리 언어학적 특징을 찾아내는 방법이었다. 우리는 트위터에서 유명한 음모론자들이 올린 트윗 수십만 개에 사용된 언어를 분석했고, 음모론자는 과학적 연구자에 비해 부정적인 감정, 특히 분노를 훨씬 많이 표현한다는 결과를 얻었다. 게다가 음모론자는 다른 집단이나 권력 구조를 향한 욕설과 비방도 훨씬 많이 하는 것으로 나타났다. 앨런의 언어에는 이 모든 특징이 담겨 있었다. 말하자면 앨런은 화를 잘 내고, 남들을 욕하고, 부당한 권력 구조를 해체하려 했다.

그런데 수년간 나와 동료 연구자들을 괴롭힌 음모론자는 앨런만이 아니었다. 일례로 나의 절친한 동료 연구자인 브리스톨 대학교 인지과학 교수 스테판 레반도프스키Stephan Lewandowsky와 공동 연구자들은 음모론의 심리에 관한 그들의 논문을 두고 블로그 세상에서 벌어진 음모론적 토론을 분석한 논문을 쓰기도 했다. 논문 제목은 적절하게도 "재귀적 분노: 음모론자의 관념화 연구에 대한 블로그 세상의 음모론적 관념화"였다. 레반도프스키는 과거 그의 논문에 반박하는 온라인 논쟁이 음모론적 성격을 상당히 띤다는 점을 발견했다. 이를테면 그들은 레반도프스키가 의도적으로 논쟁을 덮으려 한다고 비난했다.

레반도프스키 연구팀도 우리 연구와 마찬가지로 몇 가지 반복되는 주제를 찾아냈다. 언어적 지표 외에도 음모론적 사고에는 예측 가능한 특징이 있다는 점을 알아냈다. 그러니 음모론을 조사하면 음모론 서사에서 되풀이되는 공통점이 드러날 터였다. 예를 들

3장 꾸며낸 이야기의 유혹

어 음모론은 주로 사악하거나 비도덕적인 의도를 전제한다. 사람들이 은밀히 공모해 깜짝 생일 파티를 열어준다는 식의 이야기가 아니다. **긍정적인** 음모론은 존재하지 않는다.

사람들이 일상에서 음모론 효과를 쉽게 찾아내도록 돕기 위해 나는 스테판 레반도프스키, 존 쿡John Cook, 울리히 에커Ullrich Ecker와 함께 음모론적 세계관에 관해 밝혀진 모든 정보를 통합해 '음모론적 사고의 7가지 특성'이라는 지침을 만들었다. 이 지침의 이름은 'CONSPIRE'로, 모순된 논리Contradictory logic, 전반적 의심Overriding suspicion, 비도덕적 의도Nefarious intent, 뭔가가 잘못됐다는 생각Something must be wrong, 박해받는 피해자Persecuted victim, 증거에 얽매이지 않는 태도Immunity to evidence, 무작위성의 재해석Re-interpreting randomness에서 앞글자를 따서 만들었다.

현재 악명 높은 음모론 영상인 〈계획된 전염병: 코로나19 이면의 숨은 의제〉*Plandemic: The Hidden Agenda Behind Covid-19*에서 이런 특성이 작동하는 것을 알 수 있다. 2020년 5월 4일 유튜브에 처음 공개된 이 영상은 배경이 불투명한 의학자 주디 미코비츠Judy Mikovits와의 인터뷰를 담았다. 미코비츠는 코로나19 바이러스가 생명공학으로 제조됐다는 주장과 "마스크를 쓰면 바이러스가 활성화된다"라는 오해를 비롯해 코로나19 범유행에 관한 갖가지 음모론을 퍼트린 인물이다. 이 영상은 유튜브에서 공식 삭제되기 전까지 이틀간 온라인에 게시되어 수백만 회 조회되었다. 여러 연구에서 이 영상에 노출되면 백신 접종에 대한 지지가 감소하는 것으로 나타났다. 음모론 효과가 작동하는 것이다. 따라서 음모론에 잠깐만 노출돼도 공공의 논의에 피해를 줄 수 있다.

〈계획된 전염병〉 영상에서는 음모론의 전형적인 특성이 모두 나타난다. 첫째, 음모론에는 거의 항상 내적 모순이 있다. 〈계획된 전염병〉에서는 거짓된 기원의 이야기 2가지를 동시에 제시하면서 이내 논리적 모순을 드러낸다. 첫 번째 이야기에서는 코로나19가 우한의 한 실험실에서 생명공학으로 생산됐다고 말하면서 두 번째 이야기에서는 모든 사람이 이전에 다른 백신 접종으로 바이러스에 이미 감염됐고 마스크를 쓰자 바이러스가 활성화됐다고 설명한다. 둘 중 어느 쪽이 맞는다는 말인가? 명백히 모순이다.

다음으로 음모론은 태생적으로 공식적 서사를 경계한다. 〈계획된 전염병〉은 주류 과학을 의심하고 WHO와 미국질병통제예방센터 CDC를 비롯해 공식적 설명을 내놓는 거의 모든 대상에 의구심을 던진다. 모든 것에 의문을 제기한다.

음모자들은 사악한 의도도 갖는다. 비도덕적 의도는 대다수 음모론과 〈계획된 전염병〉에서 특징적인 주제이다. 한 예로 이 영상에서는 백악관 코로나19 대응팀을 이끌던 앤서니 파우치Anthony Fauci를 비롯한 사악한 과학자들이 그들의 이익을 위해 전염병을 퍼트렸고, 그러는 과정에서 수많은 사람이 사망한 것처럼 표현했다.

음모론자들은 반박받으면 음모론의 특정 부분을 가차 없이 폐기

3장 꾸며낸 이야기의 유혹

하면서도 계속 뭔가가 잘못됐다고 믿는다. 일관성이 없다면 그 부분을 해명해주는 상위의 더 큰 음모가 존재한다고 여긴다. 예를 들어 〈계획된 전염병〉 제작자 미키 윌리스Mikki Willis는 코로나19가 영리를 목적으로 설계됐다고 믿느냐는 질문에 "잘 모르겠다"라고 답했다. **뭔가가** 옳지 않다는 것만 안다고 했다.

잘 짜인 음모론에는 박해받는 피해자가 나온다. 음모론자들은 막강한 엘리트들이 꾸민 음모에서 스스로 소외된 희생자라고 믿는 경향이 있다. 이를테면 앨런은 스스로 셰익스피어 소네트의 거짓 기원을 지지하는 막강한 인문학자 집단의 희생양이라고 믿는다. 〈계획된 전염병〉 제작자들은 전 세계가 코로나19 범유행이라는 거대한 사기극에 희생됐다고까지 주장한다. 아닌 게 아니라 누군가 피해를 주려고 음모를 꾸민다면 피해자가 존재해야 한다. 2가지는 밀접히 연관된다.

안타깝게도 음모론자들은 증거에 얽매이지 않는다. 앞에서 증거로부터 자유로울 수 있는 사람은 거의 없다고 말했지만 음모론자들은 예외인 듯하다. 음모론자에게 왜 증거가 없느냐고 물어보면 대체로 음모를 꾸민 자들이 교묘히 은폐해서라고 답한다. 나아가 내가 음모론에 반박한다면 나 역시 음모의 가담자라는 증거로 여긴다.

마지막 특성은 양상 착각 지각과 관련된다. 이는 무작위적으로 일어나는 사건에 실질적인 의미를 부여하는 일이다. 나는 앨런 타리카에게 양상 착각 지각과 음모론적 사고의 연관성에 관한 논문을 보내주었다. 그가 소네트에서 있지도 않은 양상을 보는 것 같았기 때문이다. 〈계획된 전염병〉도 마찬가지이다. 이 영상에서는 미국국립보건원NIH이 중국의 우한바이러스연구소에 자금을 대줬다고 도발적인 어조로 주장한다. 흠, 우연이지 않을까? 맞는다, 사실 NIH가 세계 여러 연구소에 자금을 지원하는 것은 이미 알려진 사실이다. 5G 음모론도 유사한 경향을 보이며 코로나19 바이러스 발병 지점과 5G 송전탑 위치를 모종의 사악한 음모 일부로 연결한다. 알고 보면 제3의 요인, 곧 인구 밀도라는 요인이 송전탑과 전염병 발병을 충분히 설명해준다.

　사람들에게 즉흥적으로 음모론을 만들어보라고 해도 비슷한 양상이 나타난다. 우리 연구팀의 'CONSPIRE' 연구에서는 미국 조지아주 사람들에게 2020년 5월 봉쇄 조치가 완화된 뒤 코로나19 확진자가 증가한 현상에 관해 음모론을 만들어보라고 주문했다. 그러자 "정부의 엘리트들이 가능한 많은 사람을 죽이고 싶어 한다"(사악한 의도)부터 "민주당이 고령의 부유한 유권자들을 제거하기 위해 코로나19 바이러스를 제조했다"(박해받는 피해자)까지 다양한 음모론이 나왔다.

　음모론이 쉽게 유포되는 이유는 심리적으로 끌어당기는 힘이 있고, 복잡한 문제를 단순하게 설명하며, 혼돈과 불확실성으로 가득 찬 세상에서 주체성과 통제력을 찾아주기 때문이다. 갈수록 노델,

　　　　　　　　　　　3장 꾸며낸 이야기의 유혹

B.o.B, 타리카, 미코비츠 같은 사람들이 내놓는 서사에 대한 수요가 증가하는 추세이다. 음모론의 가장 위험한 측면은 무엇보다 음모론 효과가 생물학적 바이러스처럼 달라붙어 빠르고 효율적으로 번식한다는 점이다. 우리도 모르는 사이 하나가 아니라 2~3가지 음모론을 믿게 되고, 배후의 더 큰 그림을 보면서 모든 사건이 서로 연결되어 있다고 확신한다. 더욱이 민주주의에서 '사실'의 지위는 모든 사람이 탈진실 위험 스펙트럼의 극단에서 활동해야만 훼손되는 것이 아니다. 이는 흔한 오해이다. 요즘 들어 주요 선거 다수가 근소한 차이로 결정된다. 소수만 가짜 뉴스에 넘어가면 된다는 뜻이다. 여러 연구에서 가짜 뉴스를 퍼뜨리는 사람들은 대개 정치적으로 적극적인 사람들이다. 극단적이고 동기가 충만하고 전파력이 뛰어난 사람들이다. 그리고 이들은 인구에서 큰 비율을 차지하지 않는다.

하지만 음모론이 실제로 더 널리 퍼지면 어떨까? 2022년 5월 내가 미국 하원의 정보 및 대테러 소위원회의 의원들에게서 받은 질문이다. 나는 극단주의 조직은 음모론적 서사로 새로운 추종자를 끌어들인다면서 음모론에 대한 믿음과 정치적 폭력에 대한 지지 사이의 연관성을 입증하는 연구도 많이 나왔다고 답했다. 그런데 과거 어느 때보다 많은 사람이 음모론을 받아들이는 것은 사실일까? 실제로 2021년 20개 넘는 국가에서 실시한 설문조사에서 응답자 20퍼센트 이상이 어느 한 집단이 세계적인 사건을 통제한다고 믿는 것으로 나타났다.

하지만 이 정보만으로는 역사적으로 볼 때 현재 음모론을 믿는 비율이 유난이 더 높은지 낮은지 알 수 없다. 게다가 세계적인 추세에 관한 자료가 거의 없어 이 질문에 답하기 어렵다. 우리는 그저 지난 수십 년간 음모론에 대한 대중의 믿음을 신뢰성 있는(그러나 일관성은 거의 없는) 수준으로 추적했을 뿐이다.

내 동료이자 마이애미 대학교 정치학 교수인 조셉 우신스키Joseph Uscinski는 여름학교 학생들과 함께 케임브리지로 나를 찾아와 음모론의 최신 연구에 대해 토론했다. 우신스키는 종종 언론이 몇 년에 한 번씩 새로운 '음모론의 황금기'를 선언한다고 지적한다. 그는 언론이 주장하는 '음모론의 황금기'에 회의적이다. 역사적으로도 음모론에 의해 '마녀'가 사탄과 한통속으로 몰려 화형에 처해지지 않았나? 또 2차 세계대전 때도 움모론에 의해 유대인 수백만 명이 박해당하지 않았나? 과연 지금 더 나빠진 것일까? 이런 지적에도 일리가 있다. 우신스키는 1966년부터 2020년까지 37가지 음모론에 대한 대중의 믿음을 조사해 어떤 음모론에 대한 믿음은 증가하지만 어떤 음모론에 대한 믿음은 감소하거나 안정적인 상태로 유지된다는 결과를 얻었다.

우신스키는 음모론은 '루저'를 위한 것이라는 흥미로운 이론을 내놓았다. 정치적 권력이 없는 사람들이 권력을 가진 사람들에 관한 음모론을 지지할 가능성이 크다는 뜻이고, 실제로 여러 국가의 경험적 연구에서도 권력이 없는 정당(특히 극우 정당) 지지자들이 평

3장 꾸며낸 이야기의 유혹

균적으로 음모론적 사고를 더 많이 드러내는 것으로 나타났다. 그러나 나를 비롯한 일부 연구자들은 이런 측면이 전체 그림에서 퍼즐의 한 조각인 것은 맞지만 음모론에 대한 지지가 사회적, 정치적 불안의 함수로서 폭넓게 작용할 만큼 음모론을 믿는 추세가 광범위하게 퍼졌다고 이해한다.

일례로 갤럽이 1963년부터 JFK 암살 음모론을 추적한 결과, 응답자 52퍼센트가 누군가가 JFK 암살에 연루됐다는 음모론을 믿는다는 사실이 밝혀졌다. 이 수치는 올리버 스톤의 영화 〈JFK〉가 개봉한 1990년대에 81퍼센트까지 올라갔다가 2011년 다시 61퍼센트로 떨어졌다.

최근 케임브리지-유고브는 3년 연속 같은 음모론을 설문조사했다. 예를 들어 코로나19 범유행이 시작될 때는 미국 인구의 약 13퍼센트만 백신 접종 반대 음모론을 지지했지만 2020년에 코로나19 백신 관련 보도가 나오고부터는 그 수치가 약 33퍼센트로 급증했다.

기본적으로 사람들은 세계적 위기나 사회 및 정치적 혼란으로 불확실성과 무력감을 느낄 때 심리적 위안과 안도감을 얻기 위해 음모론에 의존할 가능성이 크다. 나아가 이런 음모론적 서사가 사회적, 문화적으로 전파되어 역사가 된다.

이 해석이 옳다면 우리가 날마다 마주하는 세계적인 문제들이 음모론의 온상이라고 볼 수 있다. 분명한 사실은 인터넷과 소셜미디어로 인해 음모론이 더 번성하고 주류로 진입하고 전례 없이 새로운 방식으로 확산할 수 있었다는 점이다. 닐 디그래스 타이슨은 〈핫 원스〉*Hot Ones*(유명인들이 점점 더 매운 닭날개를 먹으며 질문에 답하는 유튜브 쇼) 인터뷰에서 음모론을 믿는 사람이 갈수록 늘어나는 것 같느냐는 질문에 "그런 사람의 수는 일정하고, 지금은 그들이 검색 엔진을 통해 전 세계가 접근할 수 있는 블로그에 글을 올릴 뿐이라고 본다"라고 답했다. 핫소스는 점점 매워졌지만 닐의 통찰은 정확했다. 실제로 사람들이 점점 많은 음모론에 접근할 수 있고, 음모론이 훨씬 빠르게 퍼져나갈 수 있으며, 그 어느 때보다 더 많은 대중에게 도달할 수 있다. 일례로 러시아가 2022년 우크라이나를 침공해 미국이 자금을 대는 비밀 생물학전쟁연구소를 파괴할 거라는 음모론은 처음 크렘린궁에서 부수적으로 발표했다가 중국 외교부가 받아

**C**
모순된 논리
Contradictory logic

**O**
전반적 의심
Overriding suspicion

**N**
비도덕적 의도
Nefarious intent

**S**
뭔가가 잘못됐다는 생각
Something must be wrong

**P**
박해받는 피해자
Persecuted victim

**I**
증거에 얽매이지 않는 태도
Immunity to evidence

**RE**
무작위성의 재해석
Re-interpreting randomness

3장 꾸며낸 이야기의 유혹

증폭시키고, 미국의 폭스뉴스 진행자 터커 칼슨이 그의 프로그램에서 반복해 전달하면서 더 널리 퍼졌다. 마찬가지로 미국에서 시작된 음모론(〈계획된 전염병〉에서 지지하는 음모론)은 수백만 회 조회되고 인터넷에서 며칠 만에 전 세계로 퍼져나갔다. 디지털 미디어의 발전으로 이제 누구나 음모론 효과에 희생될 수 있다.

## 가짜 뉴스 항원 3 | 음모론적 사고의 7가지 특성 찾아내고 저항하기

— 음모론이 심리적으로 매력적인 이유는 무작위적이고 복잡해 보이는 사건을 명확하고 단순하게 설명해주기 때문이다. 이는 나아가 거짓 통제감도 준다.
— 음모론은 전염성이 강하다. 한 번만 접해도 영향받는다.
— 음모론을 알아채는 것은 저항력을 기르기 위한 첫 단계이다.
— 'CONSPIRE' 지침으로 음모론의 영향을 막을 수 있다. 모순된 논리, 전반적 의심, 비도덕적 의도, 뭔가가 잘못됐다는 생각, 박해받는 피해자, 증거에 얽매이지 않는 태도, 무작위성의 재해석이 있는지 주의 깊게 살펴보자.

# 4장 거짓말은 거짓으로 밝혀진 뒤에도 계속 믿게 된다

"지나치게 뻔뻔한 거짓말은 항상 흔적을 남긴다.
거짓말이 들통난 뒤에도 그렇다.
이는 세상의 모든 거짓말 전문가와 거짓을 공모한 사람이
잘 아는 사실이다."
— 아돌프 히틀러, 『나의 투쟁』(1925)

2016년 나는 뉴저지주 프린스턴에 거주하며 일했다. 프린스턴은 뉴욕 교외의 우드브리지 타운십에서 멀지 않은 곳으로, 저지에서 북동쪽으로 약 1시간 거리에 있다. 프린스턴에는 우드브리지라는 미국의 평범한 공립 고등학교가 있다. 학생들에게 홀로코스트에 대해 의문을 제기하게 했다가 해직당한 역사 교사 제이슨 알리의 사연이 아니었다면 나도 이 학교를 몰랐을 것이다.

알리는 학생들에게 '거짓으로 가득 찬 가스실'과 같은 주제로 에세이 과제를 내주면서 학생들이 역사적 사건에 대해 비판적으로 사고하도록 교육한다고 믿었다. 이어진 소송에서 학생들이 쓴 에세이 발췌 내용이 공개됐고, 그중 내가 특히 강한 인상을 받은 글이 있었다. 그 글을 쓴 학생은 그동안 히틀러가 유대인에게 한 행동이 잔혹

하고 명분도 없다고 배웠지만 유대인이 완전히 무고하다는 믿음에 의문을 제기하면 왜 안 되는지 물었다. 이어 유대인이 독일 경제를 망치지는 않았는지 웅변조로 물었다. 유대인이 기독교를 비판하지 않았나? 유대인이 포르노를 세상에 내놓지 않았나? 그리고 이 학생의 에세이는 죽어 마땅한 사람은 없지만 홀로코스트가 전혀 정당하지 않은 것만은 아니라고 섬뜩한 결론을 내렸다. 한마디로 '유대인'이 당할 만해서 당했다는 내용이었다.

앞 장의 논의에 비춰보면 이는 2차 세계대전으로 거슬러 올라가는, 명백한 음모론이다. 음모론은 오늘날 탈진실 미디어 환경에서 과거 어느 때보다 많이 나타나는 것 같지만 사실 전쟁 시기에도 상당히 퍼져 있었다. 가장 흔하고 터무니없는 음모론 중 하나는 유대인이 독일을 파괴하기 위해 전쟁을 일으켰다는 주장이다. 특히 이 음모론은 독일이 위험한 '국제 유대인들'에게 포위당한 탓에 전쟁에 뛰어들어 스스로 방어하는 수밖에 없다고 주장하는, 이후 대대적인 선전전의 근간이 됐다. 1943년 제작된 다음 포스터는 이런 생각을 생생히 묘사한다. 이 포스터는 요제프 괴벨스가 나치의 선전물을 제작하기 위해 '제국 예술 디자인 위원'으로 고용한 한스 슈바이처Hans Schweitzer의 디자인이다. 이 이미지는 전쟁의 책임을 유대인에게 돌리며 이렇게 주장한다. "전쟁은 그들의 잘못이다."

안타깝게도 히틀러가 『나의 투쟁』에 "지나치게 뻔뻔한 거짓말은 항상 흔적을 남긴다. 거짓말이 들통난 뒤에도"라고 쓴 말은 틀리지 않았다. 제이슨 알리의 사례에서 보듯 거짓 음모론, 즉 '거대한 거짓말'은 여전히 우리 곁에 남아 오늘날의 수많은 홀로코스트 부정론자 사이에서 지지받고 있다.

문제는 홀로코스트 부정론만이 아니다. 이제 우리는 잘못된 정보가 계속 남아 뇌의 기억망에 뚜렷하게 흔적을 남긴다는 사실을 안다. 이를 '잘못된 정보의 지속적 영향'이라 부른다.

4장 거짓말은 거짓으로 밝혀진 뒤에도 계속 믿게 된다

## 잘못된 정보의 지속적인 영향

나치의 선전이 현대인의 태도에 계속해서 미치는 영향에 관해서는 나중에 다룰 것이다. 그 전에 기저의 심리를 알아보기 위해 가상 사례를 살펴보자. 잠시 뉴스에서 지역 화재 소식을 듣는다고 상상해 보자.

속보: 1월 25일 오후 8시 58분, 창고형 유통업체 건물에서 화재경보 신고가 접수됐습니다. 창고에서 통제 불능의 심각한 화재가 발생해 즉각 대응해야 한다는 내용이었습니다. 오후 9시 소방차가 즉시 출동했습니다. 야간 경비원이 연기 냄새를 맡고 상황을 조사해야 한다고 판단해 화재경보를 울린 겁니다. 1월 26일 새벽 4시경, 소방대장은 주요 창고의 벽장 안 배선이 합선되어 불이 났다고 추정했습니다.

새로 들어온 소식: 오전 4시 30분, 경찰은 화재가 발생하기 전 벽장에서 유성 페인트 통과 압축가스 통이 발견됐다는 신고가 접수됐다고 밝혔습니다. 현장의 소방관들은 짙은 기름 연기와 맹렬한 화염 때문에 진압에 어려움을 겪고 있다고 보고했습니다. 열기가 심해 불을 잡기가 어렵다고 합니다. 불길이 번지면서 폭발이 여러 번 발생해 근처에 있는 소방관들이 위험에 처했습니다. 사망자는 보고되지 않았지만 소방관 2명이 유독 가스를 흡입해 가까운 병원으로 이송됐습니다. 보

도에 따르면 6개월 전에도 같은 건물에서 작은 화재가 발생했으며 당시에는 현장 직원들이 불길을 잡았습니다. 건물이 보험에 가입돼 있지만 업체 대표는 피해 규모가 수십만 달러를 넘길 거라고 합니다.

새로 들어온 소식: 오전 10시 40분, 루카스 수사관이 화재 수사에 관해 자세히 소식을 전했습니다. 기름통과 페인트 가스통이 들어 있었다던 벽장은 화재가 발생하기 전 이미 비워진 상태였다고 합니다. 물류 담당자는 창고에 종이 뭉치와 우편 봉투, 연필, 기타 학용품이 보관되어 있었다고 밝혔습니다.

새로 들어온 소식: 오전 11시 30분, 소방대장이 화재를 진압했으나 창고는 완소됐다고 보고했습니다.

이제 질문하겠다. 가장 유력한 화재 원인은 무엇인가? 창고에 무엇이 들어 있었는가? 화재가 어떻게 시작됐는가?

이 질문은 1994년 미시간 대학교의 두 심리학자가 잘못된 정보에 관해 알아보기 위해 실시한 실험에서 참가자들에게 앞의 시나리오를 읽히고 던진 질문이다. 참가자들은 뉴스 속보 형식으로 13개의 엇갈린 메시지로 구성된 사례를 읽고, 이 질문과 함께 몇 가지 사실에 관한 질문에 대해 자유롭게 답을 적어달라고 요청받았다. 그러나 한 조건(위 내용을 읽은 정정 집단)은 "기름통과 페인트 가스통이

4장 거짓말은 거짓으로 밝혀진 뒤에도 계속 믿게 된다

들어 있다고 전해진 벽장은 화재가 발생하기 전에 비워졌다"는 사실을 알았다. 반면 통제 집단은 정정 내용에 대해 자세히 듣지 못하고 창고 안 벽장이 비어 있었다는 말만 들었다. 말하자면 정정 집단에만 기름통과 페인트 가스통에 대한 새로 나온 정보가 제공됐다.

다음으로 연구팀은 참가자들의 일화 기억('일화'는 사람들이 의식 차원에서 떠올릴 수 있는, 시간이나 장소처럼 일상의 사건에 대한 기억을 뜻한다)을 검사했다. 그러기 위해 연구자들은 참가자들의 응답지를 코딩했다. 예를 들어 사람들이 정정 내용, 화재 원인에 관한 내용, 벽장에 든 화학 물질에 대해 얼마나 자주 언급하는지를 기준으로 참가자들의 기억을 평가했다. 결과는 놀라웠다. 몇 차례 실험에서 정정 집단의 91~95퍼센트가 정정 내용을 보고도 화재에 대한 질문에 창고 안 화학 물질을 한 번 이상 직접적이고 명확히 언급했다.[1] 하지만 화재의 주된 원인이 무엇인지 직접 물어보면 참가자 대다수(75퍼센트)가 화학 물질을 지목하지는 않았다. 또 90퍼센트 이상이 정정 내용을 정확히 기억했다.

흥미로운 지점은 정정 내용을 명확히 인식하고도 잘못된 정보 바이러스가 사건에 대한 다른 기억을 감염시켰다는 점이다. 한 예로

---

[1] 흥미롭게도 정정 내용을 보지 못한 통제 집단에서는 약 27~30퍼센트가 여전히 유사한 주제(과실에 의한 화재)를 언급했다.

유독 가스의 원인이 무엇일지 묻자 일부 참가자는 "페인트가 타서"라고 답했다. 마찬가지로 화재가 왜 그렇게 거세고 진압하기 어려웠을 것 같느냐는 질문에는 "기름 화재는 원래 진압하기 어렵다"라고 답했다. 그리고 보험금 청구가 거절된다면 어떤 이유 때문일지 묻자 "가연성 물품을 안전한 장소에 보관하지 않았기 때문"이라고 답했다. 다시 말해 참가자들은 화재 원인이 화학 물질이 아니라는 사실을 분명히 알고도 잘못된 정보가 이미 기억에 뿌리내리기 시작해 잘못된 정보에 의존해 사건에 대한 질문에 답했다.

배심원 재판은 이 현상을 이해하는 데 유용한 상황이다. 피고인에 대한 허위 언론 보도가 널리 유포된 상황에서 판사가 배심원단에게 (격리된 상태에서도) 들은 모든 정보를 무시하라고 명령한다고 상상해보자. 아무리 무시하고 싶어도 잘못된 정보의 지속적인 영향 탓에 기억에 이미 들어온 정보를 무시하고 판단하기 어려울 것이다.

판사와 법원은 100년 전부터 이 사실을 알았다. 1912년 오리건주 대법원은 방화 사건 재판 중 부적절한 증언에 대해 "이미 울린 종은 되돌릴 수 없다"라고 절묘하게 비유하면서 다음처럼 결론지었다. "어떤 경우에는 기각된 증언을 무시하도록 배심원단에게 명령하는 일이 오류를 바로잡는 데 도움 될 수도 있지만 법원은 이런 규정을 적용하는 데 신중을 기합니다. 이미 울린 종을 되돌리는 일은 쉽지 않고, 한번 선명하게 각인된 인상을 마음에서 지우기도 쉽지 않으

4장 거짓말은 거짓으로 밝혀진 뒤에도 계속 믿게 된다

니까요." 모의 배심원을 대상으로 한 연구에 따르면 이처럼 사전에 명확히 지침을 내려도 배심원단이 평결하면서 법정에서 채택되지 않은 정보를 무시하는 경우는 거의 없다.[2]

잘못된 정보의 지속적인 영향은 창고 화재 사례뿐 아니라 다양한 사안에서도 입증됐다. 최근 한 메타 분석 연구(개별 연구 다수에서 나온 결과를 종합한 연구)에 따르면 40년간 6,000명 이상이 참여한 실험 32개에서 작지만 일관되게 지속적인 영향이 발견되었다. 다시 말해 여러 사람과 상황에서 이런 영향을 살펴본 결과, 잘못된 정보를 정정하면 그 정보를 줄이는 데는 도움 되지만 완전히 제거하지는 못했다. 사람들은 잘못된 정보에 한번 노출되면 잘못된 정보의 세세한 부분을 기억에서 계속 검색한다. 잘못된 정보가 더 많이 반복될수록, 그리고 정정되지 않은 채 기억에 오래 남아 있을수록 이 효과는 더 뚜렷이 나타나는 듯하다. 감염이 심각해지는 것이다.

물론 통제된 실험실 조건에서 도출된 연구 결과는 또 다른 문제이다. 그렇다면 현실 세계에서 잘못된 정보의 지속적인 영향을 보여주는 증거는 무엇일까?

---

**2** 다만 배심원단이 정보가 나온 동기를 의심하는 경우는 예외이다. 이 책 뒷부분에서 접종 전략으로서 동기를 밝히는 방법의 힘을 다룬다.

## 바이러스는 계속 살아남는다

2016년에는 음모론 영화 〈백신을 맞으면: 은폐에서 재앙으로〉*Vaxxed: From Cover-Up to Catastrophe*가 배우 로버트 드니로의 지원을 받아 뉴욕 트라이베카 영화제에서 상영될 예정이었다. 이 영화를 만든 앤드루 웨이크필드*Andrew Wakefield* 감독은 2010년 윤리 위반으로 의사 면허를 박탈당한 영국의 백신 반대 활동가로서 신뢰하기 어려운 인물이었다. 그가 의사 면허를 상실한 이유를 알려면 1998년으로 거슬러 올라가야 한다. 당시 웨이크필드와 동료들은 권위 있는 의학 학술지 『랜싯』*The Lancet*에 실린 논문에서 통제 집단 없이 아동 12명을 대상으로 한 사례 연구를 토대로 MMR(홍역, 유행성이하선염, 풍진) 백신과 자폐증의 연관성을 발견했다고 주장했다. 이 논문은 의학 역사상 가장 심각한 사기 사건 중 하나로 기록됐다.

특히 이 논문은 "신경정신과적 기능 장애와 관련될 수 있는 소아 만성 장염을 확인했다. 대부분 홍역, 유행성이하선염, 풍진의 예방 접종을 받은 뒤 증상이 나타났다"라는 결론에 이르렀다. 아이들이 MMR 백신을 접종한 뒤 위염 증상을 보였고, 자폐증과 모종의 연관이 있다는 말이었다. 그러나 웨이크필드가 공개하지 않은 사실이 있다. 이 연구의 표본은 변호사가 MMR 제조사에 손해배상 소송을 제기하기 위해 모집한 아이들이었다는 점이다. 웨이크필드는 그가 한 역할(모두 공개하지 않았다)의 대가로 수십만 파운드를 챙겼다. 더욱이 연구에 참여한 일부 아동은 자폐증 진단을 받지 않았고, 원래 정상인 아이들이었다는 주장과 달리 절반 가까이가 이미 발달 문제를 보였다. 위장병 전문의인 웨이크필드는 논문에서 특히 장과의 연관성에 초점을 맞춰 '자폐성 장염autistic enterocolitis'이라는 새로운 질병을 만들었다. 그는 백신이 어떤 식으로든 장 내벽에 손상을 입혀 장염을 일으키고, 이것이 다시 뇌 발달에 영향을 미친다고 보았다. 그러나 아동 12명 중 11명은 대장 내시경 검사 결과 정상이었고, 나중에 저자들은 장염과 MMR 백신과 자폐증 사이의 연관성을 정당화하기 위해 직접 아이들의 상태를 '비특이성 대장염', 곧 대장의 전반적인 염증으로 바꿨다.

이 사례 연구는 한마디로 사기극이었다. 이후 미국 질병통제예방센터, 미국 소아과학회AAP, 미국 국립과학원NAS, 영국 국민건강보험NHS, WHO에서 발표한 의학 문헌을 검토한 결과, 자폐증과 백신 접종 사이에 연관성이 있다는 증거는 전혀 발견되지 않았다. 게다가 2004년까지 원래 논문의 저자 13명 중 10명이 논문 철회를 공지했고, 전 세계 어느 연구팀도 이 연구 결과를 반복 검증하지 못했다.

안타깝게도 『랜싯』은 이 허위 논문이 발표된 지 거의 12년이 지난 2010년에야 공식 철회하고, 편집장이 이 논문을 "완전한 허위"라고 표명했다. 웨이크필드는 영국 국가의료평의회GMC에서 부당 의료 행위로 유죄 판결을 받고 의사 면허를 박탈당했다. GMC는 웨이크필드가 지위를 남용하고 윤리 승인 없이 연구 대상인 아동의

복지를 무시했다고 판결했다. 하지만 12년은 잘못된 정보의 지속적인 영향이 곪아 터질 만큼 긴 시간이다. 잘못된 정보 병원균의 잠복기는 정확히 알 수 없지만 12년이면 심각한 피해를 남기고도 남는다.

실제로 부모들은 MMR 백신의 안전성을 점차 우려하게 됐다. 잘못된 정보가 부모들의 태도뿐 아니라 실제 행동에도 영향을 미쳐 영국의 백신 접종률은 백신이 처음 도입된 1988년 이래 최저 수준으로 떨어졌다. 백신 접종률은 웨이크필드 논문이 발표되기 전인 1995~56년 약 92퍼센트에서 2003~04년 80퍼센트로 감소했고, 런던을 비롯한 일부 지역에서는 58퍼센트까지 떨어져 '집단 면역'에 필요한 권장 수준인 90퍼센트를 한참 밑돌았다. 결과적으로 영국의 홍역 발병 건수가 급격히 증가했고, 최근 몇 년 사이 발병률이 개선되기는 했으나 여전히 이전 수준을 회복하지 못했다.

물론 이 논문의 결론과 공중보건의 실제 결과의 인과관계가 완벽히 형성되는 것은 아니다. 한 예로 언론은 이 논문도 잘못된 결론을 증폭시키는 데 중요한 역할을 했다. 웨이크필드의 논문이 신뢰성을 잃고 한참 지나서도 언론은 계속 '거짓 균형'을 유지해야 한다는 입장을 고수했다. 과학계에서 압도적 다수가 합의하는데도 계속해서 '양쪽 입장'이 존재하는 사안처럼 표현했다. 2002년 전국적인 설문조사에 따르면 영국 인구 절반 이상이 "이 논쟁의 양측이 대등하게 증거를 확보했다"라고 여겼고, 인구의 약 3분의 1이 웨이크필드가 방송에서 권고한 대로 MMR 접종 한 번에 받는 것이 아니라 백신을 3번에 나눠 접종할 것이며, 67퍼센트가 자폐증과 MMR 백신의 연관성이 존재할 수 있다고 생각한다고 응답했다.

이후 백신 접종을 주저하는 분위기가 미국으로 넘어갔다. 미국에서는 MMR 백신 접종률이 목표치인 90퍼센트에 근접한 상태였다. 하지만 2011년에는 적어도 10개 주에서 백신 접종률이 90퍼센트를 밑돌았고, 몇몇 전국적인 설문조사에 따르면 어린 자녀를 둔 부모의 약 30퍼센트가 백신이 자폐증을 유발한다고 잘못 믿는 것으로 나타났다. 게다가 미국에서 백신 접종을 주저하거나 거부하는 사람들이 증가하면서 예방 가능한 질병인 홍역이 재유행하기도 했다. 2015년 이후 내가 동료들과 진행한 여러 연구에서는 백신이 자폐증을 유발할 수 있다는 잘못된 믿음이 자녀의 백신 접종 여부를 강력하게 예측하는 요인이라는 결과를 얻었다.

다시 로버트 드니로로 돌아가자. 웨이크필드는 스캔들이 터진 뒤 언론에서 백신 접종 반대 운동의 적극적인 활동가로 인지도를 올리는 데 힘쓰면서 음모론 영화 〈백신을 맞으면〉을 감독했다. 트라이베카 영화제를 공동 창립한 드니로는 2016년 처음에는 이 영화를 지지하다 결국 상영을 철회했다. 왜였을까?

그 이유를 알기 위해 우선 개인의 기존 세계관과 동기의 역할을 다시 짚어봐야겠다. 로버트 드니로에게는 자폐증을 앓는 자녀가 있다. 영화제에서 〈백신을 맞으면〉을 상영하는 문제로 논란이 커지자

드니로는 페이스북에 이렇게 밝혔다. "그레이스와 제게는 자폐증을 앓는 아이가 있고, 자폐증의 원인을 둘러싼 모든 사안을 공개적으로 논의하고 검토하는 일이 중요하다고 믿습니다." 관찰 등가 역설이 다시 떠오르는 말이다. 그러니까 드니로는 정확성과 진실을 찾고 싶었지만 이 영화의 의제에 대한 정보를 제대로 얻지 못했던 걸까? 아니면 세상을 이해하려는 개인의 욕망 탓에 의견이 왜곡된 걸까?

드니로는 백신 접종에 반대하지도 않고 이 영화를 직접 지지하지도 않았다고 해명했지만 사람들은 영향력 있는 유명인사가 근거 없는 음모론 영화에 플랫폼을 제공하려 했다는 데 당연히 분노했다. 〈백신을 맞으면〉은 결국 영화제에서 상영 취소됐으나 지속적인 영향은 거기서 끝나지 않았다. 이 영화는 이듬해인 2017년 칸영화제에서 비공식 상영됐고, 얼마 뒤 또 다른 유명인사인 로버트 케네디 주니어[3]가 속편인 〈백신을 맞으면 2: 대중의 진실〉*Vaxxed II: The People's Truth*(2019)의 총괄 프로듀서로 참여했다.

잘못된 정보 바이러스는 계속해서 살아남는다.

---

**3**   로버트 케네디 주니어는 환경 변호사이자 환경 정의 옹호자이며 저명한 민주당원이다. 백신 접종 반대 음모론은 정치적 스펙트럼, 적어도 엘리트들 사이에서는 광범위하게 분포한다.

잘못된 정보가 수년이 지나도 사람들에게 계속 영향을 미치는 사례는 백신 접종 사건뿐이 아니다. 또 하나의 대표적인 사례로 9.11 사건 이후 이라크에 대량살상무기WMD가 있는지를 둘러싼 무수한 거짓 보도를 들 수 있다. 미국 부시 행정부와 영국 블레어 행정부 모두 사담 후세인이 핵무기를 숨기고 있다고 주장했다. 언론에서도 초반에는 분위기에 휩쓸려 WMD가 존재할 수 있다고 보도했다가 결국 수차례 정정하고 뒤늦게 부정했다. 한 예로 2001년 『뉴욕타임스』에 이런 헤드라인이 실렸다. "이라크, 화학무기와 핵무기 시설 개보수 중이라고 언급하다." 다른 헤드라인에서는 WMD가 "발견됐을 수도" 있다고 주장했다. 하지만 이 시설들에서 WMD가 발견된 증거는 없다. 2004년 『뉴욕타임스』는 전쟁 보도와 관련해 공개 사과문을 실으며 이렇게 결론지었다. "우리는 이라크의 무기와 잘못된 정보의 양상에 대한 이야기가 미완의 상황이라고 생각한다. 또한 기록을 바로잡기 위해 계속해서 적극적으로 보도할 계획이다." 공개 사과와 기록을 바로잡으려는 이들의 노력은 칭찬해줄 만하지만 이미 막대한 피해가 발생한 뒤였다.

몇 년 뒤 스테판 레반도프스키는 연구에서 이 효과를 제대로 설명했다. 레반도프스키 연구팀은 약 900명에게 이라크 전쟁에 관한 여러 진술이 진실인지 거짓인지 물었다. 호주와 미국과 같은 이라크 전쟁의 동맹국이던 국가들뿐 아니라 독일처럼 이 전쟁의 동기에 계속 의구심을 표하던 국가에서도 참가자를 모집했다. 참가자들은 세 유형의 진술에 관해 질문을 받았다. 한 유형은 사실로 여겨지는 진술이고, 다른 한 유형은 처음에는 진실로 보도됐다가 나중에 철회된 진술("연합군 포로들이 이라크군에 체포되어 처형당했다")이며, 나머지 유형은 완전히 날조된 진술이었다. 참가자들은 먼저 모든 진술에 대한 기억을 보고하고 각 진술이 진실이라고 생각하는지 거짓이라고 생각하는지 밝혀야 했다. 설문조사 후반부에는 같은 진술을 반복 제시하고 특정 진술이 나중에 철회된 사실을 얼마나 확신하는지 알아봤다. 이 연구의 핵심은 사람들이 잘못된 정보가 정정되는 데 열려 있다면, 다시 말해 거짓 주장이 철회된 것을 인정하면 허위 진술을 진실로 평가할 가능성이 떨어진다는 점이다.

연구에서 각국 참가자들을 대상으로 조사한 결과, 참가자들이 어떤 주장을 진실이라고 생각하는지는 처음 주장을 얼마나 기억하는지에 따라 강하게 예측되는 것으로 나타났다. 특히 거짓 진술이라면 철회된 사실을 아는지가 중요하므로 철회 공지를 본 기억이 남아 있다면 해당 거짓 진술을 지지할 가능성이 떨어질 거라고 예상할 수 있다. 흥미롭게도 미국을 제외한 모든 국가에서 이런 양상이 나타났다. 다만 미국에서는 철회 사실을 아는지가 참가자들의 거짓 주장에 대한 진실성 평가에 영향을 미치지 않는 것으로 나타났다.

다음 결과는 시사하는 바가 좀더 크다. 이라크 전쟁의 동기에 대한 질문에서 미국 응답자들은 "WMD를 파괴하기 위해"라는 진술을 가장 중요한 이유로 꼽았지만 호주와 독일의 응답자들은 이 동

4장 거짓말은 거짓으로 밝혀진 뒤에도 계속 믿게 된다

기가 그리 중요하지 않다고 답했다. 다시 말해 미국인들은 명백히 정정된 사실인데도 WMD 서사에 더 강하게 집착하는 편이었다. 여기서 시사점은 잘못된 정보는 반복해서 정정돼도 계속 남아 있을 뿐 아니라 사람들이 진실이기를 바라는 것과 맞아떨어지면 더 쉽게 남는다는 점이다.

잘못된 정보가 지속하는 데 개인의 기존 신념이 얼마나 강력한 역할을 하는지 제대로 알아보기 위해 이 장 서두에 소개한 사례로 돌아가, 허위 정보로 수백만 명을 세뇌하려 시도한 가장 광범위하고 조직적인 시도 중 하나인 나치의 선전을 살펴보자.

제3제국 독일에서는 모든 학교의 교과 과정과 과외 활동이 나치 이념에 활용됐다. 독일 아이들은 히틀러 청소년 운동에 강제 동원됐다. 히틀러 운동의 책자는 인종 이념에 지면을 절반 이상 할애했고, 인종 이념은 책과 영화, 광고를 통해 더 공고해졌다. 종전 약 50년 뒤인 2015년 두 연구자는 나치의 선전이 오늘날 유대인에 대한 생각에 미치는 영향을 조사했다. 연구자들은 독일인들의 사회적 태도를 알아보는 전국 단위 여론조사 '독일 일반 사회조사'에서 2가지 흐름을 살펴봤다. 이 여론조사에서는 1996년과 10년 뒤인 2006년 두 차례에 걸쳐 독일 264개 도시에서 5,000명에게 유대인에 대한 태도에 관해 7가지 질문을 던졌다. 두 조사 결과를 통합한 자료에 따르면 독일인 약 17퍼센트가 유대인 박해의 책임이 유대인 자신에게 있다고 생각했고, 약 22퍼센트는 유대인이 동등한 권리를 가져서는 안 된다고 여겼다.

충격적인 수치이다. 하지만 전국 평균 수치라 지역 편차가 크다는 점이 가려졌다. 가령 유대인이 동등한 권리를 가져서는 안 된다고 생각하는 비율은 함부르크에서는 10퍼센트로 낮지만 니더바이에른에서는 인구의 절반 정도인 48퍼센트로 증가했다. 그리고 연구팀이 "헌신적 반유대주의자"라고 지칭한 더 좁은 집단도 포착됐다. 이 집단은 유대인에 대한 다음 세 질문에 '매우 그렇다'고 답했다. 1) 유대인 박해의 책임이 유대인에게 있는가? 2) 유대인이 전 세계에 막대한 영향력을 행사하는가? 3) 유대인이 금전적 이득을 얻기 위해 '피해자 신분'을 악용하는가? 이 표본에서 '극단주의자'의 절대적 발생률은 4퍼센트로 매우 낮았지만 세대별로 추세가 뚜렷했다. 평균적으로 젊은 독일인일수록 반유대주의 성향이 낮았고, 나이든 독일인 중에서도 특히 1930년대 출생자가 20세기 후반 출생자보다 반유대주의 성향이 2~3배 높았다. 이런 차이는 교육 수준이나 경제 인식과 같은 다른 요인을 고려해도 안정적으로 유지됐다.

연구 마지막 부분에서 두 연구자는 이런 태도의 원인이 무엇인지 궁금해했다. 과거 투표 자료와 독일 264개 도시 전체에 대한 여론조사 응답을 종합해 분석한 결과 몇 가지 흥미로운 가설이 나왔다. 한 예로 반유대주의 정당에 투표한 전력이 있는 지역에서는 나치의 세뇌 교육이 특히 효과적인 것으로 보였다. 연구팀은 1890년부터 1912년까지 각 지역에서 반유대주의 정당의 득표율을 살펴보면

4장 거짓말은 거짓으로 밝혀진 뒤에도 계속 믿게 된다

서 상위 3위 지역이 하위 3위 지역보다 2006년 반유대주의자 비율이 4배 높다는 사실을 발견했다. 나치의 선전이 이미 반유대주의 정서가 팽배한 지역에서 특히 효과를 발휘해 현재까지도 영향을 미친다는 뜻이다. 두 연구자의 통계 모형에서는 나치의 선전이나 나치 정권에서 성장한 경험이 반유대주의의 역사가 없는 지역에서도 나치당에 투표하는 데 미치는 영향이 상당한 것으로 나타났다. 그리고 이미 유대인을 부정적으로 여기는 지역 주민들에게는 나치 선전의 효과가 더 강력했다. 나치의 선전은 독일 국민이 이미 가진 편견을 건드려 그들에게 오랜 세월 영향을 미쳤고, 선전은 사람들이 지닌 기존 태도와 일치할 때만 진정으로 효과적일 수 있다는 괴벨스의 가설은 더욱 탄탄해졌다.


## 잘못된 정보와 정정된 정보의 경쟁

잘못된 정보의 지속적 영향을 설명해주는 요인으로 기존의 동기만 있는 것은 아니다. 사람들이 기억에서 잘못된 정보를 계속 검색하는 이유가 모두 밝혀지지는 않았지만 우리 뇌에 잘못된 정보와 정정된 정보가 공존하면서 우리의 주의를 끌려고 경쟁한다는 정도는 밝혀졌다.

우선 '선택적 검색 모형'에 기초한 이론이 있다. 정확한 정보와 잘못된 정보가 기억에 동시에 저장됐다가 정정 정보가 나오면 잘못된 정보가 자동으로 다시 활성화되고 제대로 억압되지 않는다. 우리가 정정 정보에 충분히 주의를 기울이지 않거나 정정 정보가 우리의 신념과 상충할 때 나타날 수 있는 현상이다.

또 하나의 이론으로 '모형 갱신 설명' 또는 '통합 설명'에서는 훌륭한 베이즈적 뇌인 우리 뇌에 무언가가 어떻게 작동하는지에 대한 정신적 모형이 들어 있고, 새로운 정보가 입력되면 모형이 갱신된다고 가정한다. 다만 정정 내용과 잘못된 정보를 연결하는 과정에서 문제가 발생한다. 잘못된 정보를 정정하면서 신뢰할 만한 설명이 제시되지 않으면 정신적 모형에 공백이 생긴다. 예를 들어 창고 화재 상황에서 화재가 페인트 통에서 시작되지 않았다면 화재의 원인은 무엇일까? 명확한 설명이 대안으로 주어지지 않으면 사람들은 일관성 없지만 정확한 정신 모형보다 일관성 있고 부정확한 정신 모형을 선호한다.

최근 연구에서는 뇌가 잘못된 정보의 지속적 영향을 받을 때 어떤 일이 일어나는지 알아보고자 했다. 웨스턴오스트레일리아 대학교 연구팀은 창고 화재 상황과 유사한 상황을 사용해 건강한 지원자 26명에게 기능적 자기공명영상fMRI, 즉 뇌 스캔을 실시하면서 철회 내용이 포함된 이야기와 철회 내용이 포함되지 않은 이야기 중 하나를 들려줬다. 신경 활동이 전반적으로 증가하지는 않았지만 철회 여부는 정보가 뇌에 입력되는 과정에 영향을 미쳤다. 예를 들어 참가자들은 비행기 대피에 관한 뉴스를 듣는다. 잘못된 정보를 제공한 집단에는 화재 때문에 비행기에서 대피했다고 말해주고, 통제 집단에는 화재 원인에 대해 정보를 제공하지 않는다. 이후 화재가 발생했다는 증거가 없다는 진술을 제시하며 잘못된 정보를 명확히 바로잡는다. 이를 통해 연구팀은 잘못된 정보(비행기 추락 사고가 화재로 인해 발생했다는 뉴스)에 먼저 노출된 상황이 정정 내용을 처리하는 데 방해되는지 확인할 수 있었다.

연구팀은 철회 내용이 후두엽의 한 영역인 우측 쐐기앞소엽의 활동을 덜 자극한다는 결과를 얻었다. 우측 쐐기앞소엽은 원래 기억 처리와 정보 통합이라는 어려운 작업과 연관된다고 알려진 영역이다. 따라서 연구자들은 새로운 정보가 나타나 기존 사건에 대한 이해에 부담을 준다면 이런 기본적인 통합 및 일관성 기제가 덜 활성화된다고 보았다. '모형 갱신' 이론과 일치하는 결과이다. 물론 이 연구에는 참가자가 26명밖에 되지 않는 데다 연구 결과가 처음에 한 가지 이론을 뒷받침한다고 해서 나머지 가능한 이론을 배제해야 하는 것은 아니다. 실제로 같은 연구팀의 후속 연구에서는 이 문제가 올바른 정보와 잘못된 정보를 기억에 동시에 저장해야 하는 문제에서 비롯됐을 가능성이 크다고 제안했다('선택적 검색 모형'에 더 부합하는 결과이다).

이렇게 구분된 모형은 잘못된 정보가 뇌에 미치는 영향을 이해하는 데는 중요하지만 사실 어느 쪽이든 함의는 명백하다. 두 이론 모두에서 잘못된 정보를 정정하려면 정정 내용을 잘못된 정보보다 더 선명하게 제시해야 하며, 그러지 않으면 정정 내용이 아니라 잘못된 정보에 대한 기억이 더 굳어질 수 있다고 두 이론 모두 강조한다. 나아가 사람들의 정신적 모형에서 공백을 메울 수 있도록 주어진 사건에 대해 믿을 만한 인과적 설명을 대안으로 내놓아야 한다. 예를 들어 창고 화재 실험의 후속 연구에서 참가자들에게 화재 원인이 라이터 용액이나 촉진제와 관련 있다고 대안이 되는 사실을 알리자 페인트 통이나 가스통과 관련된 잘못된 설명을 기억에서 검색할 가능성이 줄었다. 마찬가지로 앞의 배심원 평결 비유로 돌아가 가상의 살인 사건 재판 연구에서도 피고인이 무죄인 이유를 설명하기만 하는 방어 전략을 펼칠 때보다 다른 살인 용의자에 대한 혐의를 제기했을 때 유죄 평결을 받을 가능성이 훨씬 감소했다.

## 거짓을 효과적으로 바로잡는 법

하지만 사전 동기가 영향을 미칠 수 있다는 점에서 대안이 되는 설명을 제시하기만 해서는 안 된다. 대안이 되는 설명이 기존 신념과 충돌하지 않는 것이 가장 바람직하다.

이는 소셜미디어 기업들도 잘 아는 원리이다. 나는 2020년 페이스북의 '기후 미신 깨기' 정보센터 설계 사업을 지원했다. 덕분에 이제 페이스북 알고리즘은 기후변화와 관련된 게시물(잘못된 정보 포함)에 태그를 붙인다. 특히 '중립적 정보 처리NIT'라는 기술을 활용해 사람들에게 기후변화에 대해 사실적인 정보를 제공한다. 예를 들어 사용자가 기후변화에 관해 잘못된 정보를 올리면 페이스북이 해당 게시물에 "해당 지역의 평균 기온이 어떻게 변하는지 확인하세요. 기후 과학 살펴보기"라고 태그를 붙인다. NIT는 게시자에게 노골적으로 이의를 제기하지 않으면서 잘못된 정보에 노출될 수 있는 사람들에게 기후변화에 대한 과학적 설명을 찾아볼 수 있는 정보의 허브를 방문하도록 유도한다.

우리 연구팀이 기획한 페이스북 게시물에서는 사람들에게 기후변화에 대한 과학적 합의, 곧 기후 과학자 97퍼센트 이상이 인간이 지구 온난화를 유발한다고 합의했다는 사실을 알린다. 우리 자체 연구에서 나온 방법으로, 우리는 이 연구에서 과학적 합의를 강조하면 잘못된 정보를 반복하지 않으면서 오류를 효과적으로 바로잡을 수 있다는 결과를 얻었다.

페이스북은 기후에 관한 거짓 신화를 폭로하는 시도로 올바른 방향으로 한 걸음 나아갔지만 안타깝게도 주류 매체에서는 여전히 잘못된 정보를 반복 제시하는 방법을 통용하고 있다. 잘못된 정보에 반박하기 위해 사실을 제대로 확인하지 않은 채 잘못된 정보의 핵심 요소를 반복해서 언급한다면 의도치 않게 사람들이 그 정보에 관한 기억을 연상시키게 할 수 있다. 가령 "백신은 자폐증을 유발하지 않는다"라는 문구로 인해 '백신'과 '자폐증'의 연상을 오히려 더 강화할 수 있다. 우리 연구팀은 한 실험에서 참가자들에게 백신이 안전하고 자녀에게 백신을 접종해야 한다는 데 의학 연구자 90퍼센트 이상이 동의한다는 게시물을 보여주었다. 자폐증에 대한 거짓 연관성을 언급하거나 반복하지 않았다. 그러자 아무런 정보도 받지 않은 통제 집단에 비해 실험 집단에서 자폐증과 백신의 잘못된 연관성을 믿을 가능성이 현저히 떨어졌다. 특히 실험 집단에서는 둘 사이의 연관성에 대한 지지가 30퍼센트 정도 낮았다.

물론 어떤 문제에 대해 믿을 만한 대안이 되는 설명을 항상 제시할 수는 없으며, 잘못된 주장을 바로잡기 위해 어쩔 수 없이 거짓 주장을 되풀이해야 할 때도 있다. 따라서 거짓을 밝혀야 한다면 제대로 해야 한다. 우리 연구팀은 잘못된 정보 전문가 20여 명과 함께 거짓을 효과적으로 밝혀내는 방법을 찾아냈다. 언어학 교수 조지 레이코프George Lakof가 '진실 샌드위치'라고 일컫은 방법이다. 이는 팩트 체크의 시작과 끝에서 거짓과 진실을 샌드위치처럼 겹겹이 쌓는 방식으로, 여기에는 거짓 정보에 대한 대안 설명이 포함돼야 한다. 이 샌드위치의 '고기' 부분에서는 거짓 정보가 왜 우리를 잘못된 길로 이끄는지 거짓 정보를 반복하지 않고 설명한다.

> **사실**
> - 사실로 시작하라.
>   (전문가의 자료를 제시해 사실을 단순하고 잘 달라붙게 만들기)

> **거짓 정보에 대해 경고하기**
> - 상대에게 거짓 정보에 대해 경고하라.
>   (한 번만)

> **조작 기법 폭로하기**
> - 거짓 정보가 우리를 잘못된 방향으로 이끄는 과정과 이유를 설명하라.
>   (예. 음모론)

> **사실**
> - 신뢰할 수 있는 대안을 설명하고 사실을 강화하면서 마무리하라.

거짓을 밝히는 효과적인 방법: 진실 샌드위치

결국 거짓을 폭로하는 식으로 거짓을 바로잡으려면 우선 사람들이 정정 정보를 충분히 널리 공유해야 한다. 잘못된 정보가 계속 빠르게 유포된다면 그 정보의 친숙함만 더해져 거짓의 지속적인 영향이 더 커질 뿐이다. 그렇다면 다음 질문을 이어보자. 잘못된 정보는 온라인에서 어떻게 퍼져나가는가?

## 가짜 뉴스 항원 4 | 잘못된 정보의 지속적인 영향 최소화하기

— 잘못된 정보에 한번 노출되면 그 정보가 기억에 뿌리내려 정정된 내용을 알아도 판단에 계속 영향을 미치므로 바로잡기 어렵다.

— 잘못된 정보가 뇌에 오래 머무를수록, 그리고 기존의 신념에 더 많이 부합할수록 그 영향이 커지고 바로잡기도 더 어려워질 수 있다.

— 한 예로 반복적으로 정정했어도 일부 사람들은 여전히 백신이 자폐증을 유발하고 이라크에서 대량살상무기가 발견됐으며 2차 세계대전의 책임이 유대인에게 있다고 믿는다.

— 잘못된 정보를 반복해서 말하지 않으면서 대안을 믿을 만하게 적절히 설명하는 식으로 바로잡으면 잘못된 정보의 의존도를 어느 정도 줄일 수 있다.

4장 거짓말은 거짓으로 밝혀진 뒤에도 계속 믿게 된다

# 2부

거짓은
힘이 세다

# 5장 거짓된 정보는 오래전부터 있었다

> "우리는 전염병하고만 싸우는 것이 아니라
> 정보전염병과도 싸우고 있다."
> — 테드로스 아드하놈 거브러여수스 Tedros Adhanom Ghebreyesus,
> WHO 사무총장

율리우스 카이사르는 마지막 남은 정적에게 대승을 거둘 수 있다는 기대감에 부풀어 기원전 45년 군사를 이끌고 다시 이탈리아로 향해 메디올라눔(지금의 밀라노)에 입성했다. 카이사르 옆에는 충실한 부관 마르쿠스 안토니우스가 말을 타고 있었다. 강인하며 자신만만하고 건장한 안토니우스를 헤라클레스에 비유하는 사람들이 있었고, 실제로 그 자신도 반신반인의 혈통이라 주장했다. 그는 사교적인 성격으로 병사들과도 잘 어울리며 요란하게 술판을 벌인 것으로 유명했다. 두 남자가 대중 앞에 나타나 영광을 만끽할 때만 해도 둘은 함께 멋진 미래를 그렸을 것이다. 결과적으로 카이사르는 독재자로 살다 갔고, 안토니우스는 카이사르에 이어 가장 높은 자리인 로마 집정관에 올랐다.

하지만 3월 중순이 다가오면서 더 음흉한 음모가 꾸며지고 있다는 사실이 드러났다. 기원전 44년 3월 15일, 안토니우스는 급히 폼페이 극장으로 달려가 로마 공화정의 독재자 카이사르에게 불만을 품은 원로원 60명 이상이 암살을 모의한다고 알리려 했다. 안토니우스는 최선을 다했지만 카이사르를 만나기 전 극장 계단에서 제지당했다. 그가 전에도 카이사르의 통치를 끝장내려는 모의에 가담하지 않았기에 공모자들은 안토니우스가 나타나리라 예상하고 있었다. 카이사르는 23차례나 칼에 찔린 채 극장 바닥에 쓰러져 죽었다.

카이사르가 암살된 뒤 안토니우스는 로마를 떠났다가 카이사르의 유언장을 관리하고 유산을 지키기 위해 다시 돌아왔다. 그러다 카이사르가 사실 자신의 자리와 재산을 가이우스 옥타비아누스(훗날 아우구스투스)에게 물려주려 한 사실을 알았다. 안토니우스보다 스무 살 어린 옥타비아누스는 카이사르의 양손자였고, 카이사르는 어린 옥타비우스를 아들처럼 여기고 그의 총명함과 정치적 영민함을 높이 샀다. 안토니우스는 누구와도 권력을 나눌 생각이 없었지만 정적을 물리치기 위해 옥타비아누스, 레피두스(약한 경쟁자)와 함께 제2차 삼두정치라는 연합 전선을 구축하기로 했다. 하지만 서서히 경쟁과 긴장이 고조됐고, 레피두스는 3인 집정관에서 쫓겨났으며, 얼마 지나지 않아 안토니우스와 옥타비아누스 사이에도 불화가 생겼다. 그리고 양측 군대가 충돌했다. 그렇게 로마 공화정 최후의 전쟁이 시작됐다.

이 이야기는 셰익스피어를 비롯해 수 세기에 걸쳐 수없이 되풀이되어 전해졌다. 하지만 옥타비아누스가 조작이라는 어둠의 마술에 능통하며 역사상 가장 영향력 있고 가장 오래된 허위 정보 캠페인을 벌인 사람이라는 사실은 그리 잘 알려지지 않았다. 현대 학자들은 이 사건을 '로마의 정보전쟁'이라 부른다.

옥타비아누스는 카리스마 넘치는 장군 안토니우스를 뒤이어 로마의 새 지도자로서 입지를 굳히기 위해 단순히 군사력과 전투의 승리를 뛰어넘는 무언가가 필요하다고 판단했다. 민심을 얻어야 했다. 삼두정치가 해체된 뒤 안토니우스는 옥타비아누스와 정치적 결속력을 다지기 위해 그의 여동생 옥타비아와 결혼했으나 혼인 관계는 오래가지 못했다. 안토니우스는 이집트 같은 속국들과의 관계를 비롯해 지중해 동부에서 로마의 정사를 책임졌고, 오랫동안 이집트의 여왕 클레오파트라와 가까워졌다. 두 사람은 결국 결혼해 세 자녀를 낳았다.

안토니우스와 클레오파트라의 관계는 옥타비아누스에게 더 크게 반감을 샀고, 훗날 허위 정보 캠페인에 완벽한 기반이 됐다. 옥타비아누스는 안토니우스가 로마의 전통적 가치관을 더럽힌 간통자이며 술과 방탕에 빠져 지도자로서 부적격한, 짐승 같은 인간이라 주장했다. 옥타비아누스는 안토니우스와 클레오파트라가 타국 땅에서 치르는 로마의 의식을 공개적으로 비판하면서 안토니우스가 로마를 버렸다고 몰아갔다. 옥타비아누스는 대중 앞에서 "이자는"

이라고 호령하며 연설을 시작했다.

> 이자는 우리 선조의 전통을 모두 버리고 외국의 야만적인 풍습을 따
> 랐습니다… 이자는 우리나 법이나 조상의 신께 경의를 표하지 않고
> 그 계집(클레오파트라)이 마치 이시스나 셀레네라도 되는 양 경외합
> 니다…

그는 또한 안토니우스가 이렇게 했다고 주장했다.

> 이자는 요망한 여인에게 홀려… 그 여자의 노예가 되고 그 여자를 대
> 신해 우리와 조국에 맞서 전쟁을 벌이며 위험을 자초합니다… 그러니
> 부디 그를 로마인이 아니라 이집트인으로 여겨주십시오.

옥타비아누스는 안토니우스를 '야만적인 외국인'으로 표현하면서 기존의 반反동양적 편견에 교묘히 기댔다. 로마인들은 특히 강인한 외국 여자들을 의심했다(여자와 외국 문화의 영향이 커지면 전통적 가치관이 위협당한다고 해석하는, 오늘날 서구 정치와도 놀랍도록 유사하다). 한편 옥타비아누스는 이 기회를 활용해 자신이 안토니우스와 달리 로마 공화정이 표방하는, 모든 선하고 전통적인 가치를 완벽하게 구현하는 인물이라는 메시지를 널리 전하려 했다.

물론 일방적인 선전은 아니었다. 안토니우스는 옥타비아누스의

가족 문제를 들고 나와 반격했다. 양측 모두 병사들의 충성심을 확보하려 애썼다. 하지만 옥타비아누스가 선전의 틀을 좀더 신중히 마련했다. 그는 두 로마인이 내전을 벌인다는 인상을 주지 않으려고 노력했다. 그보다는 위험한 외국의 여왕을 막기 위한 국제전으로 표현했다. 그는 안토니우스가 클레오파트라에게 홀려 더 이상 스스로 제어할 수 없다고 주장했다. 무엇보다 안토니우스가 아니라 클레오파트라를 상대로 전쟁을 선포했다. 그러나 옥타비아누스는 안토니우스가 클레오파트라를 떠나지 않을 것을 알았기에 전쟁은 결국 안토니우스가 동족을 상대로 벌이는 싸움처럼 보였다.

이쯤 되면 오늘날 흔한 정치인 비방 캠페인이 떠오를 것이다. 사실은 그 이상이었다. 옥타비아누스는 메시지를 널리 전파하기 위해 인상적인 표어를 넣어 동전을 주조했는데 어찌 보면 이는 오늘날 트위터의 원형과도 같다. 아래 동전에는 옥타비아누스의 두상과 함께 'CAESAR DIVI IVLI' 혹은 Divi Filius('신의 아들')라는 글귀가 새겨져 있다. 카이사르의 후계자로서 로마 최초로 신성한 영예를 얻은 인물이라는 정통성을 강조한 문구이다.

옥타비아누스는 최후의 일격으로 안토니우스가 클레오파트라와 낳은 자식들에게 유산을 물려주고 이집트 땅에서 클레오파트라와 함께 묻히기를 원한다는 유언이 담긴 문서를 입수했다고 주장했다. 로마인들은 이 내용에 몹시 불쾌해했고 덕분에 옥타비아누스는 당장 안토니우스에게서 군사권을 박탈해야 한다고 원로원에 요구할 수 있었다. 사실 안토니우스의 유언장에 관한 주장이 '가짜 뉴스'였는지는 여전히 뜨거운 논쟁거리이다. 일부 학자들은 안토니우스도, 그의 추종자들도 공개적으로 반박하지 않았으니 이 문서가 진짜라고 보지만 다른 학자들은 이 문서가 안토니우스의 명성에 흠집을 내는 내용이라는 점에서 옥타비아누스가 전체적 혹은 부분적으로 위조했을 수 있다고 본다.

유언장의 진위를 떠나 옥타비아누스는 결국 이 유언장을 이용해 원로원이 안토니우스에게 등 돌리도록 설득했다. 그리고 대중의 지지 기반을 넓히기 위해 안토니우스가 로마를 배신했다는 소식을 로마 전역에 퍼뜨렸다.

우리가 아는 역사는 이렇게 끝난다. 로마 공화정의 마지막 전쟁인 악티움 전투에서 안토니우스와 클레오파트라는 자살로 생을 마감했다. 승리한 가이우스 옥타비아누스는 역사상 가장 강력한 로마 황제인 카이사르 아우구스투스가 됐다.

학자들은 안토니우스와 옥타비아누스가 역사에 기록된 선전 수법을 거의 모두 동원했으며, 동전과 문자와 전령까지 동원해 허위 정보를 효율적으로 퍼트렸다고 지적한다. 2,000여 년 전 역사적 사건과 오늘날 정치 상황이 놀랍도록 유사하다. 허위 정보는 이처럼 오래전부터 존재했는데 왜 이렇게 호들갑이냐고 물을 수도 있다. 그때와 지금의 차이점은 무엇일까?

이것이 이 장에서 다루려는 핵심 질문이다. 소셜미디어로 인해 선전이나 양극화가 처음 생긴 것은 아니지만 게임의 본질이 달라진 것은 사실이다. 소셜미디어는 우리 사회의 정보 흐름을 근본적으로 재편시켰다. 특히 정보 이동 속도, 클릭 한 번으로 정보에 도달하는 사람 수, 나아가 정보가 전달되고 조작되는 사회적 맥락까지 달라졌다. 이제 우리는 잘못된 정보가 바이러스처럼 퍼지고 복제된다는 사실을 안다. 실제로 나는 소셜미디어 기업들이 생명을 위협하는 잘못된 정보가 그들 플랫폼에서 퍼져나가는 상황을 막기 위해 고군분투하는 모습을 목격하기도 했다.

## 실리콘 밸리, 우리가 왔다

존 루젠비크Jon Roozenbeek는 캘리포니아행 항공편에 탑승하려던 참이었다. 네덜란드 출신인 그는 2018년 케임브리지 대학원생이자 내 연구실의 연구원이었다. 존의 예리하고 영민한 두뇌는 길게 기른 굵은 곱슬머리와 아름다운 얼굴, 겸손한 태도, 뛰어난 유머 감각에 가려졌다. 누구나 존을 만나면 그 만남을 잊지 못한다(무엇보다도 그는 소셜미디어 기업에서 우리 연구팀 동료들을 릭롤링¹하는 것으로 유명하다). 존은 비행기가 캘리포니아에 착륙하자마자 곧장 실리콘밸리의 중심부 멘로파크에 위치한 페이스북(현 메타) 본사로 향했다.

존과 나는 왓츠앱 연구를 진행하는 데 필요한 연구비를 얻어 냈다. 우리는 들떴지만 내가 그 주 강의 일정으로 바빠 존이 대신 현장 조사를 맡은 터였다. 존은 페이스북 캠퍼스에 들어서자마자 왓츠앱 사무실로 향했다.

페이스북은 2014년 메시징 플랫폼 왓츠앱을 당시 최대 규모인 200억 달러 가까이에 인수했다. 하지만 2018년 초 불미스러운 사건이 터졌다. 왓츠앱은 난관을 타개하고자 학계에 도움을 구하기로 했다. 당시 우리는 왓츠앱에서 처음 고용한 연구원 므리날리니 라오(현재 구글 소속)를 만났다. 그는 급히 연구팀을 새로 꾸렸고, 왓츠앱이 직면한 문제와 해법을 제대로 파악하기 위해 편견 없이 외부의 도움을 받고 싶어 했다. 나는 왓츠앱의 열린 자세에 깊은 인상을 받았다. 존이 현장에서 전한 첫 소식은 캠퍼스에서 도넛이 꾸준히 공급된다는 사실이었다. 그들은 시차로 피곤한 존에게 설탕이 듬뿍

---

**1** 인터넷의 낚시성 장난으로, 사람들이 올바른 링크를 클릭한 줄 알았다가 뜬금없이 인기 가수 릭 애스틀리의 노래 'Never Gonna Give You Up' 뮤직비디오를 보게 되는 현상을 말한다.

묻은 도넛을 주며 잠을 쫓아줬다. 왓츠앱은 잘못된 정보 문제를 해결하기 위해 우리를 비롯해 전 세계 여러 연구팀을 실리콘 밸리로 초대했다.

나는 온라인으로 연결됐는데 어떤 이유에서인지 내 얼굴이 회의실의 거의 절반을 덮는 대형 LCD 화면에 떴다. 나는 당황하지 않으려 애쓰면서 그 자리에 모인 사람들과 함께 왓츠앱 신임 CEO 크리스 다니엘스의 기조연설을 기다렸다. 안타깝게도 그날 화상으로 본 상황을 여기서 다 전할 수는 없지만 인도에서 왓츠앱으로 잘못된 정보가 유포되어 사람들이 살해당했다는 증거가 나왔다는 정도는 밝힐 수 있다.

인도 최남단에 자리한 타밀나두주 아티무어는 인구 3,000명이 채 되지 않는 한적한 사원 마을이다. 2018년 5월 8일 예순다섯 살의 루크마니와 가족들은 타밀나두주 주도인 첸나이에서 출발해 가족 사원으로 가는 길에 이 지역을 지났다. 그들은 가다가 차를 세우고 동네 아이들에게 초콜릿을 나눠주었다. 그리고 근처에 있던 노파에게 길을 물었다. 그런데 그들이 모르는 사이 그 노파는 마을 사람들에게 루크마니 가족이 사람들이 경고하던 아동 인신매매범인 것 같다는 말을 퍼뜨렸다.

얼마 뒤 성난 마을 사람들이 200명 넘게 몰려와 차를 뒤엎고 그들을 구타해 결국 루크마니를 죽이고 나머지 가족에게 중상을 입혔다. 이튿날 아티무어에서 200킬로미터쯤 떨어진 폴리캇에서도 마을 사람 90명이 서른 살의 노숙인을 아동 납치범으로 몰아 살해했다. 마을 사람들은 노숙인의 눈 한쪽을 파내고 목에 올가미를 씌워 시신을 다리에 매달았다. 인도 전역에서 이와 유사한 사적 보복이 발생했고, 한 해 동안 20명 넘는 사람이 과격한 군중 손에 죽었다. 물론 여기서 중요한 질문은 이것이다. 아동 인신매매 소문이 어디서 시작됐고, 어떻게 그렇게 빠르고 넓게 퍼져나갈 수 있었을까? 다들 짐작하듯 왓츠앱이다.

왓츠앱에 현지 아동 인신매매범에 대해 경고하는 가짜 메시지가 오디오나 비디오 자료와 함께 대량으로 유포되었다. 이 메시지는 폭력 사태가 발생하기 한 달 전쯤 들불처럼 번졌다. 대표적인 사례로 벨로르 출신으로 추정되는 익명의 남자가 사람들 400명이 아이들을 납치하러 타밀나두로 들어왔다고 의심한 사건이 있다. 첨부된 오디오 녹음본에서는 "나는 벨로르에 사는데 우리 집에서 2킬로미터 떨어진 곳에서 어떤 아이가 힌두어를 쓰는 사람에게 유괴당했다"라고 주장했다. 인근의 칸치푸람 지역에서도 비슷한 메시지가 떠돌았다. "아이 혼자 집에 두지 마세요. 오늘까지 이 지역에서 아이 52명이 유괴됐습니다. 모든 경찰서에 신고가 접수됐습니다." 언론에 보도된 지역 주민 인터뷰에 따르면, 걱정에 휩싸인 청년들이 무리 지어 마을을 순찰하면서 왓츠앱 메시지에서 묘사하는 유괴범과 신상 정보가 일치하는 사람들을 찾아다녔다.

왓츠앱의 우려는 점차 커졌고, 이 문제에 조치를 취해달라고 인도 정부로부터 압박받았다. 전 세계 왓츠앱 이용자 수는 20억 명이 넘으며, 인도는 단일 시장으로는 최대 규모로 매월 적극 사용자가 3억 5000만 명에 이르렀다. 현지 주민과의 인터뷰에서 벨로르 지역에 사는 열여덟 살의 라주는 이렇게 말했다. "우리는 아침에 왓츠앱 메시지로 눈을 떠요. 왓츠앱 메시지를 읽으며 잠들고요. 왓츠앱은 우리의 삶이자 페이스북이고 트위터예요."

우리는 왓츠앱과 첫 회의를 마치고 왓츠앱 플랫폼에서 잘못된 정보가 유포되지 못하도록 막는 작업을 지원하기로 했다. 우리의 주요 임무는 독창적인 조사로 왓츠앱 정책에 정보를 제공해 특히 인도에서 유해 콘텐츠의 확산을 줄이도록 돕는 일이었다.[2]

우선 마을로 찾아가 주민들에게 의견을 묻고 왓츠앱 플랫폼을 어떻게 이용하는지 알아보기로 했다. 우리는 인도의 미디어 리터러시 전문기관인 디지털임파워먼트재단Digital Empowerment Foundation의 도움을 받아 외딴 지역 주민들을 포함해 현지 주민 1,000명 이상에게 설문지를 배포했다. 설문조사에 참여한 응답자의 60퍼센트 이상이 하루에 한 번 이상 왓츠앱을 사용한다고 답했다. 우려스럽게도 비슷한 비율(63퍼센트)이 긴급히 공유해야 할 메시지를 자주 받는다고

---

**2**  독립적으로 연구하기로 한 계약에 따라 왓츠앱은 우리 데이터에 직접 접근할 수 없고, 마찬가지로 우리도 왓츠앱 사용자 데이터(어차피 이 데이터는 암호화되어 있다)에 접근할 수 없었다.

답했고, 약 50퍼센트가 메시지의 진위를 전혀 또는 거의 판단하지 않은 채 지인들에게 공유한다고 답했다.

우리는 주민들에게 왓츠앱에서 고의로 '가짜 뉴스'를 공유한 적이 있는지 물었다. 이어 가짜 뉴스를 자발적으로 공유했다는 응답을 가장 많이 예측해주는 요인을 찾아본 결과 3가지 특징을 발견했다. 위협적이거나 해로운 정보가 포함된 긴급한 메시지를 받은 경우, 집단의 압력으로 메시지에 동의하는 척하는 경우, 메시지 내용을 충분히 검토하지 않고 공유하는 경우였다. 이처럼 위험한 양상이 드러났으니 왓츠앱으로서는 우려할 만했다.

하지만 소문은 태초부터 사람들을 죽여왔다. 그러면 지금은 무엇이 달라졌을까? 소셜미디어가 생기면서 허위 정보가 퍼지기 시작한 것은 아니지만 소셜미디어가 허위 정보를 퍼뜨리고 사람들을 속일 수 있는 위험한 매체가 된 것은 사실이다. 여기서 특히 고려할 3가지 차이는 속도, 도달 범위, 매체 그 자체이며, 여기에 더해 콘텐츠에 대한 인식에 영향을 주는 방식도 고려해야 한다.

왓츠앱 사건은 소셜미디어가 잘못된 정보의 전파 방식을 근본적으로 변화시킨 독특한 현상을 보여주는 흥미로운 사례이다.

## 거짓은 날아가고 진실은 절뚝이며 뒤따라간다

과거와 현재의 첫 번째 차이점은 순전히 속도와 관련 있다. 예를 들어 아우구스투스 황제는 안토니우스에게 승리한 직후 쿠루수스 푸블리쿠스cursus publicus라는 최초의 우편 제도를 만들어 로마 제국의 여러 지역을 연결하는 광범위한 주요 도로망을 따라 역이나 전초기지를 구축했다. 말과 배달부가 역과 역을 오가며 정기적으로 전갈을 전했다. 역사학자들은 평균적으로 말과 배달부로 이뤄진 한 조가 하루에 약 80킬로미터(시속 60~100킬로미터로 추정)를 이동했지만 사안이 시급할 경우 160킬로미터 이상으로도 이동할 수도 있다고 추정했다. 한 예로 아우구스투스의 손자 가이우스 카이사르가 리미라(현재 터키 남부)에서 사망했다는 소식이 이탈리아 중부의 피사까지 전해지는 데는 약 36일(육로로 2,0000킬로미터)이 걸린 것으로 추정된다. 하지만 속도가 이보다 훨씬 빨랐다 해도 육로로 이동해 소식을 전하려면 적어도 2주는 걸렸을 것이다. 긴급 사태에 대해 소식을 듣기까지 2주나 기다려야 했다니 상상이 가는가? 왓츠앱에서는 인근에 있는 납치범을 경고하는 긴급 알림을 받는 데 1초도 걸리지 않았다.

속도만 차이 나는 것이 아니다. 도달 범위와 유포에도 차이가 있다. 로마의 우편 제도에서 배달부는 한 사람 혹은 많아야 몇 사람에게 전갈을 전하고, 이어 전갈이 입소문을 타고 마을 전체로 퍼져나갔다. 소문이 퍼지는 데는 시간이 걸렸다.

구텐베르크 인쇄기가 발명된 1440년 이후 이 속도가 빨라지기 시작했다. 1833년에는 최초의 '페니 프레스'(1센트짜리 신문—옮긴이 주)가 발행됐고, 얼마 뒤 대중 매체에 가장 명백하고 빠른 '가짜 뉴스' 사례가 등장했다.

1835년 뉴욕의 『선』*Sun*(거리에서 1페니에 팔던 신문)에는 세계 최고의 천문학자 중 한 명인 존 허셜 경Sir John Herschel이 태양계에 관해 중요한 사실을 발견했으며, 연구 결과가 저명한 학술지 『에든버러 과학 저널』*Edinburgh Journal of Science*에 게재됐다는 허위 기사가 실렸다. 허셜 자신도 처음 듣는 소식이었고, 독자들은 물론 이 학술지가 2년 전 폐간된 사실을 몰랐다. 일주일 사이 『선』은 후속 기사에서 달의 초목, 들소, 파란 유니콘을 비롯해 허셜이 '베스페르틸리오 호모', 곧 '박쥐 인간'이라 이름 붙였다는 생명체를 흥미롭게 다뤘다. 맞는다, 옳게 읽었다. 이 신문은 거대한 박쥐 날개를 가진 인간 형상의 생명체가 달에서 발견됐다면서 이 "달에 사는 박쥐 인간"은 키가 120센티미터이고, 알몸이며, 곱슬머리이고, "얇은 막으로 된 날개가 등을 폭 감싸고 있다"라고 보도했다.

'거대한 달 사기'로 알려진 이 기사에 많은 사람이 속았고, 『선』의 발행 부수는 하룻밤 새 약 4,000부에서 1만 9,000부로 폭발적으로 증가했으며, 다른 많은 신문이 이 사기 기사를 재인용했다. 이 기사는 끝내 철회되지 않았다.

당시에는 이 수치가 꽤 커 보였지만 요즘 왓츠앱과 소셜미디어에서는 달 가짜 뉴스와 같은 메시지를 대규모 집단에 즉시 공유할 수 있다. 그냥 그룹을 만들어 '친구' '가족' '스포츠팀' 등으로 이름을 지정한 다음 그룹에 연락처를 추가하면 된다. 그리고 그룹에 메시지를 올리면 그룹 안 모든 사람이 그 메시지를 즉시 볼 수 있고, 그룹 밖 사람들에게 공유할 수도 있다. 그룹에 추가할 수 있는 사람 수에는 한도가 있다. 이 마법의 수는 256명이다.[3] 그룹 안 모든 사람에게 메시지를 공유하면 최대 256명이 당장 그 메시지를 보고 다른 사람들에게 공유할 수도 있다. 왓츠앱이 허위 정보 방지 조치를 시행하기 전까지는 이런 메시지를 최대 20번까지 전달할 수 있었다. 한 사람이 256명으로 구성된 그룹 20개에 속한다고 치면 단 몇 초 만에 5,000명(20×256) 이상에게 메시지나 영상을 노출할 수 있다는 뜻이다. 문제는 메시지를 받은 5,000명이 다시 256명으로 구성된 그룹 20개에 메시지를 노출할 수 있다는 데 있다. 그러면 결국 250만 명에게 도달할 수 있고, 아직 친구의 친구와 그 친구의 친구는 계산에 넣지도 않았다.

우리는 왓츠앱과 협업하면서 서구 국가들과 달리 브라질과 인도, 인도네시아 같은 지역에서는 대규모 왓츠앱 그룹이 훨씬 일반적이

---

**3** 왓츠앱은 2016년 이 한도를 100명에서 256명으로 늘렸다.

라는 사실을 알게 됐다. 우리 연구팀의 자체 조사 결과와도 일치했다. 우리가 인도에서 표본으로 추출한 사람 중 소수(13퍼센트)만이 0~2개의 그룹에 속한다고 답했다. 나머지 대다수는 더 많은 그룹에 속해 있었다. 예를 들어 30퍼센트는 왓츠앱 그룹 3~5개에 속하고, 26퍼센트 정도는 5~10개, 22퍼센트 정도는 10~20개, 8퍼센트 정도는 20개 이상에 속한다고 답했다. 반면에 영국에서는 대다수(79퍼센트)가 5개 이하의 그룹에 속했다. 대부분 친구나 가족에 의해 왓츠앱 그룹에 추가됐으며, 25퍼센트 정도는 모르는 사람에 의해 추가된 경우도 있다고 답했다.

왓츠앱 그룹을 통한 허위 정보 유포는 인도만의 문제가 아니다. 뉴스 보도에 따르면 브라질의 우파 포퓰리스트 지도자 자이르 보우소나루Jair Bolsonaro는 2018년 대선 선거운동 기간에 불법 조직을 구성해 수많은 왓츠앱 사용자에게 상대편에 대한 가짜 뉴스를 퍼뜨렸다. 브라질은 왓츠앱에서 두 번째로 큰 시장이다. 보우소나루 진영은 왓츠앱의 규정을 우회하기 위해 해외 전화번호를 이용해 수백만 명에게 선전 메시지를 유포했다. 미디어학 교수인 데이비드 네머David Nemer는 잠입 취재를 위해 보우소나루의 왓츠앱 그룹에 가입했는데, 왓츠앱 메시지를 하루에 1,000개 이상 받았다고 했다. 브라질 인구의 절반이 왓츠앱에서 적극적으로 활동한다.

트위터를 비롯해 다른 소셜미디어 플랫폼에서도 잘못된 정보가 유포될 수 있다. 트위터의 월간 적극 사용자 수가 왓츠앱에 한참 못

미치기는 하지만(전 세계 사용자가 약 3억 3000만 명으로, 왓츠앱의 20억 명과는 비교된다) 트윗 하나는 수많은 사람에게 도달할 수 있다. 예를 들어 트위터에서 가장 영향력 있는 인물 중 한 명인 버락 오바마 전 미국 대통령은 팔로워가 약 1억 3000만 명에 달한다. 1억 3000만 명이 오바마의 메시지에 즉시 노출될 수 있을 뿐 아니라(트위터의 '실시간 트렌드 총 노출impression'이라는 현상) 다시 그 메시지를 공유할 수 있으며, 그들의 친구들이 다시 각자의 친구들에게 공유해 더 많은 사람에게 노출할 수 있다는 뜻이다.

물론 1억 3000만 번 '실시간 트렌드 총 노출'을 받을 수 있다고 해서 어느 한 트윗이 그만한 영향력을 갖는다는 의미는 아니다. 트위터 역사상 '좋아요'를 가장 많이 받은 트윗 중 하나는 2021년 1월 20일 미국의 제46대 대통령 조 바이든Joe Biden이 "미국의 새로운 날입니다"라고 올린 짧은 트윗이다. 이 트윗은 '좋아요'를 400만 번 받았다. 마찬가지로 오바마가 넬슨 만델라를 인용해 "누구도 피부색이나 배경이나 종교로 다른 사람을 혐오하도록 태어나지 않았습니다…"라고 올린 트윗도 '좋아요'를 420만 번 받았다. 오바마의 잠재적 도달 범위인 1억 3천만 명에는 한참 못 미친다. 하지만 눈 깜짝할 새 수백만까지는 아니어도 수십만에 달하는 조회 수와 '좋아요'와 공유가 발생한다는 점이 중요하다. 한 예로 잘못된 정보가 담긴 코로나19 관련 유튜브 영상 상위 25퍼센트의 조회 수는 총 6000만 회 이상이었다. 앞서 보았듯 〈계획된 전염병〉 영상은 이틀 만에 소셜미디어 플랫폼에서 삭제되기 전까지 조회 수 약 800만 회를 기록했다. 다시 말해 짧은 시간 동안 정보가 이동하는 속도와 정보가 도달할 수 있는 사람 수가 전례 없는 수준이다.

이 수치는 바이러스의 기본 감염재생산지수(혹은 전염성)를 이해하는 데 유용하다. $R_0$(재생산지수)는 바이러스에 감염된 사람이 면역력이 없는 집단에서 바이러스를 전파할 수 있는 사람의 평균치를 의미하는 수학적 용어이다. 예를 들어 $R_0$가 10이면 감염자 1명이 평균 10명에게 감염시킬 수 있다는 뜻이다. $R_0$가 높을수록 해당 집단에서 바이러스를 통제하기 어렵다.

이 계산은 3가지 주요 요인, 즉 감염 기간(감염자가 전염성을 유지하는 기간), 전염 방식(바이러스가 퍼지는 방식, 공기 전염이나 신체 접촉 등), 접촉률(한 사람이 접촉할 것으로 예상되는 감염자 수)을 기준으로 삼는다. 예를 들어 에볼라는 치명적이지만 주로 체액으로 전파되어 전염성이 낮은 반면, 홍역은 공기 감염이라 비말로 전염되기 때문에 전염성이 훨씬 높다. 홍역의 $R_0$은 12에서 18 사이로 추정되며, 이는 기록상 가장 높은 감염재생산지수 중 하나이다.

이런 생물학적 지식을 잘못된 정보 병원체에 적용하면, $R_0$은 잘못된 정보를 게시하는 사람(감염자)과 접촉한 뒤 가짜 뉴스를 게시하기 시작하는 사람의 수로 볼 수 있다.[4] 또한 '감염 기간'(전염성이 있고 콘텐츠를 적극적으로 공유하는 기간)은 사례마다 다를 수 있으나 생물학적 바이러스보다 오래갈 수 있다. 무증상 감염자도 감염 확산

5장 거짓된 정보는 오래전부터 있었다

의 주요 경로가 될 수 있다. 자기도 모르는 사이 가짜 콘텐츠나 오해 소지가 있는 콘텐츠를 공유할 수 있기 때문이다. 그래서 진심으로 믿지 않으면서도 단지 재미있거나 지인들과 관계있을 거라는 생각으로 잘못된 정보를 공유한다. 또 가짜 뉴스는 특유의 전파 양식 덕분에 더 쉽게 퍼져나간다. 그러니까 물리적 접촉 없이 온라인에서 퍼져나갈 수 있다. 마지막으로 소셜미디어마다 다른 구조에 어느 정도 영향을 받기는 하지만[5] '감염자'가 가상으로 접촉할 수 있는 사람 수는 전례 없는 수준으로 많다. 수백만 명이 몇 분까지는 아니어도 며칠 만에 바이러스처럼 퍼지는 잘못된 정보를 접할 수 있다.

2020년 3월 WHO는 잘못된 정보가 바이러스처럼 퍼지는 상황에서 세계적인 '정보전염병'을 선포했다(정보전염병의 한 지표로 2020년 코로나19 관련 트윗이 45밀리초에 한 번씩 등장한 경우를 들 수 있다). 게다가 단순한 비유가 아니라 실제로 전염병 모형을 적용해 '정보 병원체'가 소셜미디어에서 퍼져나가는 현상을 연구할 수 있다. 연구 과정에서 정보 전염병이 모든 주요 플랫폼에서 퍼져나갈 수 있다는 사실이 명확히 드러났다. 하지만 허위 정보 바이러스의

---

**4** 하지만 7장에서 살펴볼 내용처럼 잘못된 정보에 노출된다고 해서 반드시 감염되는 것은 아니다. 잘못된 정보에 반복적으로 노출돼야 그 정보를 믿거나 공유하기 시작할 수도 있다.

**5** 페이스북은 '방향성 없는' 네트워크(내가 상대를 팔로우하면 상대도 나를 팔로우하는 방식)인 반면, 트위터는 '방향성 있는' 네트워크(내가 상대를 팔로우해도 상대는 나를 팔로우하지 않아도 되는 방식)이다.

공식적인 $R_0$는 없기 때문에 온라인상의 진짜 뉴스와 가짜 뉴스 확산과 전파에 소셜미디어의 역학이 어떤 영향을 주는지는 확인하기 어렵다. 이를 살펴보려면 우선 방대한 데이터가 필요하다(여기에는 항상 공개적으로 이용할 수 없는 소셜미디어 데이터도 포함된다). 그렇다면 온라인에서 가짜 뉴스가 퍼지는 데 소셜미디어의 역할이 얼마나 되는지에 관해 우리는 무엇을 알고 있을까?

이런 말을 들어봤을 것이다. "거짓은 날아가고 진실은 절뚝이며 뒤따라간다." 이 말의 변형으로, "**거짓**이 **지구 반 바퀴**를 도는 사이 진실은 아직 신발을 신고 있다"라는 말도 있다. 이 비유를 소셜미디어 실험으로 검증했다. 2018년 MIT 미디어연구소의 세 연구자는 2006년부터 2017년까지 트위터에서 진실과 거짓으로 검증된 뉴스가 전파되는 과정을 추적하는 획기적인 연구를 발표했다. MIT 연구소는 지금까지 트위터의 모든 기록에 접근할 수 있는 권한을 양도받아 최초의 트윗(2006년 당시 트위터 CEO 잭 도시가 올린 트윗)을 포함해 현재까지 올라온 모든 트윗을 찾아볼 수 있었다.

MIT 연구팀은 '소문 캐스케이드cascade'를 이루는 모든 영어 트윗을 검색했다. 트위터에서는 사용자가 특정 주제에 관해 짧은 텍스트나 영상, 사진, 기사 링크를 포함해 게시물을 올리면 새로운 '캐스케이드'가 시작된다. 이어서 다른 사용자들이 그 게시물을 리트윗하면서 전파한다. 사람들이 트윗에 댓글을 다는데, 이런 댓글에는 첫 트윗의 소문에 반박하거나 확인해주는 제3의 팩트 체크 기관

링크가 달리기도 한다. 연구팀은 유명 팩트 체크 기관 6개(예. 스눕스 Snopes)의 데이터베이스에서 표제를 수집하고 트위터의 데이터와 대조해 팩트 체크 기관의 웹사이트가 링크된 트윗 약 50만 개를 추려냈다. 여기에는 트윗은 물론 이어지는 모든 리트윗이 포함된다. 트위터에서 이런 리트윗 캐스케이드 하나를 '뉴스 소문' 하나로 계산한 결과(팩트 체크로 진실인지 거짓인지 확인되었다), 300만 명 정도가 450만 회에 걸쳐 트윗한 소문은 모두 12만 6,000개였다.

다음으로 연구팀은 트위터에서 진실 뉴스와 거짓 뉴스의 전파 혹은 '유포' 과정을 알아볼 수 있었다. 소문 캐스케이드마다 깊이(고유 리트윗, 곧 개별 사용자가 생성한 리트윗)와 크기(시간에 걸쳐 캐스케이드에 참여한 사용자 수), 폭(특정 깊이에서 캐스케이드에 참여한 최대 사용자 수)을 알아본 결과는 충격적이었다.

모든 범주에서 거짓 주장이 진실 주장보다 훨씬 빠르고 깊고 넓게 퍼져나갔다. 거짓 뉴스가 진실 뉴스보다 훨씬 많은 사람에게 도달했다는 뜻이다. (예를 들어 진실 주장이 1,000명 이상에게 도달하기 쉽지 않은 데 반해, 거짓 주장의 상위 1퍼센트는 1,000명~10만 명까지 도달했다.) 나아가 진실보다 거짓 주장을 리트윗하는 사람이 더 많았다. 특히 거짓 주장은 대대적인 방송 한 차례로 퍼져나가는 것이 아니라 P2P 방식을 통해 여러 갈래로 퍼진다. 연구자들의 계산에 따르면 평균 1,500명에게 도달하기까지 진실이 거짓보다 6배 정도 오래 걸리는 것으로 나타났다. 말 그대로 거짓은 진실이 신발을 채 신기도 전에 지구 반 바퀴를 돈다.

전반적으로 거짓 주장이 리트윗될 가능성은 진실이 리트윗될 가능성보다 70퍼센트 높았다. 특히 정치 관련 가짜 뉴스가 금융이나 자연재해와 같은 주제에 비해 인기가 많았고, 이런 경향은 2016년 미국 대통령 선거 전후로 극에 달했다. MIT 연구팀은 봇(자동화 계정) 탐지 알고리즘을 통해 봇이 시작한 캐스케이드를 제외하고 다시 분석했다. 결론적으로 봇이 아닌 사람이 잘못된 '바이러스'를 퍼뜨릴 가능성이 더 크다는 결과가 비슷한 수준으로 유지됐다. 또 트윗의 텍스트를 분석한 결과에서는 거짓이 더 '참신'해 보일 뿐 아니라 공포와 같은 부정적 정서를 자극해 더 빠르게 유포되는 경향을 보였다.

얄궂게도 2022년 3월 24일 『디 애틀랜틱』*The Atlantic* 편집자 대니얼 엥버Daniel Engber는 MIT 연구의 결론이 MIT의 데이터를 재분석한 새로운 연구에 의해 반박됐다는 트윗을 올렸다. 엥버의 트윗은 삽시간에 퍼져나갔다. 잘못된 정보에 대한 연구가 '가짜 뉴스'일 수 있다는 결과는 충격적이었다. 사실 MIT의 새로운 연구는 기존 연구의 결과를 반복 검증했고, 가짜 뉴스가 더 빠르고 더 깊고 더 멀리 퍼지는 이유로는 가짜 뉴스의 '전염성'을 꼽았다. 가짜 뉴스는 진짜 뉴스보다 전염성이 강하다. 안타깝게도 이런 정정 내용과 사과문은 리트윗 수가 35번 정도에 그치며 큰 관심을 끌지 못했다. 엥버는 이후 올린 트윗에서 "죄송합니다. 제가 가짜 뉴스에 대해 거짓을 전했습니다. 과연 거짓 트윗이 진실보다 빠르게 퍼지는군요"라고 적었다. 당시 MIT 연구팀 소속 시난 아랄Sinan Aral은 "우리가 예상한 대로"라고 덧붙였다.

결국 가짜 뉴스는 진짜 뉴스보다 빠르고 깊고 널리 퍼질 수 있다. 하지만 이것이 끝이 아니다. 그 밖에 매체와 관련해 생각해볼 만한 중요한 차이점도 있다.

## 매체가 메시지가 될 때

로마 시대에는 우편 제도를 이용하려면 황제의 인증서가 필요했다. 당시에도 물론 사기는 자행됐지만 적어도 문서의 발신자를 기록하고 추적할 수는 있었다. 마찬가지로 '거대한 달 사기'의 진원지는 뉴욕 『선』으로 간단히 밝혀졌다. 그러나 트위터와 달리 왓츠앱은 엔드투엔드end-to-end 암호화 방식을 채택해 사용자의 메시지를 읽거나 중재할 수 없다(혹은 굳이 그러지 않는다). 왓츠앱에서 메시지를 전송하는 순간 발신자의 모든 메타데이터는 자동으로 제거된다. 말하자면 왓츠앱은 콘텐츠 중재에 전혀 관여하지 않으므로 잘못된 정보의 출처를 알아낼 수도 없다.

유해하거나 문제 소지가 있는 콘텐츠를 추적하는 데 협조를 구하려고 인도 정부가 여러 차례 시도했지만 왓츠앱은 동의해주지 않았다. 어느 정도는 정치적인 이유도 있고(왓츠앱이 정부의 개인 추적 도구로 전락할까 봐), 왓츠앱이 인기를 끈 데는 개인정보 보호가 중요하게 작용했다는 이유도 있었다.

왓츠앱이 메시지를 추적하거나 개입할 수 없는데 어떻게 콘텐츠가 유포되지 않도록 막을 수 있을까? 이는 중요한 문제이다. 인도에서 집단 폭행 사건이 보도된 뒤, 왓츠앱은 그룹 메시지를 전달할 수 있는 횟수를 한 번에 최대 5명으로 줄였지만 현재까지도 개별적으로 링크를 전달할 수 있는 횟수에는 제약을 두지 않아 이용자들은 엄격한 새 규정을 우회할 방법을 간단히 찾아냈다. 사람들의 심리를 고려하지 않고 기술적으로만 접근해 찾아낸 해법으로는 잘못된 정보의 흐름을 차단하기에 역부족이었다(이 점에 대해서는 나중에 자세히 설명하겠다).

마지막 차이점으로 왓츠앱에서는 친구나 가족과 같은 지인 그룹에 속한 사람들에게서 메시지를 받기 때문에 정보를 더 신뢰할 수 있다. 나도 종종 친구들의 왓츠앱 그룹에서 (가짜) 콘텐츠를 보라는 메시지를 받는다. 우리는 흔히 폐쇄적이고 사적인 그룹에서 받은 메시지는 가짜 뉴스처럼 보여도 어지간해서는 믿게 된다. 하지만 단지 메시지를 믿는 문제뿐 아니라 공유해달라는 요청에 응해야 할 것 같은 사회적 압박도 정확한 정보를 전달하려는 동기를 방해할 수 있다. 예를 들어 인도에서는 유괴 사건에 대한 왓츠앱 메시지에 다음과 같은 노골적인 호소가 이어졌다. "이 영상을 모든 왓츠앱 그룹에 공유해주세요. 그러지 않으면 당신은 당신 어머니의 아들이 아닙니다."

여기서 더 나아가 현재는 기술의 발전으로 메시지의 콘텐츠 자체가 바뀌어 오디오나 조작된 영상 또는 이미지를 첨부할 수 있다. 지금까지 날짜와 시간이 찍힌 영상은 신뢰성 높은 증거로 여겨졌다. 어쨌든 보면 믿게 되었다. 그리고 우리가 왓츠앱과 공동으로 연구하면서 발견한 또 하나의 사실은 인도 시골의 디지털 리터러시 수준이 현저히 떨어진다는 점이다. 많은 사람이 인터넷이나 소셜미디어에 익숙하지 않아도 왓츠앱에서 영상을 볼 수는 있다. 한 예로 여러 사람의 죽음과 연루된 영상이 있다. 화질이 떨어지는 CCTV 영상처럼 보이는 이 바이럴 영상에서는 어린 남자아이 둘이 거의 텅빈 거리에서 크리켓을 하고 있다. 잠시 뒤 검은 헬멧을 쓴 두 사람이 검정 오토바이를 타고 나타난다. 그들은 아이들이 모여 있는 곳으로 다가가는 듯하더니 갑자기 유턴해 프레임 밖으로 사라진다. 몇 초 뒤 오토바이가 다시 나타나 이번에는 남자아이 옆에 멈춘다. 그 아이는 다른 아이들이 크리켓을 하는 모습을 바라보고 있었다. 잠시 뒤 오토바이를 탄 사람이 아이를 낚아채 뒤에 탄 사람 사이에 끼워 앉히고 급히 출발한다. 다른 아이들이 그걸 알아채고 오토바이를 쫓아가지만 놓친다. 이 영상은 아이들이 겁먹은 표정으로 이야기하며 처음 그 거리로 돌아오는 장면에서 끝난다. 모든 의도와 목적을 고려할 때 실제 유괴 사건처럼 보인다.

뭄바이의 팩트 체크 전문가인 캐런 레벨로Karen Rebelo는 이 영상을 조사하며 특이한 사실을 포착했다. 영상 마지막에 인도 출신으로는 보이지 않는, 머리 두건을 두른 여자아이 둘이 남자아이들에게 다가가는 장면이었다. 여자아이들 차림새는 이슬람 국가를 연상시켰다. 레벨로는 인터넷을 뒤져 이 영상의 출처를 추적하다가 우연히 더 긴 버전의 영상을 발견했다. 긴 영상에는 오토바이가 다시 돌아와 멈춘 뒤 아이를 내려놓고, 다른 아이들이 친구가 돌아온 걸 기뻐하는 장면이 나왔다. 오토바이 운전자가 카메라 쪽으로 현수막을 펼치자 거기에는 이렇게 적혀 있다. "카라치 거리에서는 순식간에 아이를 유괴할 수 있습니다." 이 영상은 사실 2016년 한 마케팅 회사가 파키스탄의 유괴 방지 인식 개선 캠페인을 지원하기 위해 제작한 것이다. 짧은 버전은 감쪽같이 속이는 딥페이크Deepfake가 아니라 얄팍한 쉘로우페이크Shallowfake 영상이었다. 기본적인 영상 편집 소프트웨어에서 단순히 일부를 잘라 맥락과 전혀 다르게 제시한 것이다.

하지만 우리가 지인에게 긴급 메시지로 이런 영상을 받는다면 어떻게 생각할까? 아티무어 사례와 루크마니 살해 사건의 왓츠앱 영상에서는 자동차와 한 여성이 초콜릿을 나눠주는 장면이 나온다. 피해자와 가족은 영상에서 말하는 유괴범의 신상에 부합했다. 그 지역에 사는 닐라라는 사람은 언론 인터뷰에서 이렇게 말했다. "우리는 당연히 그 여자를 의심할 수밖에 없었어요. 왓츠앱 영상에서

처럼 차를 타고 왔으니까요. 그 여자가 아이들을 몰래 데려갔으면 어쩌게요?"


## 메신저의 양날

이 모든 상황을 왓츠앱 탓으로 돌려서는 안 된다. 사실 왓츠앱과 다른 인스턴트 메시징 플랫폼이 증폭기 역할을 하기는 했어도 문제의 근본 원인은 아니다. 일각에서는 인도에서 벌어진 상황과 관련해 중요한 측면을 관찰했다. 바로 이 책 전반에서 논의하는 '추론'과 '동기'를 오가는 문제와 관련된 면이다. 앞서 소개한 이야기를 예로 들자면 인도 시골 마을 주민들의 디지털 리터러시 수준이 낮은 것은 사실이다. 우리 연구팀과 왓츠앱의 공동 연구에서도 표본의 절반만 왓츠앱 메시지에서 사실과 허구를 구분할 수 있다고 자신했다. 따라서 미디어 리터러시 교육과 인지 능력 개발, 정보를 토대로 의사 결정을 내리는 역량 강화라는 측면에서는 아직 할 일이 많다는 뜻이다.

하지만 동시에 심리 조작이라는 어둠의 마술에 관한 요제프 괴벨스의 글을 기억해야 한다. 사람들이 선전을 듣고 기존의 신념과 이념을 떠올리지 못한다면 선전은 효과를 내지 못할 것이다.

인도에서는 긴장감이 커지고 있었다. 많은 사례에서 '타자화'에 관한 왓츠앱 메시지가 넘쳐났다. 이를테면 '힌디어로 말하는' 유괴범이나 '말레이시아 사탕'을 나눠주는 할머니라는 표현이 나왔다. 실제로 인도에서는 몇 년 전부터 외국인 유괴범에 대한 메시지와 함께 죽은 아이들의 섬뜩한 (가짜) 영상이 유포됐다. 이 문제는 사실 복합적이다. 실제로 인도에서 아동 인신매매가 심각한 문제이기는 해도 해당 보도 자체는 명백히 가짜 뉴스이기 때문이다. 또 하나의 양극화 사례로 인도에서 가장 존중받는 동물인 소와 관련된 사건이 있다. 소는 인도 인구의 약 80퍼센트를 이루는 힌두교도들에게 신성한 동물이다. 불가촉천민과 이슬람교도와 같은 소수민족이 소를 밀수해 도살한 혐의로 종종 기소된다. 소 밀수업자들에 관해 잘못된 정보가 퍼지면서 힌두교 상류층 남성들이 주축을 이루는 민족주의적 자경단이 소수민족을 공격한다.

외지인에 대한 의심도 커졌다. 인도 북부 지역 사람들이 벨로레 지역으로 들어와 "일자리를 빼앗고" "범죄를 저지른다"는 의심이 커지면서 주민들이 두려움에 떨고 있다는 보도도 있었다. 우리가 왓츠앱과 협업하던 시기 다른 연구팀들도 왓츠앱과 공동 연구를 진행했는데, 그중 한 연구팀이 왓츠앱의 의심스러운 메시지 약 1,000개를 검토하면서 인도에서 여러 소수민족 집단을 향해 편견과 혐오와 경멸을 표출하는 현상을 포착했다. 이 연구팀은 디지털 리터러시 수준이 낮은 것이 원인인지, 아니면 힌두교도와 이슬람교도 사이 혹은 인도의 하류 카스트와 상류 카스트 사이에 긴장이 고

5장 거짓된 정보는 오래전부터 있었다

조되면서 더 뿌리 깊은 정치적, 종교적, 문화적 동기가 작동한 것이 원인인지 알아보기로 했다. 매체(왓츠앱)가 곧 메시지일까? 일부 사회, 문화 평론가는 왓츠앱이 희생양이 됐을 뿐이며, 거짓 소문이 바이러스처럼 퍼지면서 '살인 면허'를 부여했다고 주장한다. 이 지점에서 소셜미디어에 대해 거창하고 열띤 과학적 논쟁이 벌어진다. 소셜미디어에서 유포되는 가짜 뉴스가 선의를 지녔지만 부주의한 사람들을 속이는 것일까, 아니면 사람들에게는 이미 새로운 기술이 제공하는 확성기를 받아 들 동기가 충만한 것일까?

왓츠앱과 다른 소셜미디어가 거대한 사회적 긴장을 유발하는 근본 원인은 아닐지라도 잘못된 정보를 증폭시키는 역할을 하는 것은 분명하다. 소셜미디어 기술은 정보가 확산하는 방식과 사람들이 온라인에서 소통하는 방식을 근본적으로 바꿔놓았다. 하지만 현대의 포퓰리즘 정치와 2,000년 전 옥타비아누스 황제가 외국인을 향한 편견을 등에 업고 벌인 명예훼손 캠페인은 크게 다르지 않아 보인다. 그리고 소셜미디어는 편견을 형성하고, 편견에 영향을 미치고, 편견을 증폭시키는 새로운 방법을 찾았다.

우리의 편견이 신중하게 기록되고, 선별되고, 걸러져 비슷한 생각을 하는 수백만 명의 사람과 공유할 수 있는 거대한 반향실의 시대가 도래했다.

## 가짜 뉴스 항원 5 | 소셜미디어에서 가짜 뉴스가 확산되는 일을 제약하라

— 잘못된 정보는 인류 역사에서 끊임없이 존재했지만 현재는 소셜미디어의 등장으로 잘못된 정보와 허위 정보가 전 세계 수많은 사람에게 빠르게 전달되는 전례 없는 상황이 벌어졌다.

— 잘못된 정보가 확산하는 속도, 전 세계에서 도달할 수 있는 사람 수, 기술이 우리의 편견을 악용할 수 있는 새로운 방식은 전 세계 사람과 사회의 안녕을 심각하게 위협한다.

— '정보전염병'을 관리하려면 '$R_0$' 값, 곧 감염자가 잘못된 정보 바이러스를 전파할 수 있는 사람 수를 통제해야 한다.

— 거짓 소문이 폭포처럼 확산하는 현상을 막는 방법으로, 메시지를 공유하거나 전달할 수 있는 횟수를 제한하는 기술적인 해결책이 있다. 이런 해법은 문제를 해결하는 데 도움이 될 수도 있지만 문제의 근본 원인으로서 우리가 소셜미디어 기술과 상호작용하는 방식에는 영향을 미치지 못한다.

# 6장 온라인 세계에서 비틀리고 줄어들고 불어나는 정보들

"빨리 움직여 돌파하라.
돌파하지 못한다면 그만큼 빨리 움직이지 않는 것이다."
— 마크 저커버그(Mark Zuckerberg, CEO, 메타 플랫폼스)

나는 평생 새로운 기술에 저항했다. 친구들이 모두 디스크맨이나 MP3 플레이어로 넘어갈 때도 나는 워크맨을 들고 다녔다. DVD가 출시되고 한참 지나고도 나는 여전히 VHS 컬렉션을 고수했다. 지금도 10년 된 아이폰을 쓴다. 그만큼 나는 새로운 기술을 경계한다. 고장 난 것도 아닌데 왜 바꾸지? 혁신은 단계적으로 퍼져나간다는데 나는 시장주의자들이 '레이트어답터late adopter'라고 일컫는 부류이다.

내 인생에도 예외가 한 번 있었다. 나는 인터넷 '얼리어답터'였다. 당시 제도권에 반항하는 청소년이었기에 온라인에서 나와 비슷하게 생각하는 사람들과 소통할 수 있다는 가능성을 봤다. 유튜브나 페이스북, 트위터, 구글이 나오기 한참 전이던 90년대에 알타비스타(AltaVista, 초기 검색 엔진)와 핫메일 주소로 최초의 '현대적인' 채팅방을 탐색하며 세계관을 공유하고 굳건히 다져나갈 사람들을 만났다. 우리는 같은 펑크 음악을 듣고 함께 '세상에 맞서기 위해' 준비했다. 나의 사람들, 나만의 '반향실'을 발견했다. 다행히 나의 반향실은 2000년대 초반 최악의 펑크밴드를 결성하는 정도로 끝났다(우리 밴드는 앨범 한 장을 녹음하고 해체했다). 그래도 친구도 사귀고 재미있는 경험이기는 했다.

일찍이 인터넷에 매료됐지만 그 뒤로는 새로운 추세를 따라잡기 어려웠다. 새로운 소프트웨어나 프로그래밍 언어를 익히면 곧이어 완전히 새롭게 업데이트되었다. 인터페이스가 완전히 바뀔 때도 있었다. 모든 것이 빠르게 변화했다. 그리고 여러 면에서 나는 온라인에 너무 오랫동안 머무르는 일이 어떤 심리적 여파를 초래할 수 있는지 완전히 이해하지 못했다.

1930년부터 2019년까지 미국의 주요 신기술 혁신을 열거한 다음 도표를 보자. 라디오와 자동차, 텔레비전은 인구 다수에게 채택되기까지 수십 년이 걸렸기에 이 기술들이 개인이나 사회의 안녕에 미치는 영향을 연구하고 탐색할 시간이 충분했다. 하지만 오늘날 소셜미디어의 확산 곡선을 보라. 기울기가 가파르다. 실제로 소셜미디어 채택률은 전례 없는 수준이다. 2005년에는 미국 인구의 약 5퍼센트가 소셜미디어를 사용했으나 2019년에는 무려 79퍼센트가 사용했다. 거대한 소셜미디어 플랫폼인 페이스북 이용률은 2008년 전

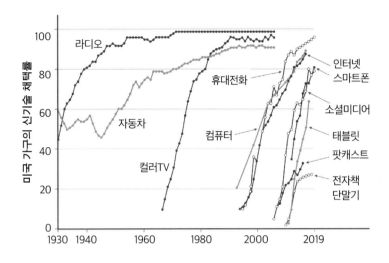

세계 인구의 1.5퍼센트에 불과했지만 현재는 전 세계 인구의 35퍼
센트 이상이 페이스북을 이용한다.


**자기만의 방**


1990년대 인터넷 열풍에 합류했을 때 나의 초창기 반향실 경험은
비교적 순수했지만 다른 사람들은 나만큼 운이 좋지 않았다. 케일
럽 케인을 예로 들어보겠다. 케일럽도 나처럼 반문화를 좋아했으며,
인터넷이 보여주는 세상에 매료되어 성장했다. 케일럽은 나와 열

살 차이도 안 나지만 케일럽이 처음 인터넷에 접속했을 때는 이미 인터넷 문화와 기술이 급격히 변화하고 있었다.

10대 시절 케일럽은 비교적 짧은 시간 안에 유튜브 같은 플랫폼을 돌아다니다 샛길로 빠져 우익 극단주의 콘텐츠를 주로 다루는 영상을 1만 2,000개 가까이 시청했다. 그러는 사이 노골적인 음모론과 여성 혐오와 인종 차별이 난무하는 반향실로 빨려 들어갔다. 케일럽은 몇 년간 반향실 한복판에 있다가 2019년 마침내 자신의 유튜브 채널에서 극단주의 콘텐츠를 고발하기 시작했다. 주류 언론에서 그를 주목했다. 이후 『뉴욕타임스』는 케일럽의 유튜브 검색 기록을 분석해 지구 온난화가 사기극이라고 주장하는 영상부터 서구 사회가 소수 이민자와 페미니스트와 좌파 마르크스주의자들로부터 공격당하고 있다고 주장하는 영상까지 모든 것을 폭로했다.

나는 2021년 2월 할리우드 시나리오 작가들의 온라인 행사에 초대받아 인기 드라마 작가들에게 내 연구의 통찰을 이용해 TV의 잘못된 정보에 대응할 방법에 대해 강연했다. 그리고 그 자리에서 케일럽을 만났다. 그는 자신의 사연을 공유하기 위해 그 자리에 와 있었다. 행사 중 나는 우연히 그의 옆자리에 앉아 그가 살아온 과정에 대해 자세히 들을 수 있었다. 케일럽은 웨스트버지니아의 애팔래치아 지역에서 불우한 어린 시절을 보냈다. 구체적으로 말하지는 않았지만 이런 성장기를 보낸 탓에 권위와 제도를 깊이 불신하게 된 것 같다고 했다.

그러다 커뮤니티칼리지를 중퇴하면서 케일럽은 삶의 모든 면에서 내리막길을 걷기 시작했다. 죽음과 불확실한 미래를 생각하느라 뜬눈으로 밤을 새우기 일쑤였다. 그러다 "하나님 모양의 구멍"이라고밖에 표현할 수 없는 어떤 존재를 느꼈다. 어린 시절의 기독교적 환경을 반영하는 단어 선택이었다. 당시 좌파 정치는 세상 사람들에게 벌어지는 온갖 나쁜 일에 대한 죄책감과 책임감만 지웠다. 그는 사회 정의가 중요하다는 것을 알았지만(어린 시절 주위에서 인종차별주의자를 많이 보았다) 그쪽에서 위안을 얻지는 못했다. 사회 정의는 '권리를 박탈당한 백인 남성'으로서 **그의** 문제를 해결하는 데 주목하지 않기 때문이었다. **그의** 신뢰 문제. **그의** 깊은 외로움.

2014년 케일럽은 도움을 구하기 위해 온라인에 접속했다. 그때 유튜브에 무심하게 추천 영상이 나타났다. 그 가운데 스테판 몰리뉴라는 사람의 유튜브 채널이 있었다. 몰리뉴는 캐나다의 극우 백인 우월주의자로 '백인 대량 학살' 음모론, 과학적 인종주의와 그밖에 여러 극단주의 콘텐츠를 유포한 사람이었다. 그는 현재 유튜브와 각종 소셜미디어에서 혐오 발언 규정을 위반했다는 이유로 차단당한 상태이다(특히 그는 철학자이자 남성 인권 운동가를 자처했다). 케일럽은 자신과 같은 젊은 남성들이 직면한 문제를 그렇게 설득력 있고 속 시원하게 말해준 사람은 없었다고 했다. 이후 그는 유튜브의 다른 추천 채널들을 구독하기 시작했고, 그가 접한 온라인의 많은 극단주의자는 그가 세상에 대해 느끼는 정당한 불안감을 모두 해소해줬다. 그는 생각이 같은 사람들의 세계를 발견했다. 자신만의 반향실을 찾았다.

대화가 끝날 무렵 케일럽은 결국 반향실에서 빠져나오는 길을 찾았다고 설명했다. 쉽지는 않았지만 점차 다른 관점을 찾아보기 시작했다. 처음에는 생각이 다르면 무조건 '좌파의 선전'이라 무시했고, 특히 그의 견해를 '인종차별주의'로 치부할 때면 더욱 그랬다. 그러다 트랜스젠더 인플루언서 내털리 윈(유튜브계의 '오스카 와일드')이 운영하는 '콘트라포인츠ContraPoints'라는 가벼운 주제의 유튜브 채널을 발견했다. 내털리 윈은 독특하게도 극우 인플루언서가 주로 다루는 주제를 애니메이션과 재미있는 영상으로 제작해 극우 인플루언서의 주장에 정면으로 반박했다. '알고리즘 장악'이라는 이 기법은 인플루언서가 극우 인플루언서와 같은 주제를 다루면서 극우 콘텐츠를 소비하는 사람들에게 자신의 영상을 띄우는 방법이다(반대 경우도 마찬가지이다).

갑자기 커다란 말소리가 들렸다. 케일럽 뒤에 화이트보드가 있어서 무슨 상황인지 보이지 않았다. 케일럽은 대신 미안하다면서 그의 룸메이트도 유튜브 채널을 운영한다고 말했다. "당신은요?" 내가 물었다. 케일럽은 지금도 여전히 유튜브에서 활발히 활동하고 있다. 자신의 사연을 공유하며 반향실과 필터 버블, 유튜브 토끼굴의 위험성을 알리는 데 힘쓰고 있다.

시나리오 작가 행사에서 나는 과거 큐어넌 추종자와 자칭 극우

신나치주의자였던 사람들을 비롯해 몇몇 급진주의자와 대화를 나눴다. 그들의 인생사에는 뚜렷한 양상이 드러났다. 바로 온라인에서 시간을 많이 보냈다는 점이다. 앞서 3장에서 이야기한, 형을 변신한 도마뱀이라 믿은 버키 울프를 떠올려보자. 케일럽처럼 울프의 유튜브 기록을 분석한 결과에서도 우려할 만한 양상이 드러났다. 처음에는 운동과 뮤직비디오 같은 콘텐츠로 시작했으나 얼마 뒤 우연히 '대안 우파' 콘텐츠를 접한 이후 보수적 음모론과 백인 민족주의를 거쳐 마침내 큐어넌 영상으로 넘어갔다. 이런 경험의 중요성을 부정하거나 깎아내릴 사람은 없겠지만 이것이 어떤 정해진 규칙이 아니라 예외적인 상황일 가능성은 없는지 궁금해진다. 현실의 삶에서 좌절한 많은 사람이 온라인에 접속하지만 모두 극단주의자나 급진주의자가 되는 것은 아니다. 내 동료 우신스키는 이렇게 말했다. "사람들은 '세상에나, 내 사촌에게 그냥 이런 일이 일어났어요'라고 말해요. 아뇨, 그냥 일어난 일이 아니에요. 미안하지만 그 사촌은 원래 괴팍한 사람이었던 겁니다."

중요한 질문이다. 누군가는 소셜미디어 때문에 우리 뇌와 민주주의가 녹아내린다고 말한다. 반대로 누군가는 과장이라고 말한다. 미국인 70퍼센트 이상이 유튜브와 페이스북 같은 플랫폼을 이용하는 지금, 반향실과 필터 버블의 사회적 영향을 어떻게 측정할지는 현재 과학자들이 직면한 시급한 쟁점 중 하나이다. 연구만의 문제가 아니다. 스스로 편향된 반향실에 들어가 있는지를 알아채는 일은 자신의 신념과 미디어 식단을 통찰하는 데 중요한 열쇠이다. 나중에 살펴보겠지만 반향실은 잘못된 정보 바이러스가 퍼지도록 돕는다. 따라서 반향실이 작동하는 원리를 이해하면 우리가 날마다 접하는 정보에 대해 통제력을 되찾을 수 있다.[1] 그러려면 먼저 용어를 바로 알고 '반향실'과 '필터 버블'을 구분해야 한다.


## 반향실이 필터 버블의 동의어는 아니다

'반향실'이란 소리가 벽에 부딪혀 진동하고 증폭하는 밀폐 공간인 음향 반향실에서 나온 말이다. 소셜미디어의 반향실은 폐쇄된 소셜미디어 시스템 안에서 신념과 의견이 증폭되고 강화되는 상황을 뜻한다. 즉 일단 반향실에 들어가면 세상에 대한 기존 관점을 강화해주는 정보를 취사선택하면서 기존의 신념에 의문을 제기할 법한 콘텐츠에는 노출되지 않을 수 있다.

반향실은 흔히 확증 편향과 집단 양극화, 잘못된 정보의 확산, (케일럽의 사례처럼) 과격화와 극단주의를 조장한다고 알려져 있다. 하

---

[1]  트위터에서는 우리 연구팀이 개발한 '내가 가짜 뉴스를 공유했나요'라는 앱을 통해 반향실의 구조를 확인할 수 있다.

버드 대학교 법학 교수 캐스 선스타인Cass Sunstein은 저서 『리퍼블릭 닷컴』Republic.com에서 일찍이 반향실의 불길한 영향에 대해 경고했다. 20여 년 전 그는 당시에는 디스토피아로 보이던 미래에 대해 이렇게 썼다. "앞으로 언젠가 일어날 일이다. 기술이 발전하면서 사람들이 읽고 보고 듣고 싶은 것을 '필터링'하는 능력이 크게 향상될 것이다." 그 미래가 지금이다.

민주주의가 제대로 작동하려면 사람들이 원치 않아도 다양한 의견이나 개념을 접해야 하는 데 현실은 그렇지 않다고 선스타인은 우려한다. 반향실과 필터 버블은 서로 밀접히 연관되지만 두 개념을 구분할 필요가 있다. 우선 필터 버블은 인터넷 활동가인 엘리 패리저Eli Pariser가 만든 신조어이다. 그는 저서 『생각 조종자들』Filter Bubble에 알고리즘이 개인의 온라인 검색 기록, 고유한 클릭 행동, 그 밖의 디지털 발자국을 기반으로 그 사람이 무엇을 보고 싶어 할지 상당히 정확히 예측하고 그에 따라 콘텐츠를 제공하는 과정을 설명했다.

구글에는 놀라운 측면이 있다. 실제로 날마다 무수히 많은 사람이 노래 가사이든 우리 은하에 행성이 몇 개인가 하는 질문이든 시급하고 중요한 질문의 답을 검색한다. 구글에서 검색하면 누구나 같은 결과를 받을 것 같지만 2009년부터 구글의 순위 알고리즘은 우리의 브라우저 기록, 로그인, 이전 검색을 비롯한 디지털 흔적을 참조해 각자에게 맞춤화된 검색 결과를 내놓는다. 더 이상 보편적인 '구글'은 존재하지 않는다. 선스타인이 경고했던 지극히 개인화된 형태의 민주주의이다. 패리저는 우리의 컴퓨터가 더는 객관적인 사실을 반영하지 않고 우리가 보고 싶은 것을 더 많이 반영하는 일방적인 거울이 되어간다고 주장한다.

그렇다면 왜 필터 버블에 관심을 가져야 할까? 알고리즘으로 검색과 뉴스를 필터링하는 기능은 잘못된 정보가 전 세계에서 소비되는 현상과 밀접히 연관되고, 이는 검색 엔진과 소셜미디어 피드의 인기 순위와도 밀접히 연관된다. 한 예로 2022년 트위터 자체 연구팀이 공유된 뉴스 기사 수백만 개를 감사한 결과, 시간순 타임라인에 비해 개인 맞춤형 홈 피드에서는 편향된 미디어 콘텐츠, 특히 우파 매체와 정치인의 콘텐츠가 증폭된다는 사실이 드러났다.

그렇다고 민주주의가 훼손될 정도일까?

심리학자 2명이 이 질문의 답을 찾기 위해 흥미로운 실험을 실시했다. 그들은 미국인 참가자들에게 호주 총리직에 출마한 두 후보의 이력을 제공하며 각 후보에게 투표할 가능성이 얼마나 되는지 알아봤다. 연구팀은 가짜 검색 엔진 '카두들Kadoodle'을 만들어 참가자들에게 해당 엔진에서 15분 정도 각 후보에 대해 찾아보게 했다. 카두들에는 페이지마다 각 후보에 대해 클릭 가능한 결과 6개가 포함된 페이지 몇 개가 표시됐다. 다만 연구자들은 참가자들 모르게 검색 결과를 중립적이거나 한 후보에게 유리하도록 조작했다. 검색이 끝난 뒤 참가자들에게 어떤 후보에게 투표하고 싶은지 다시 물었다.

결과는 충격적이었다. 카두들에서 검색하기 전에는 실험 집단과 통제 집단에 후보 선호도 차이가 없었지만 편향된 검색 결과를 본 뒤에는 선호하는 정치인에게 투표하겠다고 응답한 참가자 수가 37~63퍼센트 증가했다. 연구팀은 이 수치를 'VMP', 곧 '유권자 조작력voter manipulation power'이라 불렀다.

물론 이 실험은 가설적인 상황이다. 하지만 현실에서도 흥미로운 상황이 벌어졌다. 연구팀은 이후 2014년에 인도의 중요한 선거인 록 사바Lok Sabha 선거에서 이 실험을 시도했다. 실험 과정은 이전과 같았다. 어느 후보에게 투표할지 결정하지 않은 유권자를 모집해 카두들 검색 엔진에서 세 후보 중 한 후보에 대해 자세히 알아보게 했다. 현실의 선거에서도 같은 결과가 나왔다. 가짜 검색 엔진의 편향된 검색 결과에서 우호적으로 나온 후보에게 투표하는 비율이 8.3~10.7퍼센트 증가했다.

더 놀라운 사실은 피험자의 75~85퍼센트가 조작을 거의 알아채지 못했다는 점이다. 연구팀은 이 현상을 '검색 엔진 조작 효과SEME, search engine manipulation effect'라 불렀다.

물론 우리가 아는 한 구글이 검색 엔진으로 전 세계에서 선거를 조작하지는 않겠지만 트위터가 이미 자사 추천 시스템이 편향된 정치 콘텐츠를 증폭시킨다는 사실을 인정한 만큼 알고리즘 필터링의 사회적 파장은 우려할 만한 수준이다.

반향실과 알고리즘의 필터 버블이 어떻게 함께 작동해 설득력을 극대화하는지 알아보기 위해 다시 케일럽의 이야기로 돌아가보자. 사실 케일럽은 우연히 반향실로 빨려 들어간 것이 아니었다. 유튜브에서 '추천'받았다. 유튜브도 여느 소셜미디어 기업처럼 플랫폼 광고로 수익을 창출하므로 주된 관심사는 사용자의 참여도를 최대로 끌어올리는 데 있다. 그러니까 사용자가 계속 더 많은 영상을 시청하도록 유도해야 한다. 유튜브의 독점적 인공지능 알고리즘은 자주 변경되고, 또 사용자가 시청한 콘텐츠의 70퍼센트가 알고리즘의 결과라고 한다. 유튜브 알고리즘은 어느 정도 사용자의 사전 행동과 시청 시간에 기반을 둔다.

사용자 참여를 최적화하는 이 '중립적' 과정이 어떻게 사람들을 잘못된 길로 이끄는지는 쉽게 알 수 있다. 실제로 2016년 한 프레젠테이션에서 페이스북의 데이터 과학자이자 머신러닝 전문가 모니카 리Monica Lee는 자체 연구 결과 "'극단주의 그룹 가입'의 64퍼센트가 '가입할 그룹'과 '발견' 알고리즘을 비롯한 페이스북 추천 도구를 통해 이뤄지는 것으로 나타났다"라고 언급했다. 유튜브에서 영상 하나를 시청하면 사이드바에 추천 영상이 뜬다. 예를 들어 당신이 음모론에 관심 있다고 해보자. 그러면 유튜브 알고리즘이 유사한 콘텐츠를 추천하고, 이어서 더 극단적인 영상을 추천하고 소비하게 만드는 순환고리를 촉발한다. 케일럽은 바로 이런 상황에 빠져들었다. 그가 유튜브에서 검색하자 추천 알고리즘의 지원을 받아

극단주의로 가는 쉬운 관문을 여는 결과가 나왔다. 물론 케일럽 자신도 이런 콘텐츠에 취약한 상태였을 수 있다. 한마디로 위험한 조합이었다.

하지만 유튜브는 이런 주장에 거듭 반박하면서 '거짓 신화'라고 일축했다. 한 예로 유튜브 최고제품책임자CPO 닐 모한Neal Mohan은 극단주의 콘텐츠의 참여도가 다른 콘텐츠보다 높지 않다고 말했다. 그는 "유튜브 추천 시스템은 그렇게 설계되지 않았다고 확실히 말할 수 있다"라고 덧붙였다. 하지만 그의 주장은 사용자 경험이나 언론에 보도된 수많은 사례와 다르며, 다른 소셜미디어 기업들의 보고서와도 일치하지 않는다. 일례로 2018년 『월스트리트저널』Wall Street Journal은 페이스북이 내부 프레젠테이션에서 "우리 알고리즘은 인간의 뇌가 분열에 이끌리는 성향을 악용"한다고 경고한 바 있다고 보도했다. 2018년 마크 저커버그는 공개 게시물에서 다음과 같은 도표를 게시해 페이스북에서 허용되는 콘텐츠의 '정책적 경계선'에 가까운 콘텐츠일수록 참여도가 급격히 상승한다고 언급했다. 저커버그는 구체적으로 이렇게 설명했다. "우리 연구에 따르면 허용되는 콘텐츠의 경계선을 어디에 긋든 콘텐츠가 그 선에 가까워질수록 사용자들은 평균적으로 그 콘텐츠에 더 많이 참여하고, 심지어 그 콘텐츠가 마음에 들지 않는다고 말하면서도 참여한다."

이런 결론은 페이스북의 내부 고발자 프랜시스 하우겐Frances Haugen

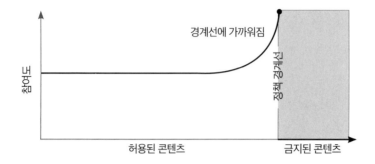

이 2021년 2월 『월스트리트저널』에 내부 문서('페이스북 파일') 수천 개를 폭로하면서 더 확실해졌다. 페이스북 제품 관리자였던 하우겐은 페이스북이 공익보다 기업의 수익을 극대화하는 쪽으로 선택해왔다고 주장했다. 물론 저커버그는 이런 혐의에 반박했다. 그는 페이스북이 이윤에만 관심을 가졌다면 어째서 이런 문제를 해결하기 위해 그 많은 사람을 고용했겠느냐고 되물었다.

한 가지 가능한 대답은 언론의 압박이 심해지자 페이스북으로서는 반응을 보이지 않을 수 없었다는 것이다. 그래서 나를 비롯한 과학자들은 독립적인 연구를 실시해 사건의 진상을 정확히 파악하려 했다. 누가 진실을 말하는 것일까? 소셜미디어 알고리즘은 정말로 잘못된 정보와 양극화, 극단주의로 가는 관문을 열어줄까? 대다수 공공 연구는 사람들의 개인적 피드나 시청 기록에 접근할 수 없으므로 문제의 표면만 건드릴 뿐이다. 하지만 지금까지 나온 결과만

6장 온라인 세계에서 비틀리고 줄어들고 불어나는 정보들

으로도 문제가 심각하다.


## 토끼굴 속으로

먼저 유튜브의 '토끼굴' 문제부터 알아보자. 미국 성인의 약 62퍼센트가 유튜브에서 가짜 콘텐츠를 접한다고 답하지만 유튜브의 토끼굴에 빠진 탓인지는 확인할 수 없다. 토끼굴이란 필터 버블 중에서도 알고리즘 추천으로 점점 더 극단적인 콘텐츠로 빠져드는 형태를 일컫는다. 한 연구에서는 유튜브의 '다음 영상' 알고리즘(자동 재생이 활성화된 경우 이어서 시청할 영상을 사이드바에 띄우는 기능)을 통해 15개월 동안 유튜브 추천 영상 800만 개를 조사했다. 연구팀은 알고리즘을 학습시켜 영상에서 음모론적 콘텐츠를 포착하고 분류하게 했다. 예를 들어 알고리즘이 '숨은 권력 집단deep state' '사기hoax' '일루미나티illuminati' 같은 단어를 음모론적 콘텐츠로 분류하는 것이다. 연구자들은 인기 정보 채널 1,000여 개에서 상위 20개 추천 목록을 수집했다.

연구팀은 필터 버블의 확실한 증거를 발견했다. 수상한 콘텐츠의 유튜브 추천 수와 원본 동영상이 음모론적 콘텐츠일 가능성에는 매우 밀접한 관계가 있었다. 예를 들어 2018년 10월부터 2019년 1월까지 음모론 영상을 시청했다면 다른 음모론 영상을 추천받을 확률이 약 70퍼센트였다. 다만 이 수치는 2020년에 가까워질수록 감소했는데, 유튜브에서 대응책을 마련해 문제 소지가 있는 영상을 삭제하고 알고리즘을 조정하기 시작한 시기와 일치한다. 흥미롭게도 유튜브에는 코로나19 음모론 영상이 수없이 떠돌았는데 유튜브의 대응책이 나온 뒤로는 코로나19에 대한 잘못된 정보가 담긴 영상이 추천되지 않는다. 이로써 유튜브가 잘못된 정보의 확산을 막는 노력을 최우선 과제로 삼는다면 어느 정도는 방지할 수 있다는 사실이 드러났다. 미국 하원의원 37명은 이런 연구 결과를 담은 서한에 서명해 유튜브 CEO에게 전달했다.

최근 다른 연구에서도 비슷한 결과가 나왔다. 한 예로 정치 전문가의 콘텐츠 중 50퍼센트 가까이가 음모론적 성격을 띤다는 특징이 드러났다. 이 결과가 중요한 이유는 케일럽 같은 사람들이 토끼굴에 더 깊이 빠져들게 만드는 콘텐츠가 주로 정치 '구루'를 자처하는 사람들의 극단주의 유튜브 콘텐츠와 정확히 일치한다는 의혹을 입증해주기 때문이다.

유튜브에서 알고리즘은 사용자의 디지털 발자국을 기반으로 (시청 시간을 극대화하는 측면에서) 가장 관련성 높은 결과를 제공하는 것을 목표로 한다. 2018년 퓨리서치센터 감사에 따르면 유튜브가 점점 더 긴 영상을 추천하는 것으로 나타났다. 이전 연구들은 쿠키가 저장되지 않은 IP 주소로 유튜브에 접속해 연구했다는 점에서 결정적인 한계를 지닌다. 개인 '맞춤 추천' 영상이 아니라 일반적인 추천 알고리즘을 기반으로 결과를 얻었다는 뜻이다. 음모론적 콘텐츠를 자주 소비하는 사람이라면 유사한 추천 영상이 뜰 가능성이 훨씬 높으므로 이는 중요한 문제이다. 따라서 이런 결과에 따르면 현실을 과소평가할 수 있다.

미국 뉴햄프셔주 다트머스 대학교와 매사추세츠주 노스이스턴 대학교 연구팀은 최근 이 문제를 새롭게 해결할 방법을 찾으려고 시도했다. 연구팀은 사람들의 온라인 행동을 추적해 유튜브가 각 사용자에게 제공하는 추천 콘텐츠와 개인이 실제로 시청하기로 선택한 영상을 대조했다. 미국인 4,000명으로 구성된 표본을 확보했는데, 여기에는 유튜브를 '자주' 시청하는 사람들(젊은 층과 남성일 가능성이 크다)과 사전 조사에서 인종과 성별에 대해 부정적인 견해를 밝힌 사람들이 포함됐다. 이 중 약 900명이 연구에 참여하기로 했다. 연구팀은 참가자들에게 브라우저 기록을 비롯해 방문한 웹사이트 데이터를 기록하는 특수 브라우저 플러그인 확장 프로그램을 설치하도록 요청했다. 그런 다음 유명 '대안' 유튜브 채널(더 극단적인 콘텐츠로 넘어가기 위한 관문) 약 200개와 다양한 노골적 '극단주의'나 백인 우월주의 채널의 방문 기록을 조사했다. 연구팀은 전체적으로 유튜브 방문 기록을 약 80만 회 추출했고, 유튜브 알고리즘은 각 사용자에게 400만 회 이상 추천했다.

조사 결과 흥미롭게도 일반적으로 사람들이 알고리즘 추천을 따르는 비율은 약 20퍼센트였다. 평균 노출 횟수를 보면 10명 중 1명

(9퍼센트)은 극단주의 채널 영상을 1개 이상 시청하고, 10명 중 2명 (22퍼센트)은 대안 채널의 영상을 1개 이상 시청했다. 유튜브 월간 사용자 수가 세계적으로 20억 명이 넘는다는 점에서 이 결과는 유튜브 알고리즘 구조의 위험성을 드러낸다. 누구나 극단주의 콘텐츠를 업로드해 주류 매체와 경쟁할 수 있다는 말이다. 게다가 사람들은 이런 콘텐츠를 시청할 때 대안 채널인 경우 추천의 40퍼센트 가까이, 극단주의 채널인 경우 추천의 약 30퍼센트가 같은 카테고리의 다른 영상으로 이동했다. 이는 유튜브가 알고리즘에 30가지 이상의 변화를 주어 유해 콘텐츠 추천을 줄였다고 주장한 이후 밝혀진 사실이다.

이것이 필터 버블이 작동하는 방식이다.

물론 유튜브가 정말 극단주의에 최적화된 매체라면 극단주의 콘텐츠를 클릭할 때마다 추천의 100퍼센트가 유사한 채널로 이동해야 한다고 지적할 수도 있다. 실제로는 그렇지 않다. 이 연구에서는 사람들이 주류 콘텐츠를 시청하는 경우 극단주의 콘텐츠가 추천될 가능성이 매우 낮다는 사실도 밝혀졌다. 또 소수의 사용자(11퍼센트)가 대안 영상 시청의 약 80퍼센트를 차지하는 것으로 나타났다.

그렇다면 이처럼 동기가 충만한 유튜브 사용자 11퍼센트는 누구일까? 이들 중 90퍼센트 이상이 심각한 인종적 분노를 품고 있다고 확인된 사람이었다. 내가 케일럽 대신 말할 수는 없지만 그와 대화한 내용으로 미루어 보면 그가 당시 이런 유형의 콘텐츠에 대한 '사전 감수성’ 면에서 높은 점수를 받았으리라 짐작할 수 있다.

요컨대 이 연구에서 알 수 있는 사실은 소셜미디어가 문제의 근원은 아닐지 몰라도 소셜미디어 알고리즘의 필터링 기능에 의해 기존의 편견이 더 악화되는 반향실이 만들어질 수 있고, 특히 애초에 대안적이거나 극단주의적인 콘텐츠에 더 개방적인 사람들에게는 편견을 심화시킬 수 있다는 점이다.

이 분야 연구자들이 직면하는 한 가지 문제는 움직이는 표적을 겨냥해야 한다는 점이다. 유튜브는 정기적으로 알고리즘을 조정하고, 영상을 올리는 사람들은 그에 따라 콘텐츠를 조정해 올린다. 이에 따라 필터 버블 연구도 매우 역동적으로 빠르게 발맞춰야 한다. 2020년 진행한 한 체계적인 연구에서는 학술 연구 23편의 결론을 분석했다. 최소 14편(61퍼센트)에서 유튜브 추천 시스템이 문제 소지가 있는 콘텐츠의 관문이 된다는 사실이 명확히 드러났다. 적어도 이 연구 결과로 본다면 유튜브의 추천 시스템이 그런 식으로 작동하지 않는다는 유튜브의 주장은 심각하게 의구심을 불러일으킨다. 더 이상 음모론을 노골적으로 추천하지는 않지만 사람들이 문제가 될 만한 콘텐츠를 한 번 보면 유튜브 알고리즘은 유사한 영상 추천을 왜곡해 사람들 참여를 최대로 끌어낸다. 이것은 필터 버블이다.

하지만 필터 버블은 어느 정도는 우리가 스스로 만든 것 아닐까? 어쨌든 우리도 선택한다.

## 내가 아니라 당신이 문제다

페이스북은 유튜브처럼 페이스북 플랫폼에서 '자극적인 콘텐츠'가 사람들을 더 많이 참여시킨다는 사실을 인정하면서도 이런 현상이 반향실과 필터 버블을 형성하는 데 얼마나 기여하는지에 대해서는 회의적이다. 실제로 2년 전 페이스북은 저명한 학술지『사이언스』 Science에 자체 연구를 발표하면서 입장을 밝혔다. 페이스북의 데이터 과학자 이탄 박시Eytan Bakshy와 동료들은 6개월 동안 미국의 페이스북 사용자 중 직접 정치적 이념을 밝히면서 고유 URL(웹 링크)을 약 700만 개 공유한 적극 사용자 1000만 명을 조사했다. 연구팀은 우선 특정 기사를 공유한 모든 사람의 이념 성향을 평균 내 그 기사가 특정 이념에 부합하는지 판단했다. 예를 들어 폭스뉴스 기사는 보수주의자들이 공유할 가능성이 크기 때문에 진보주의가 아닌 보수주의와 높은 일치 점수를 받았지만 CNN 기사는 그 반대 결과가 나왔다.

페이스북은 사회관계망이므로 우리의 친구가 누구인지, 친구들이 어떤 정보를 가지고 있는지에 따라 우리에게 노출되는 이념적 콘텐츠 양이 결정된다. 문제는 개인의 소셜미디어 구성이 페이스북 알고리즘에 의해 순위가 매겨지는 뉴스피드와 어떻게 상호 작용하느냐는 것이다. 페이스북에 뉴스 기사가 게시되면 알고리즘이 사용자를 위해 알곡과 쭉정이를 나눠준다. 말하자면 페이스북 알고리즘이 사용자가 관심을 가질 만하다고 판단해 콘텐츠에 순위를 매긴다. 알고리즘은 사용자가 페이스북에서 보내는 시간, 특정 친구와 소통하는 정도, 뉴스피드에서 주로 클릭하는 링크 종류 등 여러 가지 요소를 고려한다. 그런 다음 사용자에게 맞춰진 순위에 따라 개인 뉴스피드를 제공한다.

페이스북 알고리즘이 우리가 반대 이념이나 교차 이념 콘텐츠에 노출되는 잠재력(반향실 효과를 상쇄시키는 능력)을 얼마나 방해하는지 알아보려면 3단계를 떠올리면 된다. 순수한 **잠재력**에서 시작해 실제로 **노출**되고 마지막으로 어떤 기사를 클릭할지 **선택**하기까지의 과정이다. 나는 이 과정을 아래 그림으로 그려보았다. 그림에서 회색 버블은 이념적으로 다양한 미디어 콘텐츠의 비율이 점차 감소하는 현상을 보여준다.

**필터 버블 과정**

**잠재력**
우리의 소셜미디어를 기반으로 한다. 이념을 넘나드는 콘텐츠를 공유할 수 있는 관계가 얼마나 되는가?

**노출**
알고리즘 필터링은 우리가 모든 가능성에 노출되지 않도록 하는 데 어떤 영향을 미치는가? 실제로 뉴스피드에 이 내용이 표시된다.

**선택**
실제로 어떤 콘텐츠를 선택하고 클릭하는가?

잠재력은 사회관계망 '반대편'에 있는 친구 수로 결정된다. 이탄 박시와 동료들은 표본의 개인들에 대해 이 수치를 계산하기 전에 먼저 기저선을 추정했다. 사람들이 무작위로 다른 사람들에게서 정보를 얻는다고 낙관적으로 가정하면(따라서 특정 사회관계망에 의해 정보 흐름이 결정되지 않는다고 가정한다면) 어떻게 될지 알아보기로 했다. 이 조건에서 페이스북은 개인이 보수적인 성향인지 진보적인 성향인지에 따라 노출되는 주요 뉴스의 약 40~45퍼센트가 '이념을 넘나드는' 콘텐츠일 것으로 추정했다. 그러나 우리는 소셜미디어에서 무작위로 다른 사람들에게서 정보를 얻지 않는다. 박시와 동료들은 자칭 진보주의자와 보수주의자가 공유하는 실제 링크를 조사한 결과, 진보주의자가 반대편의 친구와 더 적게 연결된다는 특징을 발견했다. 평균적으로 진보주의자의 소셜미디어는 다양성이 더 적다. 진보주의자에게 제공되는 뉴스 기사 중 24퍼센트만 보수적 성향을 띠는 반면 보수주의자에게 제공되는 뉴스 기사는 35퍼센트가 진보적 성향을 띤다.

다음 단계에서 연구팀은 페이스북 알고리즘이 사용자의 잠재력을 얼마나 침해하는지 알아보기로 했다. 페이스북은 뉴스피드 순위를 정하는 마법의 알고리즘으로 인해 사용자의 뉴스피드에 '이념을 넘나드는' 콘텐츠가 표시될 가능성이 줄어든다는 사실을 인정한다. 그러면 정확히 얼마나 감소할까? 연구팀은 이념적으로 동질적인 콘텐츠에 비해 다양한 콘텐츠를 접할 가능성이 보수주의자는 약 5퍼

6장 온라인 세계에서 비틀리고 줄어들고 불어나는 정보들

센트 감소하고, 진보주의자는 약 8퍼센트 감소한다고 계산했다. 연구팀은 이 수치가 전반적으로 적은 수준이라고 말한다. 하지만 마지막 단계에서 사람들이 (추천받은 콘텐츠뿐 아니라) 실제로 클릭하는 콘텐츠도 확인해야 한다. 여기서 페이스북은 개인의 선택 능력에 대해 흥미로운 주장을 펼친다. 페이스북은 이념적으로 동질적인 콘텐츠에 비해 이념적으로 다양한 콘텐츠를 실제로 클릭할 확률이 보수 성향의 경우 약 17퍼센트 감소하고, 진보 성향의 경우 약 6퍼센트 감소한다고 추정한다. 따라서 보수주의자의 사회관계망이 약간 더 다양하다는 측면에서 이념을 넘나드는 콘텐츠를 접할 기회는 더 많을 수 있지만 실제로 보수주의자가 반대쪽의 관점을 따르고 참여할 가능성은 더 적다고 볼 수 있다. 더 중요한 사실은 뉴스피드 알고리즘 순위보다 개인의 선택이 노출되는 콘텐츠에 더 큰 영향을 미칠 수 있다는 점이다.

한마디로 페이스북이 아니라 우리가 문제라는 것이다. 참 편리하다!

하지만 속단하기엔 이르다. 첫째, 진보주의자들에게는 실제로 개인의 선택(6퍼센트)보다 알고리즘 필터링의 영향(8퍼센트)이 더 크다. 둘째, 이 연구에는 심각한 한계가 많다. 예를 들어 이 연구는 전체 페이스북 사용자 가운데 극히 일부(9퍼센트)로, 자신의 이념을 밝힌 개인만 표본으로 삼았기에 연구 결과를 더 많은 페이스북 사용자에게 적용하지 못할 수도 있다. 또 개인의 선택과 알고리즘 추천의 역동적 상호 작용을 고려할 때, 개인의 선택이 알고리즘에 의한 노출과 무관하다는 가정은 근거가 약하다. 사실 '선택의 자유'도 알고리즘이 선정한 콘텐츠에 의해 편향될 수 있다. 예를 들어보자. 내가 당신에게 한 조건에서는 보수 성향의 뉴스 기사 5편과 진보 성향의 뉴스 기사 5편을 보여주고, 다른 조건에서는 보수 성향의 뉴스 기사 8편과 진보 성향의 뉴스 기사 2편을 보여준다면 어떨까? 두 조건에서 모두 같은 선택을 내릴까? 당신은 어떤 선택지가 주어지든 항상 보수적인 기사나 진보적인 기사를 선택할 수 있다. 아니면 콘텐츠에 따라 달라질 수도 있다. 그래도 개인의 선택은 부분적으로 페이스북에 로그인할 때 주어지는 선택지에 어느 정도 영향받는 듯하다.

하지만 박시와 동료들은 인터넷의 미래에 대한 '멋진 신세계'의 관점(예. 캐스 선스타인이 경고한 '개인화된 민주주의')과 달리 페이스북에서 반대편의 생각에 노출될 가능성을 결정하는 요인은 뉴스피드의 알고리즘 필터링이 아니라 개인의 소셜미디어 구조에 있다고 지적한다.

당신의 페이스북 친구 중 이념적으로 반대편에 속하는 친구는 몇 명인가?[2]

---

**2**    이 연구에서는 평균 약 20퍼센트였다.

이 결과를 그대로 받아들이기 전에 페이스북이 내부에서 '양극화에 대해 우리가 아는 것'이라는 각본을 만들어 2021년 3월 '직장 내 불만 해소' 그룹에 게시한 점을 알아두자. 이 각본의 목적은 페이스북 직원 하나하나가 페이스북이 사회 분열의 책임이 있다는 주장에 맞서는 데 도움을 주는 것이었다. 이 각본에서는 무엇보다 다양한 사회과학 연구를 인용해 소셜미디어 기업이 문제의 근원이 아니라고 강조한다. 나도 이 각본을 안다. 우리 연구팀이 2020년 7월 『워싱턴포스트』 사설 면에 페이스북 플랫폼에서 사회 분열을 조장하는 콘텐츠가 사용자들의 참여를 더 많이 유도한다는 연구 결과를 발표하자 페이스북은 방어에 나서며 이 각본과 같은 맥락의 주장이 담긴 보도자료를 배포했다. 요약하자면 페이스북이 세상에 나오기 전에도 양극화와 극단주의가 존재했다고 입증하는 연구도 많고 (나도 동의한다), 페이스북은 서비스를 안전하게 제공하기 위해 3만 5,000명을 고용했으며(바람직한 시도이다), 마지막으로 우리의 주장과는 달리 "극단주의는 사실 비즈니스에도 좋지 않다"라는 내용이었다. 따라서 우리가 '단순히 틀렸다'는 말이다. 여기서 페이스북이 쓰는 언어가 내부 고발자인 프랜시스 하우겐의 주장에 반박할 때의 언어와 상당히 비슷하다는 점에 주목하자. 하우겐도 '단순히 틀렸다'는 말을 들었다. 극단주의가 기업의 비즈니스에도 좋지 않다는 페이스북의 주장에 관해서는 나중에 다시 다루겠지만 첫 번째 주장은 여기서 자세히 살펴볼 가치가 있다.

페이스북의 자체 연구는 많은 논쟁을 불러일으켰다. 페이스북 내부 연구자들이 실시했다는 점 때문만 아니라, 반향실의 부정적인 영향에 대한 언론인과 과학자 들의 일반적인 가정을 뒤집는 결과라는 점에서 그렇다. 심지어 엘리 패리저조차 필터 버블의 영향이 생각보다 훨씬 적다는 결과에 놀랐다. 페이스북의 연구는 '반향실'과 '필터 버블'이 실제로 우려할 문제인지에 대한 회의론에 불을 지폈다. 페이스북이 연구 보고서에 인용한 사회과학 연구 자체가 잘못된 것은 아니다. 소셜미디어 기업의 책임이 어디까지인지에 대해서는 학계에서도 논쟁하고 있다. 또 페이스북 연구팀은 사람들이 다양한 뉴스 매체에 노출되는 데 알고리즘이 그렇게 큰 영향을 미친다고 보지 않지만 보수와 진보의 소셜미디어가 주로 같은 보수주의자나 진보주의자로 구성된다는 문제는 인식하고 있다. 이것이 반향실이다.

그렇다고 해서 이게 정말 페이스북의 잘못일까?

필터 버블과 반향실의 중요한 차이점은 반향실이 꼭 필터 버블의 결과는 아니라는 점이다. 소셜미디어가 반향실에 중요한 역할을 하기는 하지만 오프라인에도 반향실이 존재한다고 밝혀낸 연구 결과에 주목해야 한다.

6장 온라인 세계에서 비틀리고 줄어들고 불어나는 정보들

## 온라인에서 오프라인으로

연구에 따르면 사람들은 대개 각자의 성격과 정치 성향에 맞는 지역으로 이사할 가능성이 크다. 미국의 공식 유권자 1억 8000만 명의 거주 지역을 분석한 대규모 연구에 따르면, 주와 카운티 수준에서 정당 지지도가 극단적으로 갈라졌다. 실제로 한 지역 안에서도 공화당과 민주당 지지자들이 서로 떨어져 거주했다. 요컨대 사람들이 소셜미디어 없이 오프라인에서도 이미 반향실에 따라 분류된다는 페이스북 주장을 뒷받침하는 결과였다. 이와 같은 연구 결과는 온라인 반향실이 온라인 소셜미디어의 결과가 아니라 오프라인 반향실에 의해 형성됐을 가능성을 제기한다.

2018년 이탈리아의 명석한 연구자들이 이 가능성을 알아보기 위해 영국에서 한창 뜨거웠던 2016년 브렉시트 국민 투표 기간의 트위터 게시물과 해시태그를 조사하기로 했다. 2016년 4월 15일부터 6월 24일까지(선거운동 기간) '국민투표'나 'no2eu' 'iwantout' 'lovenotleave' 등의 키워드와 해시태그를 사용해 트윗을 500만 건 이상 수집했다. 그리고 지역 코드가 설정된 트윗, 사용자 프로파일에 표시된 위치, 사용자 트윗에 나타난 위치 정보를 기준으로 온라인의 트윗을 현실의 지리적 위치와 연결했다. 다음으로 사용자가 사용한 해시태그를 기준으로 '탈퇴'나 '잔류' 진영으로 분류했다. 온라인과 오프라인 반향실이 서로 무관하다면 개인의 물리적 위치는 온라인 활동과 관련이 없어야 했다. 이것이 기본 전제였다.

결과는 매우 흥미로웠다. 첫째, 위치와 상관없이 탈퇴 캠페인 사람들이 트윗한 메시지의 무려 69퍼센트가 같은 탈퇴 캠페인 참여자들을 향한 '버블 안' 메시지였다. 메시지의 9퍼센트만 잔류 캠페인을 향한 메시지였고, '버블 간' 소통은 미미했다. 잔류 캠페인에서도 같은 현상이 나타났고, 10퍼센트만 탈퇴 캠페인을 향한 메시지인 데 반해 같은 잔류 캠페인을 향한 메시지는 68퍼센트에 달했다. 다시 말해 온라인 반향실 효과의 강력한 증거가 나왔다.

그렇다면 지리적 거리는 어떨까? 연구팀은 이 질문에 답하기 위해 온라인 소통의 지리적 근접성을 조사했다. 대체로 '버블 안' 탈퇴 캠페인 메시지가 '버블 간' 메시지보다 평균 이동 거리가 짧았다. 또 메시지의 발신자와 수신자 사이의 평균 거리를 살펴보면, 전체 탈퇴 캠페인 소통의 약 4분의 1이 100킬로미터 이내에서 발생해 비교적 근거리에서 일어났다. 이런 온라인 소통을 영국 지도에 겹쳐놓고 보면 트위터에서 발생한 대다수 잔류 캠페인 소통이 영국 미들랜드와 같은 '브렉시트 중심지'에서 발생한 사실을 알 수 있다. 실제로 실험을 실시하지는 않았지만 이런 지리적 양상을 통해 오프라인 반향실이 온라인 반향실에 동기를 부여한다는 점을 알 수 있다고 연구자들은 주장한다.

오프라인 반향실이 존재하고 온라인 반향실과 겹치는 듯 보여 흥미롭기는 하지만 그렇다고 페이스북이 책임을 완전히 면하는 것은 아니다. 페이스북은 여전히 반향실을 유도하거나 악화시킬 수 있다. 게다가 필터 버블은 온라인에서만 발생한다. 그렇다면 어느 쪽이 맞을까? 다른 연구에 따르면 일반적으로 선거처럼 정치적 논쟁을 자극하는 콘텐츠에서는 온라인 반향실 효과가 나타날 수 있지만 다른 유형의 콘텐츠(예. NFL 슈퍼볼이나 성 패트릭의 날)에는 이런 효과가 나타나지 않을 수 있다. 이 논쟁을 공정하게 보면, 반향실과 필터 버블이 존재하기는 하지만 그 빈도와 심각성은 소셜미디어 플랫폼과 주어진 쟁점에 따라 다르다고 말할 수 있다. 특히 논쟁의 여지가 큰 사안에서 반향실 효과가 나타날 가능성이 더 크다.

한 예로, 몇 년 전 우리 연구팀은 트위터에서 가장 인기 있는 음모론자와 과학자 상위 10명의 일부 소셜미디어를 지도에 표시했다. 가장 영향력 있는 음모론자 5명(예. '인포워즈Infowars'라는 웹사이트 설립자 알렉스 존스Alex Jones)과 가장 영향력 있는 과학자 5명('과학 하는 남자 빌 나이')의 전체 소셜미디어와 이들의 팔로워를 모두 합치면 850만 명 이상이다. 다음 그래프에 표시된 정보는 전체 소셜미디어의 아주 작은 스냅샷에 불과하다. 오른쪽 위 버블은 음모론자의 팔로워, 왼쪽 아래 버블은 인기 과학자의 팔로워를 나타내며, 중간의 회색 지대는 양쪽이 겹치는 지점이다(일부 팔로워는 인기 과학자와 음모론자를 모두 팔로우한다). 큰 점은 상위 과학자이거나 음모론자이다. 아래쪽 버블이 위쪽 버블보다 훨씬 큰 이유는 절대적인 수치로만 보면 상위 과학자의 팔로워 수가 상위 음모론자보다 훨씬 많기 때문이다. 하지만 이 스냅샷만 봐도 양쪽 네트워크 모두 비교적 동질적인 '정보 버블'이나 '영토'를 형성한다는 점을 알 수 있다. 음모론과 과학적 설명은 주로 자체 버블 안에서 작동하고, 별다른 상호 작용 없이 각자의 청중하고만 소통한다. 이는 반향실의 증거라 볼 수 있다. 실제로 이런 이미지가 여러 소셜미디어에서 여러 번 시각화됐지만 특히 선거 기간 정당들 사이에서 사람들은 점차 이렇게 묻는다. "그래서 뭐?"

**트위터의 반향실 효과 스냅샷**
위쪽 버블은 음모론자들의 네트워크이고,
(더 큰) 아래쪽 버블은 대중 과학자들의 네트워크이다.
점은 각 네트워크 안에서 가장 영향력 있는 인물이다.
두 집단 모두 주로 각자의 '버블' 안에 머문다.

6장 온라인 세계에서 비틀리고 줄어들고 불어나는 정보들

## 소셜미디어, 알고리즘, 반향실 효과

이제 앞에서 설명한 내용이 잘못된 정보의 확산과 어떻게 연관되는지 궁금할 것이다. 소셜미디어에서 잘못된 정보가 확산하는 현상을 바이러스에 비유하자면, 반향실은 완벽한 숙주 노릇을 하면서 면역 반응을 떨어뜨리고 바이러스가 복제하기 좋은 환경을 만들어준다. 가장 우려되는 측면은 반향실에 갇히면 선택적 노출이나 선택적 주의, 선택적 정보 보유로 이어지고 결국 집단 양극화로 넘어갈 수 있다는 점이다. 연구에 따르면 가짜 뉴스는 사람들의 정치적 견해에 맞서기보다 견해를 더 강화하는 쪽으로 제시될 때 사람들에게 더 크게 신뢰를 얻는다. 게다가 집단 안 사람들이 자신의 의견과 이야기만 되풀이하는 상황에 갇히면 전체 집단의 입장이 더 극단적으로 나아가 구성원들은 다른 매체의 정보를 거부할 수 있다.

심리학의 주요 연구에서는 생각이 비슷한 사람들을 한 집단으로 모아 논쟁거리에 관해 토론하게 할 때 '집단 양극화 법칙'이라는 현상이 벌어진다고 밝혔다. 예를 들어 사형 제도에 찬성하는 사람들을 모아놓고 사형 제도에 관해 진지하게 토론하게 한다고 가정하자. 다음으로 사형 제도에 반대하는 사람들을 다른 방에 모아놓고 같은 토론을 하게 한다. 이때 핵심은 두 집단이 서로 섞이지 않고 각자의 반향실에만 머무른다는 점이다. 많은 연구에서 대체로 두 집단은 실험에 참여하기 전보다 해당 주제에 더 극단적인 태도를 보이는 것으로 나타났다. 말하자면 사람들은 생각이 비슷한 사람들과 진지하게 논의한 뒤 자신의 주장을 더 확신하게 되고, 두 집단의 거리는 더 멀어진다.

마찬가지로 앞서 살펴본 도판에 표시된 트위터 사용자들처럼 음모론적 서사에 주로 노출되면 다른 유형의 콘텐츠에 노출되거나 관심을 보이거나 공유할 가능성이 점차 줄어든다. 다른 집단에도 같은 현상이 나타나면 결국 두 집단은 점점 더 멀어지고 각자의 신념은 더 극단적으로 흐른다. 이런 과정이 개인 차원에서 어떻게 일어나는지 2장에서 살펴봤듯, 전체 집단의 의견을 종합할 때 집단 차원에서도 이런 현상이 나타날 수 있다는 점을 주지해야 한다.

물론 집단 안에서나 집단에 대해 고민한다고 해서 항상 양극화로 흐르는 것은 아니다. 이제 우리는 집단 양극화를 부추기는 조건이 존재한다는 것을 안다. 그리고 이 전제가 우리의 논의에서 중요한 이유는 이런 전제가 소셜미디어 환경에서 발생할 가능성이 더 크기 때문이다.

이 주제에 대해 가장 많이 아는 과학자 중 한 명은 내 동료인 월터 큐이다.

월터 콰트로치오치Walter Quattrociocchi는 수년간 반향실 효과를 연구한 이탈리아의 컴퓨터 과학자이다. 월터와 나는 영국 정부에 자문하는 연구연합에 소속됐으며, 월터의 전문 분야는 소셜미디어에서 잘못된 정보가 확산하는 방식이다. 월터와 연구팀은 플랫폼 의

존성 문제를 알아보기 위해 최근 플랫폼 간 비교로 반향실 효과를 연구하는 최대 규모의 연구를 수행했다.

이 연구를 이해하려면 먼저 반향실이 정확히 무엇인지부터 정의해야 한다. 첫 번째 요소는 '같은 깃털의 새들이 모이는' '동종 선호'처럼 비슷한 의견을 가진 사용자들이 의견이 다른 사람들보다 서로에게 더 긴밀히 연결되는 현상이다. 두 번째 요소는 정보 확산의 편향성으로, 비슷한 콘텐츠가 비슷하게 생각하는 사람들에게 전달될 가능성이 더 큰 현상이다. 두 요소가 함께 작용해 잘못된 정보의 확산을 부추기고 집단 양극화를 초래한다고 알려져 있다.[3]

이 연구에서 월터와 연구팀은 페이스북과 트위터, 레딧을 비롯한 여러 소셜미디어 플랫폼에서 총기 규제와 백신 접종부터 낙태권에 이르기까지 게시물을 1억 개 이상 조사했다. 레딧과 페이스북은 차이가 있었다. 레딧은 공통 관심사의 커뮤니티를 중심으로 이루어진 토론 포럼이지만 페이스북은 P2P 소셜 네트워크이다. 이에 따라 연구팀은 각기 다른 소셜미디어 플랫폼에서 발생하는 반향실 효과를 연구할 수 있었다.

결과적으로 모든 소셜미디어 플랫폼에서 사용자들은 특정 주제

---

3    반향실의 출현은 동적인 과정이므로 양극화가 반향실의 원인일 때도 있고, 반향실의 결과일 때도 있다.

에 대해 비슷한 성향의 사람들에게 둘러싸이고, 따라서 어떤 사안에 대해서도 자신의 견해에 부합하는 콘텐츠에 노출될 확률이 크다는 확실한 증거가 발견되었다. 흥미롭게도 이런 경향은 레딧보다 페이스북과 트위터에서 훨씬 강했다.

정보의 확산은 어떨까? 월터와 연구팀은 정보가 어떻게 확산하는지 이해하기 위해 유행병학에서 바이러스 확산을 파악하기 위해 만든 모형을 빌려왔다. 'SIR'(미감염자─감염자─회복자) 모형에서는 개인이 3가지 상태 중 하나가 될 수 있다. 온라인에 유포되는 잘못된 정보를 인지하지 못하는 상태('미감염자'), 잘못된 정보를 인지하고 적극적으로 퍼트리는 상태('감염자'), 정보 바이러스를 인지하지만 더는 퍼트리지 않는 상태('회복자')이다.

기본 원리는 감염자들에게 둘러싸이면 감염될 확률이 급격히 높아진다는 것이다. 이는 연구팀이 발견한 현상이기도 하다. 논쟁거리가 될 만한 사안에서 이미 편향된 사람들은 비슷하게 생각하는 사람들에게 정보를 전달받을 가능성이 훨씬 컸다. 다시 말해 정보 확산 과정은 비슷한 견해를 가진 사람들에게 편향된다. 여기서 주목할 점은 이 현상이 페이스북과 트위터에서는 흔히 나타나지만 레딧과 같은 플랫폼에서는 적게 나타난다는 점이다. 왜 이런 차이가 생길까? 연구자들이 지적하는 차이점 중 하나는, 페이스북이나 트위터와 달리 레딧 같은 플랫폼에서는 사용자가 뉴스피드의 알고리즘을 직접 수정할 수 있다는 점이다. 따라서 소셜미디어 플랫폼의 필

6장 온라인 세계에서 비틀리고 줄어들고 불어나는 정보들

터링 알고리즘이 반향실을 강화할 수 있다는 증거로 볼 수 있다.

SIR 모형에서 개인이 감염에서 '회복'할 가능성이 있다는 사실을 눈치챘을 것이다. 사실 필터 버블과 반향실은 사용자가 서로 생각이 비슷한 사람들에게 편향되어 정보를 공유한다는 점에서 잘못된 정보가 확산하는 데 중대한 영향을 미친다. 따라서 사회적 현실을 왜곡하는 일반적인 효과 외에도, 전반적으로 편향된 정보나 잘못된 정보에 노출될 가능성은 반향실에 속하는지에 따라 어느 정도 결정된다. 앞서 시각적으로 표현한 반향실 효과('음모론자'와 '대중 과학자' 사이)는 월터 큐의 초기 연구에서 영감을 얻었다.

월터는 페이스북에서 음모론과 과학적 서사가 어떻게 전파되는지 연구했다. 페이스북이 아직 사용자가 공개 API(애플리케이션 프로그래밍 인터페이스)에서 데이터를 검색하도록 허용하던 시절, 월터와 연구팀은 5년간 공개 페이스북 페이지에서 데이터를 다운로드할 수 있었다. 결국 다수의 페이스북 페이지에서 모두 5400만 명의 데이터를 수집했다. 대상 페이지는 유명한 음모론 페이지 330개('백신에 관한 진실' '일루미나티 마인드 컨트롤'), 과학 페이지 83개('과학으로 무장하라'), 음모론을 명시적으로 반박하는 페이지 66개('백신 거부감에 대한 반박')였다. 페이스북에서는 게시물에 '좋아요'를 누르거나(긍정적인 피드백 표시), 게시물을 공유하거나(게시물 가시성 향상), 댓글을 남길 수 있다(토론 참여).

반향실이 잘못된 정보의 확산에 미치는 영향을 이해하려면 음모론 콘텐츠를 주로 접하는 1000만 명 가운데 반박 게시물에 한 번이라도 댓글을 단 사용자는 1퍼센트에 불과하다는 점을 고려하자. 전체적으로 음모론 사용자는 반박 게시물에 '좋아요'를 6.5퍼센트 표시하고 댓글을 3.9퍼센트를 작성했지만 과학 사용자는 반박 게시물에 '좋아요'를 27퍼센트 표시하고 댓글을 44퍼센트를 작성했다.[4] 따라서 정정 보도는 주로 '과학' 반향실에서만 의미가 있었다. 텍스트 분석에 따르면 흥미롭게도 반박 페이지에 반응을 보인 음모론 사용자 소수의 경우 주로 부정적인 방식으로 반응했으며, 반박 게시물에 반응한 다음에는 다시 음모론 반향실로 돌아가 오히려 더 많이 활동한 것으로 드러났다. 반향실의 존재는 온라인의 소수 집단 거주지와 편향된 선택적 정보 노출의 양상을 의미하며, 이는 정정 콘텐츠를 이미 아는 사람들을 넘어 다른 사람들에게까지 확산하고 도달하는 데 방해된다.

극적인 결과를 하나 더 보자면 소셜미디어 플랫폼에서는 '과학 부정'이 폭발적으로 증가한다. 최근 페이스북이 '백신 반대' 환경을 시스템 차원에서 분석하면서 페이스북 사용자 1억 명의 조회 수를 지도로 표시했다. 특히 사람들이 '백신에 대한 분노'(회원 수 약 4만 명)와 같은 페이스북 페이지와 어떻게 소통하는지 알아보았다. 우

---

**4**  나머지는 '기타' 사용자로 분류된다.

198                              6장 온라인 세계에서 비틀리고 줄어들고 불어나는 정보들

선 이 페이지들을 '백신 접종 반대'와 '백신 접종 찬성'과 '미정'으로 분류했다. 연구 결과에 따르면 백신 접종 반대 집단은 현재 규모가 작아 여전히 소수이지만 백신 접종 페이지가 페이스북 주변부에 머물러 있는 데 비해 훨씬 더 중심부에 자리한 것으로 나타났다. 흔히 '마음을 정하지 않은 개인'의 마음을 얻기 위해 정보 전쟁이 계속 벌어질 거라고 예상하지만 사실 주변부 집단이 가장 빠르게 성장하고 왕성하게 활동하며, 이들 중 약 5000만 명은 백신 반대 세력과 어떤 형태로든 얽혀 있는 것으로 나타났다.

백신 접종 반대 페이지의 콘텐츠를 질적 분석해보면, 백신 접종 반대 콘텐츠가 페이스북에서 더 중심부에 자리하는 이유는 백신의 안전성에 대한 우려와 대체 의학부터 코로나19에 대한 음모론까지 예민한 사람들의 관심을 끌 수 있는 서사를 다채롭게 활용할 수 있기 때문으로 나타났다. 반면 백신 접종 찬성 페이지는 주로 과학적 사실에 중점을 두고 훨씬 더 획일적이었다. 나아가 우려할 만한 사실은 백신 접종 찬성 집단은 100퍼센트 이상 성장한 적 없는 반면(대부분 50퍼센트 미만 성장했다), 백신 접종 반대 집단 중 일부는 300퍼센트 이상 성장했다는 점이다. 그들의 모형과 다양한 시뮬레이션을 근거로 별다른 개입이 없다면 향후 10년 안에 백신 접종 반대 담론이 페이스북을 점령할 것으로 연구팀은 예견한다.

## 그 방은 편안하지 않다

사람들에게 반대되거나 다양한 관점을 접하게 해주면 반향실 문제가 쉽게 해결되리라고 생각할 수 있다. 어쨌든 케일럽에게는 효과가 있지 않았나? 안타깝게도 답은 그리 간단하지 않다. 노스캐롤라이나주 듀크 대학교 교수이자 『소셜 미디어 프리즘』*Breaking the Social Media Prism* 저자인 크리스 베일Chris Bail은 동료들과 함께 미국의 트위터 적극 사용자 약 1,600명을 대상으로 11달러를 받고 한 달 동안 트위터 봇을 팔로우할지 알아보는 실험을 진행했다. 참가자들에게는 봇이 어떤 내용을 게시할지 알리지 않고 한 달 동안 하루에 여러 번 트윗할 거라고만 일러두었다. 실험의 시작과 종료 시점에 설문조사를 실시해 참가자들에게 트위터 아이디와 정치 성향, 갖가지 사회 정책에 대한 입장을 물었다. 그리고 민주당 지지자와 공화당 지지자를 실험 집단과 통제 집단으로 무작위 배정했다. 실험 집단의 민주당 지지자는 한 달간 유명한 공화당 지지 트위터 계정(선출직 공직자와 뉴스 매체 포함)의 리트윗에 노출됐고, 역시 실험 집단의 공화당 지지자는 반대로 노출됐다. 그리고 '이념적 일관성' 설문조사("정부는 거의 언제나 낭비가 심하고 비효율적이다"와 같은 다양한 사회 정책 관련 쟁점에 관한 입장을 묻는 설문조사)로 정치적 태도의 변화를 평가했다.

이 실험에서 연구팀은 무엇을 발견했을까? '반대편' 콘텐츠의 가시성을 높여 '선택적 노출'을 방해하는 방법이 항상 좋은 방법은 아니라는 결과가 나왔다! 실험이 끝날 무렵 공화당 지지자의 태도는 진보적으로 넘어가기는커녕 더 보수화됐고, 민주당 지지자는 그 정도는 덜하지만 더 진보적으로 변했다. 결과적으로 양극화가 줄어들지 않고 오히려 더 커졌다. 연구자들은 이처럼 놀랍고도 다소 우려스러운 결과를 여러 가지로 설명할 수 있다고 밝혔다. 예를 들어 무작위 할당된 봇 계정의 리트윗 중 일부는 정치 엘리트들의 트윗이라 트위터 사용자들 사이에 퍼져 있는 '반反엘리트' 정서를 건드렸을 수 있다. 또 하나 가능한 설명은 우리 연구팀에서 나왔다. 연구 결과 반향실 문제는 소셜미디어에서 일어나는 더 중대한 쟁점에 비하면 부차적인 문제일 수 있다고 연구팀은 제안했다.

나는 박사과정 학생 스티브 라제Steve Rathje와 뉴욕 대학교의 동료 연구자 제이 반 벨(Jay Van Bavel, 『우리의 힘』*The Power of Us* 공저자)과 함께 트위터와 페이스북 양쪽에서 소셜미디어 데이터를 270만 개 이상 수집하기로 했다. 특히 『뉴욕타임스』나 폭스뉴스를 비롯해 정치 스펙트럼에서 다양한 위치에 있는 주요 뉴스 매체 계정과 미국 국회의원들의 게시물을 조사했다. 우리는 '모든 측면의 매체 편향성 도표'(뉴스 매체의 정치적 편향성을 보고하는 독립적인 자료)를 기준으로 매체의 계정을 진보나 보수로 분류했다. 또 미국의 현직 상하원 의원들의 소셜미디어 게시물도 검색했다.

다음으로 어떤 게시물이 진보적인 주제를 말하는지 보수적인 주제를 말하는지 확인하기 위해 '진보' '좌파' '우익' '보수'처럼 특정 이념과 자주 연결되는 단어를 분류하는 유명한 사전 몇 가지를 사용했다. 또 정서적 어조로 단어를 자동 분류하는 사전도 함께 사용해 상대방(외집단)에 대한 '담론'이 대체로 긍정적인지 부정적인지 알아보았다. 예를 들어 진보 성향의 데이터세트에서 가장 인기 있는 게시물 가운데 이런 내용이 있었다. "**도널드 트럼프**는 취임 뒤 3,000번 이상 거짓말했지만 **공화당 지지자**들은 **트럼프**가 거짓말쟁이라고 말하기를 거부한다. 어떻게 된 걸까?" 이 게시물은 약 3만 회 공유됐다. 보수적인 데이터세트의 인기 있는 내용으로는 "모든 미국인은 **조 바이든**이 최근 잠깐씩 머리가 굳은 장면을 봐야 한다"(약 1만 5,000회 공유)가 있다.

감정적 콘텐츠가 '도덕적 분노'를 끌어내든, 반대로 사람들이 온라인에서 불쾌한 자료에 분노를 잘 표출하는 편이든(현실 세계에서 직접 대면하는 것보다 온라인에서 분통을 터뜨리는 것이 훨씬 쉬운 선택이다) 우리는 이전에 살펴본 연구를 통해 이런 콘텐츠가 바이러스처럼 퍼져나갈 가능성이 크다는 사실을 안다.

스티브는 더 나아가 '상대편'에 대한 경멸적인 표현도 바이러스처럼 퍼져나갈 가능성이 큰지 알아보려 했다. 다시 말해 이런 표현이 입소문을 탈 가능성이 큰지 알아보고자 했다. 연구 결과는 충격적이었다. 평균적으로 정치 외집단(진보주의자에게는 보수주의자, 보수주의자에게는 진보주의자)에 대한 게시물은 내집단에 대한 게시물보

6장 온라인 세계에서 비틀리고 줄어들고 불어나는 정보들

다 2배가량 더 공유되거나 리트윗됐다. 외집단 언어는 소셜미디어 참여도(공유나 리트윗)를 가장 강력하게 예측하는 요인이었으며, 감정적 언어보다 훨씬 더 높은 수준이었다. 또 외집단 대화는 페이스북에서 😡('화나요')와 😆('하하') 반응을 매우 강력하게 예측했다. 모든 플랫폼과 데이터세트에서 수량화된 추정치를 살펴보면 정치적 외집단을 언급하는 단어 하나에 소셜미디어 게시물이 공유될 확률이 약 67퍼센트 증가했으며, 이는 부정적이고 감정적인 언어만 사용한 경우(14퍼센트)의 5배에 달하는 비율이다. 중요한 점은 이런 결과가 진보와 보수, 트위터와 페이스북 모두에서 강력하게 나타났다는 점이다.

이 연구에 따르면 반향실은 그 자체로도 문제이지만 우리가 이념을 넘나드는 콘텐츠에 더 많이 노출되더라도 자신이 속한 정치 집단에 대한 부정적이고 경멸적인 게시물을 다뤄야 하는 경우가 많다는 점을 뜻한다. 이 점은 듀크 대학교 연구팀이 민주당과 공화당 지지자들을 단순히 반대 의견에 노출시키기만 해도 양극화가 감소하기는커녕 오히려 증가한다는 사실을 발견한 이유를 이해하는 데 도움이 될 것이다. 매일 자신이 지지하는 정당에 대해 부정적인 게시물의 공격을 받는다면 어떤 기분이 들겠는가?

## 왜곡된 인센티브

소셜미디어는 부정적인 참여를 보상해주는 방식으로 왜곡된 인센티브를 제공하는 듯하다. 실제로 2020년 『뉴욕타임스』에 따르면, 사용자들에게 '세상에 좋지 않다'고 평가받은 게시물이 참여를 더 많이 끌어내는 것으로 페이스북의 자체 조사 결과 나타났다. 가장 큰 두 소셜미디어 플랫폼인 페이스북과 트위터에서 부정적이고 분열을 조장하는 콘텐츠가 참여도를 극대화한다는 우리 연구팀의 연구 결과와도 일치한다. 사실 우리 연구에서는 상대방을 비판하거나 '떠미는' 콘텐츠가 공유되는 비율이 더 높았지만 양극화와의 인과관계는 밝혀지지 않았다. 하지만 최근 여러 무작위 실험에서 인과관계를 보여주는 증거가 나왔다. 연구 결과 사람들에게 한 달 동안 소셜미디어 사용을 중단하게 하자 실제로 양극화가 줄어들었다.

이와 같은 결과는 사람들이 소셜미디어 플랫폼에서 잘못된 정보를 공유하는 이유와 방식에도 함의를 갖는다. 예를 들어 거짓이거나 의심스러운 이야기라도 상대방에게 '찔러 넣을' 기회가 생기면 사람들의 관심을 끌고 참여를 유도해 정보 공유의 양극화를 보상하고 강화할 가능성이 크다. 필터 버블은 유사한 콘텐츠의 우선순위를 정하고, 순위를 매기고, 추천하는 식으로 양극화를 강화하고 증폭시킬 수 있다. 실제로 페이스북이 예비 시험에서 '세상에 좋지 않은' 것으로 평가된 콘텐츠 순위를 낮추는 방향으로 알고리즘을 조정하자 사용자 참여도가 감소했다. 이런 결과는 비즈니스에 문제가 됐다. 두 번째 시험에서 이런 콘텐츠의 순위를 낮추는 강도를 줄이자 페이스북 로그인 횟수가 그대로 유지되었고, 결국 이 방법이 채택됐다. 하지만 다른 방법들은 승인되지 않았다.

온라인 잡지 『기즈모도』*Gizmodo*에서는 재미있게도 다음과 같은 제목으로 우리 연구팀의 연구 결과를 논평했다.

**워낙 따분한 공부벌레인 연구자들이 '떠밀기'에 관해 뻔한 연구 결과를 내놓았는데…**

케임브리지 대학교에서 발표한 새로운 보고서는 우리가 예전부터 알던 사실을 확인해줬다. 소셜미디어에 반대 의견을 올리는 것은 사람들이 게시물을 클릭하도록 유도하는 훌륭한 방법이라는 사실 말이다.

이는 어떤 제목이 빠르게 퍼져나갈 가능성이 큰지 보여주는 좋은 예이다.

하지만 여러 훌륭한 연구에 따르면 사람들에게 브라우저 플러그인을 설치해 몇 주 동안 인터넷 활동을 기록하도록 요청해 알아보니 대다수가 양극화 콘텐츠를 적극적으로 찾아다니지 않았다. 실제로 많은 진보주의자와 보수주의자가 일상적으로 접하는 뉴스 내용은 상당 부분 겹치는 듯하다. 그렇다면 우리는 정말로 반향실에서 사는 것일까?

상황에 따라 다르다. 전문적으로 엄선하지 않은 일반적인 검색은 소셜미디어만큼 왜곡된 인센티브를 제공하지 않는다. 미국의 뉴스 독자 약 5만 명의 인터넷 활동을 조사한 주요 연구(페이지 조회 수 최대 20억 회 이상)에서는 소셜미디어에서 콘텐츠를 접할 때와 인터넷에서 직접 검색할 때 사용자 활동의 양극화 수준을 직접 비교했다. 이 연구에서는 뉴스 콘텐츠를 소셜미디어와 검색 엔진을 통해 접근할 때 양극화가 심해지는 현상과 관련 있다는 점을 확인했다.

소셜미디어에서 집단 정체성을 강조하는 인센티브가 주어지지 않는다면 사람들은 정치를 깊이 생각하지 않고 사실을 알아보고 편향되지 않은 뉴스를 찾아보려 할 수 있다. 다시 말해 소셜미디어는 사람들이 정확성을 추구하려는 의지를 꺾고 사회적, 정치적 동기를 강화하는 환경을 조성한다. 사람들이 뜨거운 쟁점을 중심으로 반향실에 모이는 데 완벽한 환경을 제공한다. 중요한 사실은 알고리즘의 필터 버블이 사람들에게 분열과 양극화 그리고 잘못된 정보의 선택적 공유를 조장하는 방식으로 사람들의 참여를 유도하는 콘텐츠를 추천하면서 이런 경향을 더 악화시킨다는 점이다. 그래서 팩트 체크와 정정 내용이 인구 전체로 확산되기 훨씬 어려워진다.

저커버그 말이 맞았다. 빠르게 움직이면 돌파할 수 있다.

물론 우리는 우리가 공유하는 콘텐츠에 책임이 있다는 점을 알아야 하며, 소셜미디어 기업은 우리에게 이 점을 상기시키기 위해 최선을 다해왔다. 하지만 소셜미디어 기업 역시 그들의 플랫폼에서 일어나는 상황을 책임져야 한다. 사람들에게 더 다양한 관점을 노출시키는 정도로는 충분하지 않다. 특히 그들이 홍보하는 콘텐츠가 부정적인 참여를 유도하는 경우에는 더욱 그렇다.

우리에게 진정으로 필요한 것은 천천히 움직이면서 문제를 해결하는 것이다. 소셜미디어의 인센티브 구조를 근본적으로 재고해야 한다. 사용자의 참여도를 극대화할 것이 아니라 정확성과 건설적인 토론을 극대화해야 하지 않을까? 이런 소셜미디어 환경은 어떤 모습일까? 현재 소셜미디어의 수익 구조는 참여가 필요한 광고와 밀접히 연관된다. 여기서 다음 주제로 이어진다.

우리는 아직 소셜미디어가 어떻게 사람들을 대규모로 속이는 무기가 되어가는지는 언급하지 않았다. 소셜미디어에서 우리는 알아채지도 허락하지도 않은 채 정치 광고의 표적이 된다. 심각한 문제이다. 반향실과 필터 버블은 빙산의 일각이다. 사실 나는 사용자의 디지털 발자국을 기반으로 사용자를 마이크로타깃하는 허위 정보 캠페인이 훨씬 더 우려된다.

이제 수년 전부터 뜨거운 논쟁거리인 핵심 질문으로 이어진다. 소셜미디어에서 잘못된 정보가 퍼져나가 민주적인 선거를 방해했을까? 내 표가 정치적 표적이 됐는지 어떻게 알 수 있을까? 수많은 기사에서 페이스북의 개인 정보가 어떻게 도용되어 악의적인 정치꾼들에게 판매됐는지 파헤쳤지만 마이크로타깃 모형에 대한 과학적 분석은 거의 이뤄지지 않았다.

다음 장에서는 '대중 설득의 새로운 무기'에 관해 더 자세히 알아보겠다. 모든 것은 2016년, 머지않아 세계적인 스캔들 한복판에 설 한 남자와의 기묘하고도 우연한 만남에서 시작됐다. 그의 이름은 알렉산드르 코건Aleksandr Kogan 박사이다.

## 가짜 뉴스 항원 6 | 반향실을 피하고 알고리즘에 먹이를 주지 말라

— 반향실이 생기는 데는 '오프라인'에도 원인이 있지만 연구에서 는 소셜미디어가 반향실 생성에 중요한 역할을 하는 것으로 나타났다.
— 사용자 행동과 추천 엔진에 기반을 둔 알고리즘의 필터링은 깔때기 역할을 하면서 사람들을 양극화와 극단주의로 유도할 수 있다.
— 반향실과 필터 버블은 팩트 체크와 잘못된 정보에 대한 반박을 받아들이고 널리 퍼뜨리는 과정을 심각하게 방해한다.
— 반향실 안에서는 비슷하게 생각하는 사람들끼리 편향된 방식으로 정보를 전파한다.
— 반향실은 단순히 반대편의 다양한 견해를 제시하는 방법으로 는 쉽게 뚫리지 않는다. 소셜미디어는 도덕적 분노와 같은 부정

적인 참여를 과도하게 장려하면서 사람들을 더 양극화시킬 수
있다.

— 따라서 소셜미디어의 인센티브 구조에 변화를 주어 양극화 콘
텐츠나 극단적인 콘텐츠나 거짓 콘텐츠가 더 이상 보상받거나
추천되지 않도록 만들어야 한다.

# 7장 당신은 이미 읽혔다

"심리전에서 약점은 사람들이 생각하는 방식의 결함이다.
사람의 마음을 해킹하려면
그의 **인지적 편향**을 파악해 그것을 공략해야 한다."
— 크리스토퍼 와일리Christopher Wylie,
케임브리지 애널리티카 내부 고발자

2016년 8월 어느 날 나는 알렉스 코건, 당시 알렉산드르 스펙터라는 이름으로 더 유명했던 사람에게서 열정으로 가득한 이메일을 받았다. 내가 조만간 케임브리지에 들어가 교수직을 맡는다는 소식을 들었다면서 그는 나와 아내에게 케임브리지 시내를 안내해주겠다고 제안했다. 그날이 그에게는 케임브리지에서의 마지막 날이었다. 그는 미국으로 돌아가려던 참이었다.

그 주 후반 우리 부부는 케임브리지 킹스칼리지 근처의 유서 깊은 장소에서 알렉스를 만났다. 중세 성처럼 생긴 킹스칼리지는 영국의 대표적인 고딕 건축물로 손꼽힌다. 나는 알렉스가 친근하며 활기차고 전염성 강한 열정을 지닌 사람이라는 점을 바로 알아챘다. 편안한 차림으로 나타난 그는 기질이 다소 엉뚱했고 과장된 몸

7장 당신은 이미 읽혔다

짓을 섞어 큰 소리로 말하면서 우리에게 시내를 구경시켜줬다. 당시 나는 새 동료라는 점 외에는 그가 누군지 몰랐고, 바쁜 일정에도 시간을 내서 환영해주니 참 멋진 사람이라고만 생각했다. 우리는 시내 구경을 마치고 각자 볼일이 있어 헤어졌다가 저녁에 동네 펍에서 다시 만나 저녁 식사 겸 술자리를 갖기로 했다. 나는 호기심을 느꼈다.

펍에서 맥주를 몇 잔 마신 뒤 나는 그에 대해 더 알고 싶어졌다. 그는 대학에서 임시 강사직을 마치고, 이제 '빅데이터'에 집중해 머신러닝 알고리즘으로 사람들이 소셜미디어에 남긴 디지털 흔적을 기반으로 성격을 예측할 수 있는지 연구한다고 했다. 나는 이 말에 매료됐다. 나는 그에게 한동안 기후변화에 대한 사람들의 신념을 연구해왔고, 통계 모형으로 국가의 여론 자료를 주나 카운티처럼 더 작은 구역으로 세분화할 방법을 찾는 중이라고 말했다.

내가 우리 연구팀의 기후 모형에 대해 말하자 그는 곧바로 자신의 새로운 진로에 자세히 소개했다. 그가 학계를 떠나는 이유는 보상이 적고 속도도 느려서라고 했다. 그리 놀라운 말은 아니었다. 그는 야심 찬 스타트업 사업가 유형으로 다음번 대박 사업을 찾는 사람으로 보였다. 빅데이터를 수집하고 자문 회사를 차릴 계획이었는데, 미국에서 이미 사업을 시작했다고 했다. 그는 내가 왜 번거롭게 사람들에게 설문지를 돌리는지 의아해하면서, 자기는 사람들이 페이스북 프로파일에 게시한 정보와 '좋아요'를 누른 페이지 정보를 토대로 기후에 관한 의견을 수집할 수 있다고 했다. 무한한 데이터 포인트였다. 하지만 공짜는 아니었다.

그의 제안은 내게 몇 차례 경고음을 울렸다. 내가 왜 페이스북 데이터를 사야 하지? 누가 그런 데이터를 사용하고, 그 사람은 그 많은 데이터를 어떻게, 어떤 목적으로 확보하는지 궁금했다. 나는 그의 제안에 감사를 표하고 거절했다. 아내와 나는 그날의 대화에서 묘한 감정을 느끼며 펍을 나섰다.

그날 만남 이후 알렉스 코건을 다시 만나지는 못했지만 얼마 지나 그의 소식을 들었다. 몇 달 뒤 그는 8700만 명의 페이스북 데이터를 영국의 정치 컨설팅 회사 케임브리지 애널리티카에 판매한 혐의로 전 세계 언론의 헤드라인을 장식했다. 그는 직접 개발한 '당신의 디지털 생활This Is Your Digital Life'라는 페이스북 앱을 통해 데이터를 수집했다. 케임브리지 애널리티카는 이 데이터를 이용해 온라인에서 정치 광고로 유권자를 마이크로타깃해 도널드 트럼프 선거 캠페인과 텍사스 상원의원 테드 크루스 선거 캠페인, 브렉시트 탈퇴 캠페인에 데이터 과학 서비스를 제공했다. 일각에서는 케임브리지 애널리티카가 선거에 영향을 미치며 민주주의의 기능을 약화했다고 주장했다. CBS의 〈60분〉60 Minutes부터 영국 의회 청문회까지, 케임브리지 애널리티카 스캔들로 코건과 다른 모든 사람의 삶이 뒤집혔다. 하지만 이 모형이 어떻게 작동하는지에 대한 평가와 유권자를 마이크로타깃하는 방식이 표심에 영향을 미칠 수 있는지에 대한

7장 당신은 이미 읽혔다

직접적인 증거는 아직 나오지 않았다. 최근까지도 말이다.


## 코건 파일

그래서 실제로 무슨 일이 벌어진 걸까? 2014년 코건은 기본적으로 '재미있는 성격 검사'인 페이스북 앱 '당신의 디지털 생활'을 개발했다. 이 앱의 테스트는 심리학에서 '성격 5 요인'이라는 모형, 곧 OCEAN(개방성Openness, 성실성Conscientiousness, 외향성Extraversion, 우호성 Agreeableness, 신경성Neuroticism에서 머리글자를 딴 이름) 모형을 기반으로 한다. OCEAN 모형은 1980년대 이후 심리학에서 가장 널리 사용되는 성격 모형이다. 이 모형에서는 여느 성격 검사처럼 사람들을 유형으로 분류하는 것이 아니라 성격이 스펙트럼에 분포한다고 전제한다. 말하자면 개인이 '외향적' 또는 '내향적'으로 나뉘는 것이 아니라 각 성격 특질의 스펙트럼 어딘가에 자리해 개방성이나 신경성과 같은 특질의 수준이 정해진다. 이 검사에서는 신경성 지표로 '쉽게 긴장하는 편'이라고 생각하는지 묻고, 개방성 지표로는 '아이디어를 가지고 노는 것을 좋아하는 사람'이라고 생각하는지 묻는다. 그런 다음 응답자의 답변을 기준으로 각 성격 특질에 대해 전체 점수를 계산한다. 외향성 점수가 높은 사람은 대개 말이 많고 활기차며 외향적이고, 성실성에서 점수가 높은 사람은 스스로 '체계적'

이고 '철저'하며 '근면'하다고 표현하는 경향이 있다.

수십 년에 걸친 연구에 따르면 이 성격 특질은 평생에 걸쳐 비교적 안정적으로 유지되고 유전되는 것으로 알려졌다(최대 50퍼센트까지 유전된다는 연구 결과도 있다). 그리고 직업 만족도나 정신 건강, 정치적 태도, 교육, 최근에는 잘못된 정보를 공유하는 성향처럼 인생에서 수많은 중요 결과와 상관관계를 보인다.

그렇다면 코건은 이 페이스북 성격 테스트를 왜 만들었을까? 단순히 설문조사로 사람들의 성격 데이터를 수집하는 데만 관심이 있었던 것은 아니다. 그는 사람들의 답변과 그들의 온라인 활동을 대조하고 싶었다. '당신의 디지털 생활' 앱에서는 테스트에 참여하기 전에 사용자에게 페이스북 프로파일과 페이지 '좋아요', 생일, 거주 도시, 심지어 뉴스피드, 게시물, 메시지를 비롯해 페이스북 페이지에 공개된 정보를 스크랩하는 데 동의하는지 물었다. 코건에게 공정하게 말하자면 사실 당시 앱 개발자들 사이에서는 흔한 관행으로, 페이스북 서비스 약관을 위반하지 않는 표준 기능이었다. 페이스북 '좋아요'는 공개 데이터로서 관심 있는 누구나 이용할 수 있었다. 코건은 많은 사람이 참여하고 모든 문항에 답하도록 유도하기 위해 약 27만 명에게 참가비를 지급했다.

이제부터 논란이 시작된다. 자신의 페이스북 친구들에게서도 같은 정보가 자동으로 수집될 수 있다는 점을 이들 중 상당수는 몰랐을 것이다. 이는 2015년 페이스북 개발자 정책이 업데이트되기 전

기술적으로 허용된 기능이었다. 비윤리적이기는 해도 데이터 수집 관점에서는 매우 영리한 수법이다. '시더seeder'라고 부르는 27만 명의 사람에게 데이터 공유에 동의하는 대가로 3달러 정도를 지불하고 그들 친구들의 프로파일까지 자동으로 스크랩하면 순식간에 큰 데이터세트를 수집할 수 있기 때문이다.

페이스북은 전 세계에서 최대 8700만 명(27만 명에 1명당 평균 친구 수 약 322명을 곱한 수치)에 대한 정보가 코건의 데이터세트에 포함됐다고 추정했다. 영국에서는 초기 참가자 2,000명이 약 100만 명의 데이터를 생산했다. 미국에서 돈을 받은 참가자 27만 명은 최대 7000만 명의 데이터를 제공했고, 코건은 그중 3000만 명의 데이터를 약 80만 파운드에 케임브리지 애널리티카에 넘겼다.

같은 시기 코건은 데이터를 보관하기 위해 글로벌사이언스리서치GSR라는 개인 회사를 설립했다. 이 모든 일을 개인 자격으로 진행했지만 앱에는 데이터가 '학술 목적'으로만 사용된다고 명시되어 있었다. 이후 상업적 이익을 위해 케임브리지 애널리티카에 데이터를 판매한 일은 당시 페이스북의 다음 서비스 약관을 명백히 위반하는 행위였다. "귀하는 사용자 데이터나 페이스북 사용자 ID를 포함해 당사로부터 수집한 데이터를 다른 광고 네트워크나 에드 익스체인지ed exchange, 데이터 브로커, 그 밖에 광고나 수익 창출 관련 툴세트toolset에 직간접적으로 전달할 수 없습니다."

인터넷에서는 코건에 대해 다소 음모론적인 설명을 접할 수 있다. 한 예로 코건이 '러시아 스파이'라는 의혹이 있었는데 그가 2014년 소셜미디어를 통해 러시아의 한 대학에 초대받아 강연했고, 몰도바(구소련)에서 태어났으며, 결혼 뒤 성을 '스펙터'로 바꿨다는 이유였다. ('스펙터'는 2015년 제임스 본드 영화에 등장하는 글로벌 범죄조직의 이름이기도 하다.) 코건은 케임브리지 애널리티카가 데이터를 어디에 사용할지 온전히 알지 못했을 수 있으나 적어도 선거, 특히 미국 공화당의 선거운동과 관련 있다는 점을 알고도 더 조사하지 않았다고 공개적으로 인정했다.

여기서 중요한 사실은 케임브리지 애널리티카 주요 투자자 가운데 미국의 극우 헤지펀드 억만장자 로버트 머서Robert Mercer와 2016년 도널드 트럼프 대선 선거운동 책임자이기도 한 브레이트바트 뉴스 전 회장 스티브 배넌Steve Bannon이 있었다는 점이다. 2017년 『가디언』Guardian 특집 기사에서 케임브리지 애널리티카 사건을 폭로한 탐사 전문 기자 캐럴 캐드월러드Carole Cadwalladr는 케임브리지 애널리티카의 캠페인과 머서, 배넌, 트럼프(그리고 영국 브렉시트당의 전 당수 나이젤 패라지Nigel Farage)의 극우 정치적 이해 간 사적 관련성을 구체적으로 폭로했다. 자세한 내용은 나중에 다시 설명하겠다.

우리의 주인공은 20대 후반의 캐나다의 괴짜 데이터 컨설턴트이며 케임브리지 애널리티카의 전 직원이자 내부 고발자인 크리스토퍼 와일리Christopher Wylie이다. 그는 '스티브 배넌의 심리전 마인드퍽(정신적 강간―옮긴이) 도구'라고 이름 붙인 도구를 개발했다. 와일리는 저서 『마인드퍽』$^{Mindf^*ck}$에서 페이스북 사용자 수백만 명의 데이터를 수집하고 그 데이터로 심리적 프로파일을 구축해 그 프로파일에 맞게 정치 광고를 내보낼 방법을 발견했다. 그는 군사적 '심리작전'을 현대적으로 응용한 기법이라고 설명한다. 그런데 그에게는 도움이 필요했다. 이때 코건이 등장했다.

코건에 따르면 이 프로젝트를 케임브리지 애널리티카의 모회사인 'SCL 일렉트론즈 Ltd.'의 기업 프로젝트로 전환할 방안을 논의하기 위해 와일리가 연락했다고 한다. '전략적 커뮤니케이션 연구소$^{Strategic \ Communications \ Laboratory}$'의 약자인 SCL은 1990년 설립된 군하청 업체로 미국과 영국 정부를 위해 대리 심리전을 펼쳤으며, 민간기업으로는 최초로 '영향력 공작$^{influence \ oeration}$'을 수행했다고 주장한다. 이미 2005년 『슬레이트』$^{Slate}$에는 SCL이 개발도상국에서 유권자를 표적 삼아 주로 허위 정보를 통해 여론을 조작해 선거에 영향을 미쳤다는 기사가 실렸다.

케임브리지 애널리티카가 출현한 이유는 와일리가 캐나다의 진보적인 민주당이 선거에서 패하는 이유를 알아보기 위해 '마이크로타깃'이라는 새로운 과학에 흥미를 느꼈기 때문이다. '케임브리지 애널리티카'라는 이름은 순전히 '케임브리지 대학교'와 연관된 것처럼 보이면 좀더 학술적이고 과학적인 사업으로 보일 거라고 스티브 배넌이 판단해 붙였다. 코건에 따르면 와일리는 페이스북 앱 이름을 바꾸고 서비스 약관도 상업적으로 수정해 모든 사업 절차

가 합법적이며 문제없다고 확신시켰다고 한다(반면 와일리는 그의 앱
이 페이스북 약관을 준수하는지 확인하는 책임은 궁극적으로 코건에게 있었
다고 주장한다). 이렇게 수집된 데이터는 코건이 이 프로젝트를 위해
설립한 새 회사인 GSR을 통해 케임브리지 애널리티카에 판매됐다
(영국 데이터 보호 당국은 이 일이 2014년 6월 4일 발생했다고 확인했다).

와일리는 배넌이 미국의 정치 흐름을 바꾸기 위해 문화 전쟁을
일으킨다는 개념에 관심 있다는 사실을 나중에 알게 되었다. 특히
2016년 미국 대선에서 케임브리지 애널리티카가 유권자들을 심리
적으로 겨냥해 미국 내 인종 갈등을 조장하고 유권자들의 주의를
돌리려 한다는 점을 알아챘다. 와일리는 이 사실을 알고 회사를 떠
났다. 그러다 캐드월러드가 와일리를 설득해 그간의 모든 작전을
폭로하게 했다.

계약서에 따르면 코건은 케임브리지 애널리티카에 미국 국민
3000만 명 이상의 페이스북 데이터를 넘겼다. 온전한 데이터세트
는 아니었다. 케임브리지 애널리티카가 특히 미국인의 성격 데이터
에 관심을 보인 이유는 다른 방법으로 수집한 유권자 데이터와 대
조하기 위해서였다. 케임브리지 애널리티카의 CEO 알렉산더 닉스
Alexander Nix는 트럼프 대선 캠프에서 일할 당시 코건의 데이터를 이
용해 유권자들에게 정치적 메시지를 보냈다는 의혹을 거듭 부인했
다. 그러나 2016년 닉스는 공개 강연에서 케임브리지 애널리티카가
"미국 성인 한 명 한 명의 성격을 예측할 수 있다"라고 자랑한 바 있

다. 또 개인의 성격에 맞춰 광고를 내보낼 수 있다고도 이야기했다. 예를 들어 '신경증 성향이 높은' 사람에게는 공포에 기반한 메시지가 적합하므로 무서운 강도의 이미지에 "수정헌법 제2조는 단순한 권리가 아닙니다. 그것은 보장 정책입니다"라는 문구를 넣은 광고를 내보내는 식이었다. 반대로 '우호성이 높은' 사람에게는 전통과 가족을 주제로 한 광고를 내보내야 했다. 예를 들어 아버지가 아들에게 총 쏘는 법을 가르치는 이미지에 "아버지로부터 아들에게: 우리 조국이 건설된 이래로"와 같은 문구를 넣는 것이다. 동성 결혼을 공격하는 광고에서는 단어가 적힌 사전의 이미지와 함께 "'결혼'이라는 단어 뜻을 찾아보고 오세요. 전통은 구식이 아닙니다"라는 문구를 넣을 수 있다. 사전은 '성실성' 높은 사람이 매력을 느낄 만한 질서와 구조의 원천을 표상하기 때문이다.

그래서 이 모든 시도가 실제로 효과를 거뒀는지가 관건이다. 케임브리지 애널리티카가 2016년 미국 대선에 영향을 미쳤을 거라는 추정과 관련된 한바탕 소동은 과장이었을까? 내부 고발자 와일리가 과학의 섬뜩한 버전을 대중화한 것은 분명하다. 언론에서는 정치인들이 '심리학적' 성격 데이터를 이용해 특정 유권자에게 메시지를 보내는 식으로 투표 행동에 영향을 미칠 수 있다는 의혹을 제기했다. 뉴스는 "당신의 데이터와 당신의 표를 노리고 데이터가 이용된 과정" "글로벌 조작은 통제 불능"이라는 헤드라인으로 도배됐다.

하지만 이런 기사가 터져 나오기 한참 전인 2016년 여름 내가 펍에서 코건과 나눈 대화 중 그가 한 흥미로운 말은 아직도 기억에 남아 있다. 내가 데이터를 팔라는 그의 제안을 거절하자 그는 어차피 그의 모형이 정확하지도 않다고 말했다. 중요한 것은 그가 이 말을 언제 했느냐이다. 그는 이 모든 사실이 세상에 폭로되기 훨씬 전 사석에서 내게 말했다. 코건은 나중에 언론에서도 그때의 주장을 바꾸지 않았고, 2018년 영국 의회에서 증언할 때도 그의 데이터 모형이 예측 분석의 측면에서 유용하지 않다고 거듭 주장했다. 실제로 내 동료들을 포함한 존경받는 연구자들도 이 모형의 정확성과 근간의 과학에 의문을 제기했다.

그렇다면 무엇이 거짓이고 무엇이 합법인지 어떻게 알 수 있을까?

한편으로는 케임브리지 애널리티카가 정확히 무슨 일을 했는지 아무도 모른다. 다른 한편으로는 이후 많은 일이 일어나 현재 우리는 훨씬 많이 알고 있다. 과학이 진보했다.

영국 정보위원회ICO는 케임브리지 애널리티카 직원들과 여러 관련 조직에서 압수한 노트북 42대와 서버 31대, 무수한 이메일, 30만 건 이상의 서류를 3년에 걸쳐 조사했다. 정치적 맥락에서 개인의 데이터 사용에 대해 데이터 보호 당국이 수행한 가장 심층적이고 복잡한 조사 중 하나였다. 2020년 10월 발행된 결과 보고서에서는 "우리의 민주주의에는 제도적 취약점이 있다"라는 사실이 밝혀졌다. 왜 이런 결론에 도달했는지 알려면 '심리통계학적 마이크로타깃'의 과학적 근거를 살펴봐야 한다.


## 가짜 뉴스가 선거 결과에 미치는 영향

이 질문에 답하려면 먼저 가짜 뉴스가 (일반적으로) 주요 선거의 판도를 뒤집은 사례가 있는지 알아봐야 한다. 잘못된 정보는 유권자를 마이크로타깃하지 않는 경우에도 유권자의 선택에 직접적으로 영향을 미칠 수 있을까? 이 질문의 답에 놀랄 것이다. 대중매체에서 흔히 나오는 논평과 반대로 과학자들은 이런 가능성에 매우 회의적이다.

과학자들이 회의적인 이유는 사회과학 분야에서 수십 년에 걸쳐 선거 기간에 정치 캠페인이 사람들에게 특정 방식으로 투표하도록 설득할 수 있는지 연구해왔지만 직접적으로 그럴 수 있다는 증거가 거의 나오지 않았기 때문이다. 중요한 차이이다. 선거 캠페인이 여론은 물론 유권자들의 고정관념과 편견, 심지어 후보자에 대한 인상을 형성하는 데까지 영향을 미칠 수는 있지만 투표 결정에 직접 영향을 주는지는 의문이라는 뜻이다. 한 예로 2016년 대선을 앞두고 실시한 한 연구에 따르면 트럼프의 허위 주장이 반박되고 정정되자 트럼프 지지자들 사이에서 트럼프의 말을 신뢰할 가능성은 줄었어도 투표 선호도는 전혀 달라지지 않았다.

그렇다면 사람들이 투표하려는 후보를 선거운동이 바꿀 수 있을까? 2016년 미국의 정치학자 조슈아 칼라Joshua Kalla와 데이비드 브룩먼David Broockman이 현장 실험 40개를 분석한 결과, 전통적인 선거운동(TV, 라디오, 설문조사 등)이 투표 결정에 미치는 설득 효과는 평균 0에 가까운 것으로 추정됐다. 정확히 말하면 연구자들은 '선거운동'으로 유권자 800명 중 1명(0.13퍼센트)이 설득됐다고 추정했는데, 이는 결국 선거 결과를 좌우할 정도의 영향력이 없었다는 뜻이다.

같은 해 경제학자 헌트 올콧Hunt Allcott과 매튜 겐츠코우Matthew Gentzkow는 가짜 뉴스가 2016년 미국 대선에 미친 영향을 처음으로 수량화했다. 두 연구자는 몇 가지 사실을 종합해 우리가 주요 선거 기간에 가짜 뉴스의 역할에 대해 우려하는 이유를 설득력 있게 설명했다. 우선 미국 성인 대다수(62퍼센트)가 현재 소셜미디어에서 뉴스를 접하는 현상을 지적했다. 또 페이스북 같은 플랫폼에서는 가짜 뉴스의 확산 속도가 주류 뉴스보다 빠르고, 사람들이 가짜 뉴스에 노출되면 가짜 뉴스를 믿는다고 말하는 경우가 많으며, 가장 빠르고 널리 퍼진 가짜 뉴스가 힐러리 클린턴보다 도널드 트럼프에게 유리하다는 점이 문제가 될 수 있다고도 지적했다.

그러면 가짜 뉴스가 2016년 미국 대선 판도를 뒤집었을까? 답은 단호하게 '아니오'였다.

올콧과 겐츠코우는 대선 관련 뉴스 기사 156개로 데이터베이스를 구축하고, 독립적인 온라인 팩트 체크 기관 3곳(스눕스, 폴리티팩트PolitiFact, 버즈피드Buzzfeed)에 의뢰해 기사가 진실인지 거짓인지 분류하게 했다. 데이터베이스의 가짜 뉴스로는 'wtoe5news.com'에 게재된 "프란치스코 교황, 전 세계에 충격을 안기며 도널드 트럼프를 대통령으로 지지하다"라는 제목의 기사가 있다. 다음으로 연구팀은 2016년 대선 전 3개월 동안 각 기사가 페이스북에서 얼마나 자주 공유됐는지 조사했다. 기사 156개는 총 약 3800만 회 공유됐다. 연구팀은 가짜 뉴스 기사가 대부분 트럼프를 지지하는 기사라는 사실을 확인했다(트럼프 지지 기사 115개가 3000만 회 공유됐다. 반면 클린턴 지지 기사는 41개로 760만 회 공유됐다). 그렇다면 이 정보를 통해 미국인 한 사람이 가짜 뉴스에 노출된 횟수를 어떻게 추정할 수 있을까?

알려진 소셜미디어 추정치에 따르면, 대개 페이스북에서 1번 공유하면 페이지가 약 20회 방문된다. 두 연구자의 데이터베이스에 포함된 가짜 뉴스의 공유 횟수가 3800만 회라고 할 때, 20회 × 3800만 회이므로 페이지 방문이 약 7억 6000만 회 발생한 셈이다. 그리고 7억 6000만 회를 2016년 미국 성인 인구(약 2억 4800만 명)로 나누면 성인 1명당 가짜 뉴스 웹사이트를 3번 정도 방문했다는 계산이 나온다. 그리 큰 수치는 아니다.

두 연구자는 다른 추정치를 얻기 위해 대선 이후 미국인 약 1,200명을 대상으로 설문조사를 실시했다. 설문조사에서는 대선 전 몇 달 동안 예시 기사 15개를 듣거나 본 기억이 있는지, 그리고 그 기사가 진짜라고 믿었는지 가짜라고 믿었는지 물었다(일부 가짜 기사는 연구자들이 직접 만든 위약 기사였다). 결과는 특이했다. 사람들은 위약 기사와 가짜 기사를 거의 같은 비율(14퍼센트와 15퍼센트)로 봤다고 답했다. 사람들이 위약 기사를 기억하는 비율로 거짓을 기억하는 비율을 추정할 수 있다고 가정한다면 그 차이(+1퍼센트)가 실제 가짜 기사 노출률인 셈이다. 연구팀은 설문조사에 포함된 기사가 페이스북에서 공유된 시기와 종합해 2016년 미국 대선 기간에 보통의 성인이 가짜 뉴스 기사를 보았을 가능성을 계산할 수 있었다.

결과는? 가짜 뉴스 한 개였다.

사실 나는 이 추정치에 상당히 회의적이다. 2016년 대선 기간에 가짜 뉴스를 한 개 이상 본 내 개인적인 경험 때문만은 아니다. 두 경제학자는 수많은 가정을 기반으로 모형을 만들었고, 그들의 가정이 얼마나 합리적인지 판단하는 것은 독자의 몫이다. 우선 두 연구자가 정한 가짜 뉴스 156개가 전체 가짜 뉴스를 대표할 수 있는가? 사실 조작적이고 편향된 뉴스 매체의 가짜 뉴스가 훨씬 광범위하게 분포해 있지만 이 연구의 가짜 뉴스 목록에는 이 매체들 외에 사실이 확인된 기사 중 일부만 포함됐다. 게다가 사람들이 어떤 가짜 뉴스에 노출됐는지 정확히 기억할 수 있는지, 연구팀이 제시한 가짜 뉴스에 관한 15가지 문제가 이를 대표할 만한 문제인지도 의문이다.

올콧과 겐츠코우는 친트럼프 성향의 가짜 뉴스가 많고 주로 소셜미디어를 통해 사람들에게 전파될 가능성이 크다고 확인했다. 그렇다고 가짜 뉴스가 반드시 대선을 유의미하게 방해할 수 있었다는 뜻은 아니다. 연구자들의 추정치에 따르면 2016년 대선 기간 동안 가짜 뉴스 노출 빈도는 오히려 그리 높지 않았던 듯하다. 두 연구자도 가장 설득력 있는 정치 선거운동 광고에 한 번 노출될 때 투표율에 영향을 미치는 정도는 약 0.02퍼센트에 불과하다고 추론했다. 가짜 뉴스 기사 1개에 노출되는 것이 TV 광고에 노출되는 것만큼 설득력 있다고 가정한다 해도 주요 주에서 선거 결과를 좌우하기에는 충분하지도, 근접하지도 않았다. 게다가 이 결과는 2016년 선거 전 마지막 일주일 동안 사람들의 브라우저 데이터를 분석해 미국 성인의 절반 미만이 신뢰할 수 없는 웹사이트를 한 번 정도 방문한 것으로 추정한 다른 여러 연구 결과에 의해서도 입증된다.

나는 여전히 회의적이었다. 두 연구자의 연구는 문제를 분석하는 데는 훌륭한 첫 시도였지만 앞 장에서 본 것처럼 가짜 뉴스를 퍼트리고 순위를 올리는 데 중요한 역할을 하는 반향실과 필터 버블 문제에 관해서는 제대로 설명하지 못했다. 사실 올콧과 겐츠코우도 이념적으로 더 분열된 사회관계망을 가진 사람들의 추정치가 더 크다고 말한다.

최근 여러 연구에서 소셜미디어 데이터와 대조하며 이런 연구 과정의 한계를 일부 극복했다. 미국 노스이스턴 대학교 컴퓨터 과학 그룹인 데이비드 레이저 연구실의 중요한 연구에서는 미국 공식 유권자 기록을 트위터 계정과 연결해 미국의 인구 구성을 제대로 반영하는 16,442명의 패널을 구성했다. 연구팀은 2016년 대선 기간에 가짜 뉴스를 공유하는 빈도가 변동하기는 하지만 패널의 0.1퍼센트가 전체 가짜 뉴스 공유의 거의 80퍼센트를 차지한다는 흥미로운 현상을 발견했다. 마찬가지로 패널의 약 1퍼센트가 전체 가짜 뉴스의 거의 80퍼센트를 소비했다. 레이저와 동료들은 이 계정들을 '슈퍼 공유자'와 '슈퍼 소비자'라 부른다.

연구팀은 대선 선거운동 기간 마지막 한 달간 패널 한 명이 평균적으로 가짜 뉴스 약 204개에 노출될 수 있다고 계산했다. 그중 약 5퍼센트만 실제로 보거나 기억한 비율이라고 가정한다면 한 달 동안 가짜 뉴스 약 10개에 노출된 셈이다. 올콧과 젠즈코우의 추정치보다 높은 수치이지만 두 연구의 방법론이 크게 다르다는 점에서 레이저의 연구팀은 결과를 같은 맥락으로 해석한다. 2016년 대선에서 선거운동의 중요한 달 동안 평균적으로 사람들이 비교적 적은 수의 가짜 뉴스에 노출됐다는 것이다.

레이저의 연구팀은 가짜 뉴스 콘텐츠 대다수가 소수의 '슈퍼 전파자'에 의해 전달된다는 특징을 발견했다. 그 소수는 누굴까? 레이저의 조사에 따르면 가짜 뉴스 콘텐츠는 대부분 극우 진영에서 나오고 친트럼프적이었다. 좌파(또는 중도) 진영에서 가짜 뉴스를 1개라도 공유한 사람은 5퍼센트 미만인 데 반해 극우 진영에서는 그 비율이 20퍼센트로 4배 가까이 높았다. 실제로 적어도 2016년 대선 기간에는 가짜 뉴스가 유권자들의 전체 미디어 소비 식단에서 상대적으로 적은 비율(0.15~6퍼센트)을 차지했고 소셜미디어, 특히 페이스북에서 정치적으로 활발하고 나이 많고 보수적인 백인 남성인 트럼프 지지자들이 가짜 뉴스를 공유할 가능성이 훨씬 크다는 연구 결과가 점점 늘고 있다. 보통 사람들은 정치적으로 그렇게 적극적이지 않으므로 일부 연구자들은 가짜 뉴스가 선거 결과에 직접적인 영향을 미쳤다는 의견을 일축했다.

그러나 이 연구들은 사안을 심각하게 축소할 위험을 안고 있다. 2016년 12월 퓨리서치센터의 전국 단위 설문조사에 따르면 미국인 32퍼센트는 온라인에서 가짜 정치 뉴스를 자주 접한다고 답했고, 51퍼센트는 부정확한 뉴스를 자주 접했다고 답했으며, 23퍼센트는 직접 가짜 뉴스를 공유한 적 있다고 답했다. 유럽에서는 조사 대상자의 68퍼센트가 매주 가짜 뉴스를 접한다고 답했다. 그러니 앞뒤가 맞지 않는다. 사람들의 기억에 문제가 있거나, 아니면 연구 모형에 문제가 있다는 뜻이다.[1] 예를 들어 레이저의 연구팀이 발표한 논문을 자세히 살펴보면 연구자들이 가짜 뉴스를 분류하는 방식이 조금 특이하다는 점을 알 수 있다. 기사 자체에는 주목하지 않고 오로지 게시자의 신뢰성을 기준으로 '가짜'인지 판단했다. 일면 일리는

---

[1] 그것도 아니라면 주류 매체가 가짜 뉴스에 대한 익숙함을 증폭시킨다고 볼 수 있다.

있지만('인포워즈'는 편집 과정에 문제가 있으므로 경고 깃발을 붙이는 식이다) 게시자에게만 초점을 맞추면 다른 많은 관련 뉴스 콘텐츠를 배제할 가능성이 있다. 게다가 선거 마지막 한 달 동안 노출될 수 있는 URL 약 200개 중 평균 5퍼센트만 실제 조회 수로 이어진다는 레이저 연구의 가정도 논쟁 소지가 있다. 연구자들도 이 문제를 인정했다. 한 예로 트위터의 콘텐츠(외부 매체 소스로 연결되는 링크가 포함된 트윗 3000만 개 이상 포함)를 분석한 다른 연구에서는 가짜 뉴스의 노출 수치를 10퍼센트(극도로 편향된 뉴스라면 15퍼센트)에 가깝게 제시하기도 했다.

내가 이보다 우려하는 부분은 사람들의 미디어 소비 식단에 트위터만 있는 게 아니라는 점이다. 사람들은 페이스북, 왓츠앱, 틱톡, 레딧 등에서도 뉴스 콘텐츠를 접한다. 그래서 실제 비율이 25퍼센트 정도라면 어떨까? 레이저의 연구 데이터를 적용한다면 지난 대선의 마지막 한 달 동안 한 사람이 평균적으로 가짜 뉴스 10개가 아니라 50개에 노출됐다는 뜻이고, 달리 말하면 일주일에 12~13개, 하루 최소 한 개에 노출됐다는 뜻이다. 이러면 가짜 뉴스의 영향이 존재했다고 볼 수도 있다. 따라서 적어도 이런 추정치가 해당 모형의 가정에 따라 달라질 수 있다는 정도는 알아야 한다.

이런 식의 세계적인 추정치는 이 문제를 수량화하려고 시도할 때 어느 정도 유용하지만 가짜 뉴스의 영향은 사실 이보다 미묘하고 전략적이다. 실제로 오하이오 주립대학교의 세 연구자가 전혀 다른

7장 당신은 이미 읽혔다

방식으로 이 문제를 들여다봤다. 이들은 중요한 선거 이후 미국 국민을 대상으로 설문조사를 실시하면서 특정 660명의 투표 행동에 초점을 맞췄다. 2012년 대선에서 버락 오바마 대통령에게 투표한 사람들의 집단이었다. 연구팀은 오바마에게 투표한 이들의 행동을 조사하다가 특이한 양상을 발견했다. 이들 중 대다수가 2016년에는 힐러리 클린턴에게 투표했지만 10퍼센트는 트럼프에게, 4퍼센트는 군소 정당 후보에게 투표하고, 8퍼센트는 투표에 참여하지 않았다. 오바마를 지지하던 유권자들의 이처럼 높은 '변절률'에 가짜 뉴스가 영향을 미쳤을까?

연구팀은 널리 유포되고 영향력 있는 힐러리 클린턴 관련 가짜 뉴스 3가지를 참가자들에게 평가하게 했다. 한 기사는 클린턴에게 심각한 병이 있어 건강이 좋지 않다고 암시했고, 다른 기사는 클린턴이 미국 국무장관으로 재직할 때 ISIS를 비롯한 무장 단체에 무기를 팔았다고 주장했으며, 마지막 기사는 프란치스코 교황도 도널드 트럼프 후보를 지지한다고 주장했다. 대체로 표본의 약 10퍼센트(프란치스코 교황)에서 35퍼센트(ISIS)가 이런 가짜 뉴스가 사실일 가능성이 높거나 확실하다고 응답했다. 게다가 이런 가짜 뉴스를 하나도 믿지 않은 오바마 유권자 중 89퍼센트는 클린턴에게 투표했지만 가짜 뉴스 3개 중 2개 이상을 믿은 유권자가 클린턴에게 투표한 비율은 17퍼센트로 급격히 떨어졌다! 물론 오바마에게 투표한 사람들이 2016년 민주당 후보를 지지하지 않은 데는 가짜 뉴스 외에 다른 여러 요인이 작용했을 수 있고, 그저 힐러리 클린턴이 싫었을 수도 있다.

하지만 이들 연구자는 다양한 대안의 설명(트럼프나 클린턴에 대한 호감도, 지지 정당, 성별, 나이, 학력, 인종, 이민이나 경제에 대한 평소 견해 등)을 통제한 대규모 모형으로 연구를 실시했고, 가짜 뉴스를 많이 믿을수록 힐러리 클린턴에 대해 투표를 철회할 확률이 평균 18퍼센트 증가하는 것으로 추정했다. 요컨대 가짜 뉴스의 영향은 다른 설명을 통제한 모형에서도 '살아남았다.'

하지만 선거 결과를 뒤집을 정도였을까? 연구자들은 힐러리 클린턴이 대선의 주요 격전지인 미시간주와 위스콘신주, 펜실베이니아주에서 득표율 0.6퍼센트 차이로 패했다고 주장한다. 모든 주 단위로 예측할 수는 없었지만 주요 주들의 데이터가 전국에서 관찰된다면 가짜 뉴스가 이전 오바마 유권자들 사이에서 상당한 이탈을 유발해 클린턴이 선거에 패배했을 수 있다고 연구자들은 주장한다.

일각에서는 이 연구가 무작위 실험이 아니므로 가짜 뉴스가 득표율 하락의 근본 원인이라 확신할 수 없다고 지적한다. 또 한쪽에서는 선거 이후 자가 보고 방식으로 자료가 수집된 탓에 일부 유권자의 응답에 편견이 개입됐을 수 있다고 주장한다. 공정한 비판이기는 하지만 이런 지적은 다른 연구들에도 해당된다. 올콧과 겐츠코우의 연구에도 자가 보고 연구의 편향이 개입됐을 수 있으며, 나머지 연구들도 무작위 통제 실험으로 볼 수 없다. 왜일까? 주요 선거 기간에 가짜 뉴스가 투표에 영향을 미칠 수 있는지, 어떻게 영향을 미칠 수 있는지 알아보기 위해 인구의 절반에게 가짜 뉴스를 무작위로 배포하는 방법은 연구 윤리에 어긋나기 때문이다.

이 주제로 수행된 연구의 스펙트럼에서 한쪽 끝에는 가짜 뉴스가 선거를 방해할 가능성에 심각한 의문을 제기하는 연구 결과가 있고, 다른 쪽 끝에는 대부분 문제를 슈퍼 전파자 탓으로 돌리는 소셜 미디어 연구 결과가 있지만 또 한편에서는 가짜 뉴스가 주요 경합 주에서 유권자 이탈을 유도해 선거에 더 전략적으로 영향을 미쳤을 수 있다고 예측하기도 한다. 나는 가짜 뉴스가 선거에 미치는 실질적인 영향을 간과할 수도 있다고 본다. 우선 사람들이 가짜 뉴스에 노출됐는지 확인하기 위해 사용하는 가짜 뉴스 콘텐츠 목록이 제한적이고 불완전하므로 그렇게 나온 추정치는 틀릴 수 있다. 또 가짜 뉴스는 웹 브라우징이나 왓츠앱 그룹, 유튜브 영상, 트위터 게시물, 페이스북 뉴스피드, TV, 라디오 중 어느 한 가지에만 국한되지 않는다. 모든 매체에서 동시에 반복적으로 주어진다. 중요한 점은 이 모든 연구에 우리가 심각하게 과소평가할 수 있는 중요한 공통점이 있다는 것이다. 수많은 유권자의 심리 프로파일을 기반으로 가짜 뉴스를 마이크로타깃하는 방식의 영향은 설명되지 않았다. 다시 케임브리지 애널리티카로 돌아가보자.

## 우리의 디지털 발자국

케임브리지 애널리티카는 알렉산드르 코건이 등장하기 한참 전부터 유권자 정보 수집 사업을 해왔다. 미국에서는 상업용으로 유권자 파일을 사고팔 수 있다. 이 파일에는 유권자 등록 여부와 어떤 선거에서 투표했는지 등 공개적으로 이용 가능한 정보가 포함되지만 어느 후보에게 투표했는지는 알 수 없다. 하지만 최근에는 신용카드 기업이나 정치 단체에서 확보하는 고객 데이터처럼 유권자 데이터를 다른 정보와 통합할 수 있다. 일반적으로 상업용 유권자 파일에는 이름과 유권자 등록 여부, 나아가 성별과 인종, 학력, 정치적 입장, 잡지 구독, 자선단체 기부 등 개인에 관해 구할 수 있는 모든 정보가 포함된다.

그러자 유권자 파일이 미국 모든 성인에 대해 풍부한 데이터를 제공한다고 마케팅되는 일이 점점 늘고 있다. 과학자들은 유권자 파일로 투표율을 예측하고 싶어 하겠지만 정치 컨설턴트는 선거 **결과**에 영향을 주려고 이 데이터에 관심을 가질 것이다. 크리스토퍼 와일리는 사회인구학적 정보만으로 사람들의 행동을 예측하려 하면 얼마나 성공하지 못하는지 언급한 바 있다. 나도 과학적 연구 문헌에서 이런 모형을 평가해본 경험에 따라 와일리의 주장을 지지할 수 있다. 어떤 사람이 얼마나 자주 투표하는지, 자원봉사를 하는지 따위를 안다고 해서 사안마다 그 사람이 어떤 입장인지 예측하기는 어렵다. 이런 모형으로 유권자를 설득하려 한다면 무작위 추측치인 50퍼센트를 넘는 경우가 거의 없다. 제대로 예측하려면 정보가 더 많이 필요하다. 무엇보다 심리적 데이터가 필요하다. 와일리는 바로 이런 필요성을 포착했고, 그래서 코건의 성격 데이터에 관심을 보였다. 성격 특질을 비롯한 소비자 심리 데이터와 유권자 파일을 결합하면 잠재적으로 강력한 무기를 장착할 수 있기 때문이다.

코건이 그의 페이스북 앱을 기반으로 미가공 상태의 데이터나 예측된 성격 데이터를 제공하면 케임브리지 애널리티카가 성격 데이터를 상업용 유권자 등록 파일과 결합하는 것이 그들의 계획이었다. 데이터를 결합하는 일은 간단했다. 이들의 페이스북 데이터에서는 데이터베이스 안에 있는 개인에 대해 예측되는 특성 253개를 추가로 생성했다. 이런 특성은 '좋아요'일 수도 있고, 예측된 성격 특질일 수 있다. 중요한 사실은 이렇게 추가되는 항목이 다른 누구도 제공할 수 없는 케임브리지 애널리티카만의 '비밀 병기'라는 점이다. 이를 활용하면 마이크로타깃의 정확도가 훨씬 높아질 수 있다.

뉴욕 뉴스쿨 미디어학과 교수 데이비드 캐럴David Carroll은 이런 데이터 파일의 실체를 알아보기 위해 '정보 열람의 자유Freedom of Information, FOI'를 요청해 케임브리지 애널리티카로부터 자신의 데이터를 입수했다. 그 안에는 거주 지역과 투표 여부, 성격 특질 예측 점수, 여러 정책 사안(경제, 이민, 총기 권리)에 대한 관심 등의 정보가 들어 있었다. 하지만 이런 예측 정보를 어떻게 확보했는지에 관한 설명은 없었다.

알고 보니 모형을 통해 확보한 정보였다.

따라서 예측 과정을 이해하려면 이 모형이 어떻게 작동하는지 알아야 한다.

'머신러닝'은 미디어에서 흔히 인공 지능AI의 강력한 사례로 자주 언급되지만 머신러닝이 정확히 무슨 뜻인지 제대로 아는 사람은 거의 없다. 가장 단순한 형태의 머신러닝은 컴퓨터가 지시하지 않아도 데이터를 기반으로 학습할 수 있다. 예측 모형 작업에서 학습은 주로 '감독'받는 형태로 발생한다. 말하자면 컴퓨터에 데이터를 기반으로 예시를 주면(예시에는 '외향형'과 같은 표식이 붙어 있다) 어떤 데이터 양상이 어떤 표식과 일치하는지 알고리즘이 학습하는 방식이다. 기본적으로 알고리즘은 방대한 데이터에서 어떤 양상을 포착해 새로운 데이터로 미래를 예측하도록 학습한다. 대개는 모형을 학습시키는 데 사용되는 '학습' 데이터세트가 주어진다. 하지만 모형이 충분히 학습된 다음에는 모형의 예측을 검증하기 위해 데이터 일부를 유지하거나 분리하고 싶을 때가 많은데, 이를 '검증' 데이터세트라고 한다.

예를 들어 기후변화에 대한 사람들의 태도를 예측하는 맥락에 이 논리를 적용해보자. 예일 대학교 기후변화 커뮤니케이션 프로그램은 미국 국민을 여섯 범주로 분류해 '지구 온난화의 6가지 미국'이라 지칭했다. 각 범주는 기후변화 문제를 어떻게 생각하고, 느끼

7장 당신은 이미 읽혔다

고, 행동하는지에 따라 묶인 고유한 공동체를 뜻한다. (예를 들어 '불안형' 범주는 미국 인구의 약 26퍼센트를 차지하고 정치적으로 진보 성향이며 기후변화 문제를 상당히 우려한다. 반대로 인구의 약 8퍼센트를 차지하는 '무시형' 범주는 정치적으로 보수 성향이고 인간이 초래한 기후변화가 실재한다는 사실을 부정하는 편이다.) 성격 5요인 검사와 유사한 방식으로 기후변화 문제에 대한 각자의 배경과 신념을 아우르는 설문조사 (36개 문항) 응답에 따라 여섯 범주로 분류한다. 기후변화 문제에 대해 메시지를 전하려면 청중에 맞게 메시지를 전달해야 한다. 이를 '청중 세분화'라고 한다.

하지만 사람들에게 36개 문항의 긴 설문조사에 응답하게 하려면 시간도 오래 걸리고 어렵다. 예일 대학교에서 연구할 때 나는 머신러닝 알고리즘을 통해 사람들을 여섯 범주로 정확히 분류하는 데 필요한 핵심 질문을 추려낼 수 있는지 알아보기 위해 방대한 데이터를 수집했다. 운 좋게도 나의 아내 브린은 유능한 통계학자이자 데이터 과학자였다. 브린은 일부 데이터에 알고리즘을 적용해 관심 있는 결과를 예측하도록 '학습'시키고, 사람들을 6가지 미국 중 하나로 정확히 분류했다. 그리고 예측 모형을 학습시키자 36개 문항 가운데 핵심 문항 4개가 추려졌다. 사람들이 기후변화를 얼마나 우려하는지, 기후변화가 사람들에게 개인적으로 얼마나 중요한지와 같은 문항이었다. 그런 다음 우리는 모형의 정확도를 검증하기 위해 알고리즘이 학습하지 않은 다른 데이터세트(추가로 완전히 새로운 데이터세트)를 사용해 이 모형의 추정치를 실제 데이터와 비교했다.

결과적으로 4개 문항으로 이뤄진 모형이 70~87퍼센트의 정확도로 사람들을 여섯 범주로 정확히 분류했다. 이 정도면 괜찮은 수준일까? 사실 36개 문항 모형은 79~99퍼센트의 정확도로 사람들을 여섯 범주로 정확히 분류할 수 있었다. 이제 문항 36개가 아닌 4개만으로 불안형, 걱정형, 신중형, 무관심형, 의심형, 무시형으로 상당히 정확히 분류할 수 있다는 점에서 정확도가 다소 떨어져도 긍정적으로 평가할 수 있다!

아직은 괜찮다. 하지만 내가 당신의 소셜미디어 데이터만으로 당신의 성격(또는 기후변화에 대한 태도)을 예측할 수 있다고 한다면 어떻겠는가? 이는 다소 급진적인 개념이다. 사람들에게 설문조사나 여론조사에 참여해달라고 부탁하는 것이 아니라 온라인에서 디지털 발자국을 수집하고 행동 데이터를 사용해 사람들의 성향을 예측할 수 있다는 뜻이다. 이것이 바로 와일리와 코건이 빅데이터에 흥분하게 만든 중요한 혁신이다. 그런데 원래 이 분야를 개척한 사람은 와일리도 코건도 아니었다.

이 개념은 원래 케임브리지 대학교 컴퓨터 사회과학 교수 데이비드 스틸웰David Stillwell과 현재 스탠퍼드 대학교 부교수 마이클 코신스키Michal Kosinski가 고안했다. 스틸웰은 'myPersonality'라는 페이스북 앱을 운영했다. 이 앱은 참가자에게 심리검사를 받게 하고, 참가자가 과학적 용도로 페이스북 프로필 데이터를 공유해주면 그 대가로 성격 프로파일을 제공했다. 약 600만 명이 참여해 사회과학 역사상 가장 큰 데이터세트 중 하나가 되었다.

코건은 스틸웰과 코신스키에게 와일리를 소개했지만 두 사람은 케임브리지 애널리티카가 학술 연구비를 지원하는 데는 관심이 없다는 것을 알고 곧바로 프로젝트에서 손을 뗐다. 이후 코건은 개인 자격으로 프로젝트를 진행하기로 했다. 그는 스틸웰과 코신스키의 앱과 유사한 앱을 직접 개발하기로 했고, 그렇게 나온 앱이 '당신의 디지털 생활'이다.

그러면 코건의 모형과 데이터가 소셜미디어 데이터로 사람들의 성격 특질을 얼마나 정확히 예측할 수 있는지 더 잘 이해하기 위해 2013년 스틸웰과 코신스키가 발표한 선구적인 연구를 살펴보자. 스틸웰과 코신스키가 연구에서 무엇을 발견했는지 살펴보면 케임브리지 애널리티카에서 무슨 일이 벌어졌는지 짐작할 수 있을 것이다.

2013년 코신스키와 스틸웰은 저명한 학술지 『미국국립과학원회보』*Proceedings of the National Academy of Sciences*에 페이스북 앱 'myPersonality'의 데이터를 활용한 논문을 발표했다. 당시 코신스키와 스틸웰은 사람들의 설문조사 응답(성격 5요인 검사를 포함한다)을 페이스북 데이터와 대조한 최초의 연구자들이었다. 그들은 미국의 자원자 약 5만 8,000명의 데이터를 대조할 수 있었다. 두 연구자가 주목한 온라인 행동의 디지털 기록은 페이스북 프로파일과 '좋아요'였다.

페이스북의 '좋아요'는 사용자가 콘텐츠에 대해 긍정적인 관심을 표시하는 기능이다. 관심 대상은 친구의 사진이나 상태 업데이트일 수도 있고, 음악이나 스포츠, 문화, 과학에 관한 페이스북 페이지일 수도 있다. 코신스키와 스틸웰은 평균적으로 1명당 약 170개의 '좋아요'를 확보했다. 이제 이 정보를 확보했으니 페이스북 '좋아요' 데이터만으로 학습한 모형이 사람들의 개인적, 심리적 특성을 얼마나 잘 예측할 수 있는지 비교할 수 있게 되었다. 이들은 우선 모형이 예측한 답변과 사람들의 실제 답변을 비교했다. 실제 답변은 페이스북 프로파일에 스스로 밝힌 정보(성별이나 결혼 여부)뿐 아니라 설문조사의 일부로 진행된 심리검사에서 사람들이 직접 응답한 내용에서 확보했다.

이 연구의 결과에 학계는 물론 전 세계가 놀랐다. 코신스키와 스틸웰은 페이스북 '좋아요'만으로 93퍼센트의 정확도로 성별을 예측하고, 85퍼센트의 정확도로 정치 성향, 95퍼센트의 정확도로 인종, 심지어 88퍼센트의 정확도로 성적 취향까지 예측했다. 물론 그중 일부는 상당히 직관적인 정보이다. 예를 들어 '버락 오바마' 페이지에 '좋아요'를 눌렀다면 민주당 지지자일 가능성이 크다고 예측하는 것은 그리 놀랍지 않다. 하지만 코신스키와 스틸웰은 항상 이런 식으로 연결되지는 않는다고 지적한다. 예를 들어 동성애자 남성이라고 밝힌 사용자 중 '나는 게이가 좋아요'와 같은 페이지에 '좋아요'를 누른 사람은 거의 없었다. 그보다 '뮤지컬 위키드' 페이

　　　　　　　　7장 당신은 이미 읽혔다

지에 '좋아요'를 누르는 행동이 훨씬 예측력이 컸다. 그에 비해 '샤크'(전 미국 농구 선수)와 '낮잠 자다 깨서 혼란스러운 상태'라는 제목의 페이지에 '좋아요'를 눌렀다면 이성애자 남성이라고 예측하는 데 좋은 지표가 될 수 있었다. 표준(비언어적) IQ 검사에서 높은 점수를 받으리라고 가장 잘 예측되는 행동은 '콜베어 보고서' '과학' '컬리 프라이즈' 같은 페이지에 '좋아요'를 누르는 것이고, 반면 '할리 데이비슨' '세포라' '엄마가 되는 것이 좋아요' 같은 페이지에 '좋아요'를 눌렀다면 낮은 IQ 점수와 관련 있었다.[2]

하지만 알다시피 케임브리지 애널리티카는 이미 유권자의 정치 성향과 소득, 성별, 인종, 그 밖에 개인적 태도에 대한 실제 데이터나 모형으로 예측한 데이터가 포함된 상업용 유권자 정보 데이터베이스를 확보한 상태였다. 케임브리지 애널리티카가 찾으려는 데이터는 성격과 같은 심리적 특질에 관한 데이터였다. 그렇다면 코신스키와 스틸웰의 모형은 빅5 'OCEAN' 모형과 비교해 얼마나 좋은 성과를 거뒀을까?

결과적으로 두 연구자의 모형은 성격과 같은 복잡한 심리적 특질을 찾는 데는 좋은 성과를 내지 못했다. 이 모형의 예측과 사람들의

---

**2**   스티븐 콜베어는 곧바로 그의 프로그램을 좋아하는 것이 높은 IQ와 관련 있다는 결과를 언급했다.

실제 답변 간 상관관계가 우호성에서는 0.3, 외향성에서는 0.4, 성실성에서는 0.29, 개방성에서는 0.43으로 나타났다. 우호성이 높은 사람들은 '더 북 오브 몰몬'(뮤지컬) '미트 롬니' '캠핑' 페이지에 '좋아요'를 누르는 경향이 있는 데 반해 우호성이 낮은 사람들은 '나는 다 싫다' 같은 페이지에 '좋아요'를 누르는 경향을 보였다. 개방성이 높은 사람들은 '헬로키티' 브랜드를 좋아하는 반면 외향적인 사람들은 '니키 미나즈'와 '레이디 가가'를 좋아했다. 어느 정도 이해된다.

하지만 이 결과는 그날 밤 펍에서 코건이 내게 그의 모형에 대해 해준 말과 일치한다. 그러니까 이런 상관관계가 그렇게 인상적이지 않다는 것이다. 우리 분야에서 0.30~0.40 정도의 상관관계는 비교적 낮은 수준이다. 코신스키와 시트웰이 이 점에 관해 논문에서 직접 보고하지는 않았지만 어림잡아 계산해도 이 정도의 상관관계는 성격 특질에 따라 약 67~73퍼센트의 정확도로 해석될 수 있다. 예측 모형에서 70퍼센트 정도의 정확도는 딱히 괜찮은 수준이 아니고 일반적으로 '수용 가능한 수준'으로 여겨진다.

스웨덴 웁살라 대학교 응용수학 교수인 데이비드 섬터David Sumpter도 코신스키와 스틸웰의 데이터를 반복 검증해 비슷한 결론에 도달했다. 그의 연구에서는 전반적으로 페이스북 '좋아요' 모형의 정확도를 성격 특질에 따라 60퍼센트 정도로 추정했다. 이런 결과에서 추론할 수 있는 점은 페이스북 '좋아요'로 사람들의 성격을 예측하

7장 당신은 이미 읽혔다

는 일은 다른 개인적인 특질을 예측하는 것만큼 수월하지 않으며, '좋아요' 데이터가 훨씬 더 많아야 한다는 점이다. 실제로 사람들 성격을 예측하려면 '좋아요' 수백 개가 필요하다.

하지만 코신스키와 스틸웰은 이 수치를 맥락 안에서 이해해야 한다고 지적한다. 그러면서 어떤 사람의 친구나 가족, 동료, 심지어 배우자가 그 사람의 성격을 얼마나 잘 예측하는지를 그들의 모형(페이스북 '좋아요' 모형)에서 나온 예측치와 비교했다. 결과적으로 컴퓨터 알고리즘이 '좋아요' 10개만으로 직장 동료의 예측 정확도를 능가한다는 놀라운 결과를 얻었다. '좋아요' 70개만 있으면 친구의 예측을 능가하고, '좋아요' 150개면 가족의 예측을 능가하며, '좋아요' 300개 정도면 배우자의 예측을 능가했다. 페이스북 '좋아요'로 학습한 알고리즘이 배우자만큼의 정확도로 개인의 성격을 예측할 수 있다니 좀 무섭다.

그렇다고 해서 페이스북 '좋아요'가 사람들의 성격과 어느 정도 상관관계를 보인다고 해서 어떤 사람에게 성격을 기반으로 한 광고를 내보내 그 사람이 어떤 식으로 행동하도록 유도할 수 있다는 뜻은 아니다. 과연 그런가?

코신스키와 스틸웰은 이후 속편을 위해 돌아왔다. 두 사람은 이런 예측이 현실 세계에서 마이크로타깃 광고를 가능하게 해줄 만큼 정확한지 알아보고 싶었다.

페이스북은 2012년 이미 '소셜 네트워킹 시스템 커뮤니케이션에서 사용자 성격 특성 판별하기'라는 특허를 출원했다. 이 특허의 일부는 다음과 같다. "개인의 예측된 성격은 사용자의 프로파일과 연계되어 저장되고, 광고를 내보내는 데 사용될 수 있다." 그러니 페이스북은 사용자의 성격을 기반으로 광고를 내보내기 위한 기술을 자체적으로 개발하던 중이었다.

하지만 코건은 그의 데이터와 모형을 마이크로타깃에 사용할 수 있다는 개념에 회의적이었다. 한 예로 2018년 런던에서 열린 의회 청문회에서 코건은 논란 많은 추정치로 연구하기보다는 페이스북에 직접 찾아가 미리 정한 기준에 따라 수백만 명에게 광고를 마이크로타깃해달라고 요청하는 것이 낫지 않겠느냐고 지적했다. 코건의 말에도 일리가 있다. 예를 들어 2017년 페이스북은 프로파일 페이지에 '유대인 혐오자'로 기재한 2,774명과 관련된 광고를 '유대인 혐오자'를 대상으로 게재하도록 일시 허용한 일로 물의를 빚었다. 다른 기준으로는 '유대인을 불태우는 방법', '히틀러는 잘못한 것이 없다' 등이 있었다. 페이스북은 사태를 파악한 뒤 해당 카테고리를 즉각 삭제했다. 그러나 요점은 코건의 말처럼 페이스북에서 광범위한 (우려되는) 기준에 따라 사람들에게 직접 타깃하는 것이 가능하기는 하지만 알려진 심리적 특질에 따라 사람들을 타깃할 수는 없다는 것이다. 따라서 케임브리지 애널리티카가 단순히 페이스북에서 '신경증'이나 '개방성'을 타깃 광고의 카테고리로 선택할 수는 없었을 것이다.

7장 당신은 이미 읽혔다

그렇다면 케임브리지 애널리티카는 코건의 성격 데이터로 무엇을 할 수 있었을까?

페이스북에서 사람들 성격으로는 직접 타깃할 수 없으므로 산드라 매츠(Sandra Matz, 현재 컬럼비아 대학교 경영학 부교수)는 코신스키, 스틸웰과 함께 후속 연구를 위해 제2의 영리한 해법을 찾아냈다. 페이스북에서 '좋아요'로는 사람들을 타깃할 수 있다고 밝혀졌기에 매츠와 코신스키, 스틸웰은 이전 연구를 바탕으로 어떤 '좋아요'가 어떤 성격 특질과 가장 밀접히 연관되는지 알아낼 수 있었다. 그리고 이전 연구에서 페이스북 '좋아요'로 성격 특질을 예측하는 데 가장 정확도가 높았던 '외향성'과 '개방성'에 초점을 맞췄다. 특히 '개방성'과 '외향성'의 최고 수준과 최저 수준과 연관된 '좋아요'를 조사했다. (예를 들어 '내향성'으로 타깃할 '좋아요' 대상으로는 '컴퓨터'와 '배틀스타 갤럭티카'가 있고, '외향성'으로 타깃할 대상에는 '파티'와 '사람들 웃게 만들기'가 포함됐다.)

첫 번째 실험에서 매츠와 코신스키, 스틸웰은 영국에 본사를 둔 화장품 소매업체를 위한 타깃 그룹으로 여성들을 선택했다. 일부는 외향성 높은 사람들에게 호소력 있는 광고였다. 예를 들어 한 광고에서는 젊고 활기찬 여성이 춤추면서 웃는 모습을 보여주고 '아무도 보지 않는 것처럼 춤추세요'(하지만 실제로는 보고 있다)라는 카피를 띄웠다. 반대로 내향성(또는 낮은 외향성) 광고에서는 수줍음 많은 젊은 여성이 집에서 혼자 화장을 하는 장면 위에 '아름다움은 큰 소리 내지 않아도 돼요'라는 카피를 넣었다. 외향성 높은 사람들에게 호소력 있는 광고와 외향성 낮은 사람들에게 호소력 있는 광고 2가지 버전으로 실험을 설계했다.

다음으로 연구팀은 페이스북 광고 플랫폼으로 가서 '관심사'에 관련 '좋아요' 페이지를 입력했다(외향성의 경우 '사람들 웃게 만들기', 내향성의 경우 '평온함' '컴퓨터' 등). 그러자 페이스북이 관련 페이지에 '좋아요'를 누른 사람들의 수를 보내줬다. 연구팀은 첫 번째 연구를 위해 영국에 거주하는 18~40세 여성과 같은 타깃 집단의 기준도 정했다. 이 광고 캠페인은 실제로 진행됐고, 사람들의 페이스북 페이지에 일주일 정도 게재됐다.

광고는 일주일 동안 사용자 300만 명 이상에게 도달하면서 클릭을 1만 회 이상 유도하고 해당 화장품 업체 홈페이지에서 실구매를 400회 가까이 성사시켰다. 그렇다면 사용자의 성격 특질을 타깃할 때 광고 실적이 더 좋았을까? 확실히 그랬다. 사람들이 그들의 예측된 성격 특질과 일치하는 광고를 볼 때 해당 제품을 구매할 가능성이 훨씬 컸다. 예를 들어 외향성이 높은 페이스북 사용자의 경우 광고가 외향성을 정확히 타깃할 때 그렇지 않을 때보다 구매 가능성이 50퍼센트 높았다(117회 대 62회).

하지만 매츠, 코신스키, 스틸웰은 화장품 매장에만 머물지 않았다. 두 번째 실험에서는 같은 방법을 시도하면서 사람들에게 '개방성', 곧 새로운 경험에 얼마나 개방적인지를 기준으로 십자말풀이

7장 당신은 이미 읽혔다

앱을 다운로드하도록 타깃 광고를 내보내기로 했다. 이 광고는 8만 4,176명에게 도달하고, 클릭을 1,130회 유도했으며, 다운로드를 500회 이상 달성했다. 연구팀은 전체 광고 캠페인에서 사용자에게 표시된 광고가 예측된 성격 특질과 일치할 때 클릭할 확률이 성격과 상반되는 광고가 표시될 때에 비해 38퍼센트 증가하고, 앱을 설치할 확률이 31퍼센트 증가한다는 결과를 다시 한 번 확인했다.

마지막 세 번째 연구에서는 이미 마케팅 전략이 시행된 실제 상황을 들여다보기로 했다. 구체적으로 버블 슈터 게임을 선택하고 이 회사의 마케팅 전략을 추적했다. 유사한 게임('팜빌Farmville')에 관심을 보인 사람들을 타깃으로 설정하는 전략이었다. '좋아요' 데이터를 그들의 'myPersonality' 앱 데이터와 비교해 이 게임을 하는 사람들이 상당히 내향적이라는 점을 알 수 있었다. 매츠와 코신스키, 스틸웰은 이 회사의 표준 메시지와 내향적인 사람들을 위한 심리 맞춤형 광고('휴! 힘든 하루를 보내셨나요? 십자말풀이로 하루를 마무리하는 건 어때요?')를 비교했다. 두 광고 모두 페이스북 플랫폼에 일주일 동안 실렸다. 결과적으로 마이크로타깃 메시지를 내보내자 일반 광고 메시지에 비해 사람들이 그 광고를 클릭할 가능성(30퍼센트)과 실제로 앱을 설치할 가능성(15퍼센트)이 모두 크게 상승했다.

연구자들이 현실 실험을 위해 페이스북 사용자를 대상으로 가장 극단적인 경우인 '좋아요' **하나만** 사용했다는 점을 감안하면 위 결과는 증거로서 꽤 설득력 있다. 부록에 실린 시뮬레이션에서 연구팀은 중요한 사실을 관찰했다. 예측 모형의 평균 정확도는 다양하지만 해당 '좋아요'의 변별력에 따라 달라진다는 점이다. 가령 어떤 '좋아요'는 다른 성격 특질보다 '개방성'을 더 잘 예측한다. 특정 성격 특질을 가장 잘 예측하는(따라서 변별력 높은) '좋아요'를 찾아낼 수 있다면 모형의 정확도를 크게 끌어올릴 수 있다. (예를 들어 변별력 낮은 '좋아요'는 모든 성격 특질에 대한 평균 정확도가 58퍼센트에 불과해 우연의 수준이지만 변별력 높은 '좋아요'는 정확도가 70퍼센트 가까이로 상승할 수 있다.) 연구팀은 모형의 정확도가 개방성과 같은 성격 특질에 대해서는 82퍼센트까지 올라갈 수 있지만 우호성에서는 최대 약 61퍼센트일 것으로 추정했다. 여기서 몇 가지 중요한 통찰을 얻을 수 있다.

첫 번째로 성격 특질마다 모형의 정확도가 다르고, 매츠와 코신스키, 스틸웰이 얻은 결과는 실험에서 가장 높은 정확도로 예측할 수 있는 성격 특질을 대상으로 해서 다소 낙관적일 수 있다는 점이다. 하지만 이는 정확도와 도달 범위 사이에서 절충점을 찾아야 한다는 의미일 수도 있다. 정확도를 높이려면 '좋아요' 수를 늘려야 한다. 하지만 페이스북 광고 플랫폼에서 '좋아요'를 많이 선택하면 광고가 도달할 수 있는 잠재 고객의 범위가 좁아진다. (예를 들어 수백만 명이 '파티' 페이지를 좋아할지라도 '파티' 페이지**와 함께** '나는 새로운 사람 만나는 일을 좋아한다'페이지에 '좋아요'를 누를 사람은 더 적을 것이고, 나아가 '파티'**와 함께** '나는 새로운 사람 만나는 일을 좋아한다'와 '레이디 가가'에 '좋아요'를 누를 사람은 더 적을 것이다.) 따라서 정확도를 최고 수준으로 높여 타깃하면 수억 명에게 한꺼번에 도달할 수 없다. 그렇다면 정확도가 어느 정도여야 마이크로타깃을 이용해 충분히 넓게 도달할 수 있을까? 연구자들은 페이스북은 거대한 플랫폼이므로 '좋아요' 8개만으로도 약 600만 명에게 도달할 수 있다고 추정한다.

한편 앱을 다운로드하거나 화장품을 구매하는 일은 선거에서 투표에 영향을 미치는 것과는 다르다고 지적할 수도 있다. '투표'를 전환하는 것이 '클릭'을 전환하는 것보다 훨씬 어려운 것이 사실이지만 그렇다고 불가능한 것도 아니다.

예를 들어 나의 케임브리지 동료이며 심리학 조교수이자 『당신의 편견은 무엇입니까?』*What's Your Bias?* 저자인 리 드 위트Lee de Wit 는 브렉시트 시국에 연구를 진행했다. 사람들에게 먼저 성격 검사를 실시해 성실성이나 개방성 수준 등을 알아봤다. 특히 잔류 지지자 약 400명을 대상으로 특정 성격 특질의 점수가 높거나 낮은 사람에게 호소력을 가질 만한 EU 탈퇴 찬성 논거를 제시했다. (예를 들어 '성실성' 항목에서 높은 점수를 받은 사람들에게는 이민이 '무질서'를 유발하며 '인구 유입을 체계적으로 규제해야 한다'는 기사를 보여줬다.) 결과적으로 잔류파에게는 탈퇴 캠페인이 성격 프로파일과 일치할 때 더 효과적이라고 나타났다. 캠페인의 주장이 신뢰할 만하다고 여겼고 그렇게 주장하는 정당에 투표할 가능성이 커졌다. 하지만 리는 내게 이 연구 결과가 그렇게 선명하지 않다고 말했다. 더욱이 이 연구는 소셜미디어 플랫폼에서 수행되지 않았다.

2020년 네덜란드의 연구자들이 이 문제를 해결할 방법을 고안했다. 그들은 페이스북과 분위기와 외양이 비슷한 가짜 소셜미디어 플랫폼을 만들었다. 그리고 참가자들에게 대학교용 새 소셜미디어를 테스트하는 중이니 이 플랫폼에 로그인해 도와달라고 명분을 제시했다. 실험 첫 단계에서는 참가자들에게 프로파일 정보를 몇 가지 입력하고 자신에 대해 간단히 적어달라고 요청했다(평균적으로 참가자들은 단어를 약 73개 작성했다). 그런 다음 '자동 텍스트 분석'이라는 방법을 사용했다. 이어 머신러닝으로 성격 프로파일을 밝힌 참가자들의 대규모 텍스트 데이터베이스를 학습했다. 그러고 이 분류 장치는 참가자들의 글과 프로파일 정보에 적용되어 외향적인 사람과 내향적인 사람을 구분해주는 언어적 특징을 자동으로 감지했다. 결과적으로 초기 참가자 230명 중 내향적인 사람 약 75명과 외향적인 사람 81명을 정확히 식별했다.

다음 단계에서는 참가자들의 소셜미디어 피드에 광고를 노출했다. 네덜란드 녹색당의 진보 좌파 광고였다. 여기서 달라진 부분 한 가지는 광고 문안을 외향적이거나("당신 안의 영웅을 끌어내세요") 내향적으로 조작했다는 점이다. 다음으로 사람들에게 녹색당에 투표할 의향이 있는지를 '전혀 없다'(1)부터 '매우 있다'(7)까지의 척도로 답하게 했다.

7장 당신은 이미 읽혔다

결과는 명확했다. 외향적인 광고는 내향적인 사람보다 외향적인 사람에게 전달될 때 녹색당에 투표할 의향을 크게 끌어올렸고(약 35퍼센트), 그 반대도 마찬가지였다. 두 번째 실험에서는 메시지의 정서적 어조를 조작했는데, 두려움에 기초한 메시지는 내향적인 사람들에게 더 효과적이지만 긍정적인 열정이 담긴 메시지는 외향적인 사람들에게 더 효과적이었다.

이 결과는 절반의 현실인 소셜미디어 환경에서 정치적 마이크로 타깃 캠페인이 효과를 거둘 수 있다고 보여주는 인과적 증거로 보인다. 다만 이 결과에서 우려할 점은 여느 정치 광고와 달리, 사람들이 스스로 광고의 표적이 된 줄 모를 때는 설득 공략에 정당하게 자신을 방어할 수 없다는 것이다.

그렇다면 앞서 정치 캠페인이 유권자의 선택에 미치는 평균적인 설득 효과는 0에 수렴한다고 한 칼라와 브룩먼의 주장은 어떻게 받아들여야 할까? 사실 두 연구자는 흥미롭고 중요한 예외 조건을 두었다. "캠페인에서 설득에 취약한 유권자를 찾는 데 특히 많이 투자한 경우"로 한정지었다. 말하자면 어떤 메시지가 잘 통할 대상을 선별하고 그 대상에게 전략적으로 집중할 때만 연구를 성공적으로 진행할 수 있었다. 칼라와 브룩먼은 이런 조건에는 많은 투자와 정교한 접근법이 필요한 데다 대다수 유권자는 설문조사에 응답할 수 없으므로 상당히 이례적인 설정이라고 인정한다. 그러나 기업들은 사람들이 인터넷에 남기는 모든 디지털 발자국을 스크랩하므로 더는 설문조사를 하지 않아도 된다. 페이스북 '좋아요'로 사람들의 심리적 특질과 특정 사안에 대한 태도를 파악할 수 있다. 그런 다음 설득이 잘 되는 유권자 집단을 찾아내 개인 맞춤형 광고로 마이크로타깃을 시도할 수 있다.

사실 이런 방법에 효과가 없다면 기업들이 매년 수백만 달러를 투자해 제품을 광고하는 이유가 있겠는가? 또 효과가 미미하다면 굳이 정치 캠페인에 공들일 필요가 있겠는가?

설득력 있는 광고 캠페인에서 중요한 측정치는 '전환율'이다. 전환율이란 광고가 노출된 횟수 대비 실제 '전환'(구매나 투표 등)이 일어나는 횟수를 뜻한다. 평균 전환율이 상당히 낮다는 점을 알면 놀랄 것이다. 따라서 정치 캠페인에서 광고를 집행하려면 막대한 비용이 들어간다. 사람들에게 어떤 물건을 구매하거나 어떤 후보에게 투표하도록 설득하는 일은 어려우므로 광고를 **반복해서** 노출해야 하기 때문이다. 그런데 마이크로타깃으로 접근하면 훨씬 효율적일 수 있다. 예를 들어 매츠와 코신스키, 스틸웰의 실험에서 외향적인 사람들에게 맞춘 광고는 84만 1,308명에게 도달했고, 그중 117명이 상품을 구매했다. 전환율이 0.014퍼센트이다. 반면 사용자 성향에 맞지 않는 광고를 내보내면 전환율이 고작 0.008퍼센트로 훨씬 낮았다. 따라서 마이크로타깃 전략으로 접근하면 광고비로 전환 한 번에 8파운드(11달러)까지 무려 50퍼센트나 비용을 낮출 수 있었다. 따라서 광고비 자체가 상당히 저렴하므로 적절한 타깃을 설정하는 방식으로 접근하면 투자 대비 수익률이 크게 올라갈 수 있다. 마케터들은 잘 아는 내용인 데 반해 과학자들이 잘못 이해하는 부분은 전환율이 낮거나 설득 효과가 '거의 0'에 가깝더라도 사람들에게 타깃 광고를 내보내는 방법이 알고 보면 수익성 높다는 점이다.

## 마이크로타깃과 투표

중요한 선거 기간에는 같은 광고를 수천 가지로 변형해 상당히 구체적인 수준으로 사람들의 취약점을 이용하는 경우가 많다.

마이크로타깃으로 접근한 대표적인 사례를 살펴보자.

영국의 브렉시트 '탈퇴에 투표하라Vote Leave' 캠페인 책임자인 도미닉 커밍스Dominic Cummings는 디지털 타깃 광고 **10억 개**를 집행하면서 당시 케임브리지 애널리티카와 밀접한 관계였던 캐나다의 정치 컨설팅 회사 애그리게이트아이큐AIQ에 290만 파운드(캠페인 전체 예산의 40퍼센트에 가까운 금액)를 지급했다. 브렉시트 국민 투표는 불과 4퍼센트의 근소한 차이(52퍼센트 대 48퍼센트)로 판가름 났다. 국민 투표 직후 커밍스는 이렇게 말했다. "'탈퇴에 투표하라' 캠페인 성공은 당연히 AIQ 덕분이다. 그들이 없었다면 우리는 해내지 못했을 것이다."

AIQ는 페이스북에서 마이크로타깃 서비스를 제공한다. 실제로

'탈퇴에 투표하라' 공식 캠페인은 규정 한도를 약 50만 파운드 초과해 지출한 혐의로 선거관리위원회로부터 벌금을 부과받았다(이 자금은 '빌리브BeLeave'라는 또 하나의 탈퇴 캠페인을 통해 AIQ에 전달됐다). 케임브리지 애널리티카는 공식 탈퇴 캠페인(경제 문제에 더 중점을 둔다)에 자문하지 않았다고 주장하지만 실제로 경쟁사인 우파 포퓰리스트 리브EULeave.EU 캠페인(이민 문제에 더 중점을 둔다)과 협의했다. 캐나다 개인정보보호위원회 조사에 따르면 AIQ는 공식 '탈퇴에 투표하라' 캠페인을 대신해 페이스북에서 영국 국민을 마이크로타깃하기 위해 개인 데이터를 사용하도록 사전에 동의했는지 확인할 의무를 이행하지 않은 것으로 드러났다.

　케임브리지 애널리티카(또는 AIQ)가 코건의 페이스북 데이터나 예측 모형을 사용했는지는 여전히 논란거리이다. 크리스토퍼 와일리는 데이터가 케임브리지 애널리티카로 넘어갔고, 케임브리지 애널리티카의 모든 알고리즘이 트럼프 대선 캠페인에서 사용되지 않았더라도 알고리즘 자체가 애초에 코건의 페이스북 데이터를 기반으로 학습됐다고 증언했다. 게다가 케임브리지 애널리티카의 CEO 알렉산더 닉스는 그의 회사가 2억 3000만 미국인 1인당 데이터포인트를 5,000개 이상 보유한다고 자랑했다. 닉스의 주장이 과장일 수는 있지만 ICO 내부 감사에서 최대 1억 6000만 명분의 1인당 데이터포인트 수백 개를 확보한 데이터베이스가 여러 개 발견되었다. 마이크로타깃 전략에 정보를 제공할 수 있을 만큼 방대한 데이터이다.

하지만 페이스북에서 부적절하게 입수한 데이터가 브렉시트와 트럼프 대선 기간 마이크로타깃 전략에 어느 정도 사용됐는지는 끝내 확인할 수 없을 것이다. 그보다 중요한 것은 브렉시트와 트럼프 대선 캠페인에서 페이스북의 마이크로타깃 전략이 광범위하게 사용됐고, 앞으로도 이런 일이 일어날 가능성이 크다는 점이다. 마이크로타깃 방식으로 개인을 설득할 수 있다는 새로운 증거가 나오고 있지만 선거 **전체**를 좌우할 수 있을지는 여전히 미지수이다.

한편 런던정경대학교 심리학 조교수이자 연구자 젠스 매드슨Jens Madsen은 선거 제도에 대한 다양한 가정을 토대로 선거 기간에 마이크로타깃 방식이 얼마나 효과적인지 평가하고 싶었다. 그래서 매드슨과 공동 연구자인 토비 필디치Toby Pilditch는 세 유형의 행위자로 시뮬레이션 세계를 구축했다. 세 유형은 유권자와 마이크로타깃 캠페인을 펼치는 후보자, 전통적인 캠페인에 의존하는 후보자이다. 시뮬레이션이 실행되면 유권자마다 각 후보자를 신뢰하는 정도를 판단한 점수가 나온다. 여기서 핵심 질문은 사람들의 투표 선호도가 마이크로타깃 선거 캠페인에 따라 어떻게 달라지느냐는 것이다.

결정적으로 '전통적인' 캠페인은 다소 맹목적으로 작동하면서 유권자에 대한 특별한 지식 없이 '획일적인' 방법으로 메시지를 전달했다. 반면 마이크로타깃 캠페인은 먼저 유권자를 세분화해 선거 기간에 투표하러 나올 가능성이 있는 유권자, 설득 가능한 유권자

(특정 후보를 지지하거나 반대 의견이 강하지 않은 유권자), 그리고 해당 후보를 적어도 어느 정도는 신뢰할 수 있다고 판단하는 유권자에게 만 연락했다. 시뮬레이션 세계에는 유권자가 1만 명, 후보자가 2명 출마했으며, 선거운동 기간은 2개월 정도였다. 매드슨과 필디치는 이 시뮬레이션을 총 9,000회 실행했다.

결과는 명확했다. 두 후보자의 도달 범위가 같다고 전제할 때 마이크로타깃 전략을 쓴 후보가 모든 선거에서 후보자에 대해 지각된 신뢰도 항목의 **모든 조합**에 앞섰다. 다시 말해 전통적인 접근법을 사용한 후보의 신뢰도가 더 높아 보여도 사실 마이크로타깃 캠페인을 이길 수 있는 유일한 길은 캠페인의 전체적인 도달 범위를 넓히는 방법밖에 없었다. 두 후보 모두 호감도가 높은 편이라고 할 때, 전통적인 캠페인 후보가 마이크로타깃 캠페인 후보를 따라잡으려면 약 5배 더 많은 유권자에게 도달해야 했다. 이 실험의 시뮬레이션 세계에서 보자면 전통적인 캠페인이 이기려면 매일 마이크로타깃 캠페인이 유권자 20명에게 도달할 때 전통적 캠페인은 유권자 약 100명에게 도달해야 한다는 뜻이다. 게다가 전통적인 캠페인 후보가 유권자들 사이에 전반적으로 선호도가 높다고 전제한다 해도 시뮬레이션 결과에 의하면 마이크로타깃 후보와 경쟁할 때는 여전히 2배 정도 더 많은 유권자에게 도달해야 한다.

물론 이는 이론적 시뮬레이션 결과일 뿐이다. 하지만 2022년 실제 선거의 마이크로타깃 연구 결과가 발표됐다. 2018년 미국 중간

선거 기간에 진행된 연구였다. 노스이스턴 대학교 커뮤니케이션학과 조교수 캐서린 행셴Katherine Haenschen은 텍사스의 한 시민단체와 협력해 정치 광고 캠페인의 영향을 연구했다. 소규모 실험실 연구와 달리, 행셴은 유권자 약 90만 명을 대상으로 연구했다. 이 시민단체는 상업적 유권자 파일을 페이스북의 '청중 맞춤' 기능에 추가해 유권자를 통제 집단이나 실험 집단으로 배정할 수 있었다. 낙태권과 국민의료, 총기 규제, 이민의 4가지 정치 사안에 대한 광고로 4가지 타깃 실험 집단을 구성했다.

전반적으로 실험 집단마다 약 35~40퍼센트가 광고에 노출됐다(페이스북에서는 광고 경쟁이 치열하다). 행셴은 4가지 광고 캠페인이 투표율을 끌어올렸다는 증거는 찾지 못했지만 '조건부' 효과를 발견했다. 예를 들어 텍사스의 '경합 지구'(선거 결과가 근소한 차이로 결정되는 지역구)에 거주하는 여성에게 집중할 때는 낙태 찬성 광고가 투표에 비교적 큰 영향을 미쳤다. 이 집단의 투표율은 통제 집단에 비해 약 1.66퍼센트포인트 증가했다.

이 연구는 페이스북에서 광고를 구매해 집행하기만 해서는 선거에 영향을 미칠 수 없다는 점을 보여준다. 맥락이 중요하고, 메시지가 중요하며, 청중이 중요하다. 하지만 페이스북 알고리즘으로는 유권자 수백만 명의 정보에서 특정 주장에 설득당할 가능성이 가장 큰 청중을 추려 마이크로타깃할 수 있었다. 2018년 중간선거 기간에 텍사스에서 투표율을 높이고 싶다면 그중 경쟁이 치열한 선거구를 찾아내고 특히 여성 유권자를 타깃으로 설정해 낙태권에 관한 메시지를 전달하면 큰 효과를 거둘 수 있었을 것이다. 전체 캠페인 비용은 2만 5,000달러였다.

## 설득인가 조종인가

그러면 가짜 뉴스가 주요 선거 결과에 영향을 미칠 수 있을까? 앞의 텍사스 연구 결과, 페이스북 알고리즘이 특정 청중에게 맞는 버튼을 찾는 데는 그리 큰 비용이 들지 않았다. 하지만 만약 오해를 조장할 수 있는 광고에 막대한 돈을 쓴다면 어떻게 될까?

트럼프는 2016년 대선 캠페인(내부에서는 '프로젝트 알라모'라고 불렀다) 때 수많은 페이스북 광고에 막대한 돈을 투입했다고 밝혀졌다. 여기에는 총 4000만 달러 이상이 쓰였다. 청중에게 꼭 맞는 광고를 노출하는 과정을 최적화하기 위해 같은 광고의 조금씩 다른 버전을 최대 5만 번이나 테스트하면서 들어간 비용이다. 주로 'A/B' 테스트 방식으로 사람들에게 같은 광고의 2가지 버전을 무작위로 보여주고 어느 쪽이 더 효과적인지 확인했다. 때로는 20~30번을 시도해야 실제로 광고를 클릭하는 '전환'까지 유도할 수 있었다. 와일리의 말처럼 이때 핵심은 인지적 편향을 찾아내 활용하는 것이다. 그리고 광고는 주로 '다크 포스트dark post'였다. 자연 포스트(organic post, 무료로 공유되는 포스트나 메시지)와 달리 다크 포스트는 광고주 페이지에는 표시되지 않고 사용자 피드에만 스폰서 콘텐츠로 뜨는 타깃 광고이다. 그래서 사용자가 특정 기업이나 캠페인을 팔로우하지 않아도 사용자의 뉴스피드에 해당 광고가 표시될 수 있고, 광고는 사용자나 성향이 비슷한 사람들에게만 나타날 수 있다.

영국 〈채널 4 뉴스〉의 2020년 조사에서는 트럼프 캠프에서 (케임브리지 애널리티카의 도움을 받아) 투표장에 가지 못하도록 억제할 수 있는 사람들, 즉 '억제층'으로 분류되는 유권자들을 구체적으로 파악했다고 밝혔다. 투표 기록을 조사하면 조지아와 노스캐롤라이나(46퍼센트), 미시간(33퍼센트) 등 주요 경합주의 흑인 유권자가 '억제층'의 61퍼센트로 상당한 비율을 차지했다. 전체적으로 '억제층'의 54퍼센트가 유색 인종이고, 특히 흑인 유권자 350만 명이 억제 전략의 타깃이 되었다. 〈채널 4 뉴스〉는 위스콘신주 밀워키의 여러 구역에서 조사했고, 도시 안 다수의 선거구에서 투표율이 지난 선거보다 떨어진 점을 확인했다. 한 선거구에서는 '억제층'으로 분류된 집단의 36퍼센트만 선거 당일 투표하러 나갔다. 이 선거구의 투표율은 2012년 75퍼센트에서 2016년 56퍼센트로 하락했다.

물론 마이크로타깃 광고 외에도 투표율이 떨어진 이유를 설명할 다른 이유가 있을 수 있다. 그러나 억제층 상당수는 2012년 오바마에게 투표했을 가능성이 크며, 오하이오주 연구 결과처럼 가짜 뉴스가 오바마 유권자들에게 기권하거나 투표 후보를 바꾸게 해 힐러리 클린턴에게 투표하는 일을 방해했을 수 있다. 왜 이런 현상이 나타났을까?

트럼프의 디지털 캠페인 책임자인 브래드 파스케일Brad Parscale 은 흑인 유권자를 표적으로 공략했다는 의혹을 공식 부인했지만 2020년 〈채널 4 뉴스〉가 공개한 케임브리지 애널리티카의 기밀문서에는 '슈퍼 포식자' 광고가 언급됐다. 이 광고는 흑인 유권자들을 대상으로 힐러리 클린턴을 향한 신뢰를 떨어뜨리기 위해 특별히 설계된 광고였다. 이 광고에서 클린턴은 흑인 청년들을 '양심도 없고 공감도 못하는' '슈퍼 포식자'로 묘사한다. 완전한 가짜 뉴스가 아니라 1996년 클린턴이 뉴햄프셔주에서 갱단의 폭력 범죄 법안에 관해 연설하면서 실제로 사용한 표현이었다(물론 광고에서는 맥락에 맞지 않게 인용해 여론을 조작하려고 시도했다고 해석할 수 있다). 결론적으로 흑인 유권자들이 과도하게 '억제층'으로 분류되고 힐러리 클린턴을 비방하는 광고의 표적이 됐다는 점에서, 적어도 주요 경합주에서는 유권자를 이탈시키려는 마이크로타깃 전략이 더 효율적으로 작용했을 가능성이 있다.

이런 통찰에서 2가지 중요한 사실을 알 수 있다. 첫 번째는 트럼프 캠페인이 코건의 모형에 접근할 수 있었어도 이 모형의 예측된 성격 데이터는 마이크로타깃 전략에 딱히 필요하지 않았다는 점이다. 트럼프 캠페인과 브렉시트 캠페인 양쪽 모두 광고를 수십만 개 내보내는 데 막대한 돈을 투입했다. 아무나 이메일 목록을 들고 페

7장 당신은 이미 읽혔다

이스북을 찾아가 비슷한 성향의 사용자 수천 명을 추려달라고 요청할 수 있다. 그러면 페이스북은 사용자들의 프로파일 정보와 '좋아요' 기록을 토대로 '닮은꼴' 청중, 즉 의뢰인과 유사한 성향의 사람들 그룹을 생성해줄 수 있다. 따라서 이미 '외향적'으로 알려진 사람들 명단을 페이스북에 보내기만 하면 페이스북이 알고리즘을 통해 (예측된 성격 모형과 상당히 비슷하게) 순식간에 '외향적인 사람'을 더 많이 찾아낼 수 있다.

두 번째 사실은 여기에 페이스북의 '좋아요'와 유사한 디지털 발자국을 추가하면 훨씬 정확하고 효율적으로 타깃 캠페인을 시도할 수 있다는 점이다. 각국 선거의 거의 4분의 1이 3퍼센트 미만의 표 차로 결정되는 최근 추세에서, 풍부한 디지털 발자국 정보에 기초해 마이크로타깃 전략으로 잘못된 정보를 유포하는 능력은 대중을 설득하는 위험한 무기가 될 수 있다. 사람들의 행동에 대한 디지털 데이터가 점점 증가해 이런 모형을 학습시킬 수 있다면 설득하기 쉬운 집단을 더 정확히 식별할 수 있다. 우리가 방문하는 모든 웹사이트가 매트릭스의 데이터포인트가 될 수 있다. 실제로 최근 연구에서는 **나노타깃**nano-target의 실현 가능성이나 특정 사용자 **1명**을 정확히 타깃해 광고하는 기능이 입증됐다.

트위터는 수많은 유권자에게 정치 광고를 마이크로타깃하는 경우 발생할 잠재적 피해를 이미 알았고, 2019년 정치 광고를 금지하면서 일대 논란을 일으켰다. 또 마이크로타깃 기능을 제한하기도 했다. 올바른 방향으로 조치를 취하기는 했지만 사람들은 이런 규제를 우회할 창의적인 방법을 찾아낼 터였다. 마이크로타깃이 가능한 플랫폼으로 비즈니스를 이전하거나, 정치 단체로 등록하지 않거나, 기관의 자체 뉴스피드에 게시하거나, 사용자들에게 직접 메시지를 보내거나, 캠페인과의 연관성을 드러내지 않은 인플루언서를 활용하거나, 정치 메시지를 전파하는 데 도움이 되는 사용자들의 네트워크를 활용할 수도 있다. 따라서 규제 조치만으로는 사실 우리가 언제 어디서 정치 콘텐츠에 노출될지 모른다는 좀더 근원적인 **심리적** 문제를 해결하지 못한다.

이 장에서는 가짜 뉴스가 유권자의 선택에 미치는 **직접적인** 영향만 알아봤다. 앞서 여러 장에서 확인했듯 가짜 뉴스는 간접적으로도 여론에 강력한 영향을 미칠 수 있다. 실제로 각국의 타깃 전략을 통한 선거 개입 시도는 유권자를 직접 겨냥하기보다는 사회적 긴장을 조장하고 공론의 장을 불안정하게 만든다. 예를 들어 다수의 여론조사에 따르면 2016년 미국 대선에서 러시아의 선거 개입에 대한 미국인들의 정서가 양극단으로 갈렸다. 연구에서는 외국이 간섭했을 가능성을 보여주는 증거가 나올 때 국민들 사이에 민주주의에 대한 신뢰가 떨어지고 투표 가능성도 떨어지는 것으로 나타났다. 따라서 가짜 뉴스의 실질적이거나 총체적인 효과는 직접적 효과와 간접적 효과를 모두 고려해야 제대로 파악할 수 있다.

요컨대 전통적인 캠페인은 유권자를 설득하려고 시도했지만 현

7장 당신은 이미 읽었다

재의 소셜미디어는 사람들의 디지털 발자국을 기반으로 설득될 가능성이 큰 개인을 포착해 마이크로타깃하는 과정을 최적화하는 데 도움이 될 수 있다.

다시 바이러스에 비유하자면 잘못된 정보 바이러스에 감염되어 바이러스를 확산시킬 가능성이 가장 큰 사람들에게 고농축으로 바이러스를 투여할 방법이 개발된 셈이다. 디지털 버전의 생화학무기이다.

브렉시트 캠페인과 트럼프 캠페인은 시작에 지나지 않았다. 2021년 옥스퍼드 대학교 보고서에 따르면 민간 기업(주로 케임브리지 애널리티카 같은 기업)이 현재 최소 48개국에서 정치 기관을 대신해 디지털 정치 선전 서비스를 제공하고 있다.

이제 우리에게 필요한 것은 백신이다. 악의적이고 해로운 온라인 조작으로부터 사람들을 보호할 수 있는 **심리적 면역력**을 키워줄 백신이 필요하다.

## 가짜 뉴스 항원 7 | 마이크로타깃 시도를 식별하고 차단하기

— 가짜 뉴스 하나가 사람들의 투표 방식에 미치는 영향은 제한적일지 몰라도, 정치권에서는 디지털 온라인 발자국을 기반으로 심리적 특질을 예측하는 기술을 이용해 마이크로타깃 전략을

사용할 수 있게 되었다.

— 페이스북의 '좋아요'와 그 밖에 온라인 데이터를 기반으로 사람
  들의 성향을 타깃하는 광고가 정치적 선호도에도 영향을 미칠
  수 있다는 사실이 연구에서 밝혀졌다.

— 설득하기 쉬운 개인을 포착할 수 있으면 수천 가지 광고로 수백
  만 사용자를 타깃 설정하면서 소박한 설득 효과를 대단위로 적
  용할 수 있다.

— 다시 말해 소셜미디어를 이용하면 특정 집단에 가장 설득력 있
  다고 판단되는 잘못된 정보의 일면을 종합해 해당 집단을 표적
  으로 삼을 수 있다.

— 이처럼 새로운 대중 설득의 무기를 인식하는 일이 면역력을 기
  르기 위한 첫 단계이다.

7장 당신은 이미 읽혔다

# 3부

## 속이려는 자에게
## 속지 않으려면

# 8장 사전 작업이 중요하다

"우리 편이 주도권을 잡으면 정보 프로그램이라 불렸고,
상대편이 주도권을 잡으면 선전 프로그램이라 불렸다."
— 로버트 치알디니Robert Cialdini, 『설득의 심리학』*Influence* 저자

데이비드 호킨스David Hawkins는 오클라호마시티 출신으로 열여섯 살에 미군에 입대했다. 때는 1949년이었다. 호킨스는 그가 여섯 살이었을 때 집을 떠나 2차 세계대전에 참전한 아버지 클레이튼 호킨스의 뒤를 따랐다.

당시에는 2차 세계대전이 끝난 뒤 미국과 소련 사이에 긴장이 고조되고 공산주의의 부상에 대한 우려가 팽배했다. 1년 뒤인 1950년 북한이 중국과 소련의 군사적 지원을 등에 업고 남한을 침공하면서 한국전쟁이 발발했다. 그해 말 미국의 해리 트루먼Harry Truman 대통령이 공산주의의 확산을 저지하기 위해 미군의 개입을 명령한다고 전 세계에 선포했다. 한국전쟁은 사상자가 300만 명 이상 발생한 가장 파괴적인 전쟁이지만 대중의 관심을 비교적 적게 받은 전쟁이라

'잊힌 전쟁'이라고도 불린다. 특히 뒤이어 발발한 베트남전쟁과 비교하면 더욱 그렇다.

호킨스가 미국을 떠나 참전했을 때는 겨우 열일곱 살이었지만 그의 복무 기간은 그리 길지 않았다. 전쟁터에 도착하자마자 전투에 나갔다가 부상을 입고 적군의 포로로 잡혔기 때문이다. 그는 '죽음의 계곡'이라는 중공군 포로수용소로 끌려갔다(왜 이런 이름이 붙었는지 짐작할 수 있을 것이다). 호킨스는 이후 3년간 포로 생활을 했다.

여기서 데이비드 호킨스의 특별한 점이 무엇인지 궁금할 것이다. 북한과 중국, UN의 휴전 협상 이후 1953년 남북한 분단 협정이 체결되면서 전쟁 포로 송환이 결정되었다. 이 작전의 이름은 '빅 스위치 작전Operation Big Switch'이다. 전쟁 포로 수천 명이 교환됐다. 호킨스가 특별한 이유는 미국으로 돌아갈지 선택할 차례가 됐을 때 본국 송환의 기회를 거절하고 공산주의 중국에 남기로 했기 때문이다. 이렇게 결정한 사람은 호킨스만이 아니었다. 미국인 20명과 영국인 1명을 포함해 다른 포로 21명도 호킨스와 같은 선택을 했다. 그중 일부에게는 고국에 두고 온 처자식도 있었다. 1954년 2월 24일, '배신자'로 낙인찍힌 이들은 압록강 건너 중국행 기차에 몸을 실었다. 그중 호킨스를 포함한 몇몇은 나중에 다시 미국으로 돌아갔지만 나머지는 영영 소식을 듣지 못했다.

미국인 20명이 자발적으로 공산주의를 받아들였다는 소식에 미국 사회는 충격에 빠졌다. 전례 없는 사건이기에 충격이 더 컸다. 뉴

8장 사전 작업이 중요하다

욕 대학교 역사학과 교수 모니카 킴Monica Kim은 이 사건을 이렇게 해석한다. "미국은 전시에 적을 변절시켜 넘어오게 할 힘을 가져야지, 그 반대가 되어서는 안 됐다." 당시 수용소에서는 어떤 일이 일어났을까? 데이비드 호킨스는 미국으로 돌아와 BBC와의 인터뷰에서 포로로서 매일 6~7시간씩 마르크스주의의 장점과 자본주의의 해악에 관해 세뇌 교육을 받았다고 털어놓았다. 수용소에서는 왜 아무 상관도 없는 남의 나라 내전에 참전하기 위해 8,000킬로미터나 떨어진 곳까지 왔느냐고 그에게 물었다. 그리고 그가 무엇을 위해 싸우는지도 모르고, 공산주의가 실제로 무엇인지도 모른다고 강조했다. 포로들은 체계적인 '재교육' 캠페인으로 수많은 강의와 책과 팸플릿에 노출됐다. 일부 포로는 점차 공산주의 이상을 전파하기 시작했다. 호킨스는 '저들이 사회주의라는 걸 진심으로 받아들인 것 같으니 나도 그게 뭔지 알아보자, 직접 확인해보자'라고 생각하고 결국 호기심을 갖고 그곳에 남기로 결정한 터였다.

그의 마음은 계속 그의 것이었을까? 당시 북한에서 포로들이 겪은 상황에 관해 가장 일반적이고 대중적인 설명은 미군 포로들이 적군에게 '세뇌'당했다는 것이다. '세뇌brainwash'라는 말은 1951년 저널리스트 에드워드 헌터Edward Hunter가 중공군에 관한 기사에서 처음 쓴 용어로, 중국어로 '뇌를 씻는다'는 뜻의 '시나오洗腦'를 직역한 말이다. 일각에서는 포로로 붙잡힌 병사들이 "공산주의 바이러스에 어느 정도 감염된 상태"였다고 표현하기도 했다. 당시 중앙 정보국CIA 국장이었던 앨런 덜러스Allen Dulles는 프린스턴 대학교 동문 연설에서 이렇게 말했다. "공산주의자들은 현재 한반도에 있는 미군 포로들에게 세뇌 기법을 쓰고 있으며, 많은 청년이 적어도 일시적으로나마 조국과 가족을 버릴 만큼 세뇌당했을 가능성을 배제할 수 없습니다."

앞서 본 것처럼 남을 설득하기란 어렵다. 마음에 깊이 뿌리 내린 사회적, 정치적 신념을 끊고 낯선 나라의 완전히 새로운 가치관을 받아들이는 일은 더더욱 불가능에 가깝다. 따라서 극단적인 상황이 필요하다.

포로 중 다수는 북한 포로수용소에 관해 끔찍한 소문을 들었지만 중공군 수용소에서 직접 마주한 현실은 전혀 예상 밖이었다. 그들은 환대와 거창한 찬사를 받았다. "동지들은 해방됐습니다!" "이제 평화를 위해 싸우십시오!"라는 식이었다. 일부 학자들은 미군들이 이미 전쟁에서 그들의 역할을 혼란스러워했기에 평화를 약속하는 말들이 더 매력적으로 들렸을 거라고 지적한다.

중공군이 보기에 미군은 폭력적인 적이라기보다는 제대로 교육받지 못하고 올바른 길로 인도받지 못한 채 혼란에 빠져 허우적대는 우매한 민중이었다. 그래서 이른바 '유화책'을 쓰기로 했다. 중공군의 설득에 진심으로 관심을 보이고 경청하고 열린 자세로 공산주의 이념을 배우려 하고 적극적으로 참여하는 모습을 보이는 포로는 상대적으로 잘 대접받고 때로는 포상까지 받으며 동지의 자격을

8장 사전 작업이 중요하다

얻었다. 사상 교육에 저항하는 포로들은 체벌 대신 스스로 반성하고 '부정적으로' 행동하게 만드는 '잘못된' 신념을 떨쳐내라고 요청받았다. 그래도 계속 저항하는 포로들은 '반동분자'로 분류되어 다른 수용소로 보내졌다. 반면 협조적인 포로들은 '진보주의자'로 분류되어 추가로 특권을 얻었다.

물론 다 좋기만 한 것은 아니었다. 중공군은 포로들의 영양 상태를 열악한 수준으로 유지했고(다만 그들은 포로들에게도 중공군 병사들과 같은 식단이 제공된다고 주장했다), 포로들을 고립시켜 위에서 집단의 역학 관계와 사회 질서를 조종했다. 또 포로들에게 나쁜 소식이 든 편지만 받게 하는 식의 온갖 전술을 사용했다. 따라서 포로들은 배고픔과 피곤함, 사회적 고립이 끝없이 이어지는 처지에서 정신적으로 방황했을 것이다. 중공군은 또한 독특한 심문 기법을 활용했다. 심문하는 동안 대화형 토론의 장을 만들어 포로들의 핵심 신념과 가치관을 비판적으로 검토하고 질문했다. 포로들은 스스로 사고 방식의 문제점을 찾으라고 지시받았고, 과거의 불행은 문제가 많은 자본주의 사회를 오랫동안 신봉한 결과라고 말했다. 강의가 끝나면 집단 토론이 이어졌다. 토론이 제대로 흘러가지 않으면 포로들은 똑같은 강의를 몇 번이고 반복해서 들어야 했다.

그사이 어떤 주장에 반복해서 노출될수록 그 주장의 진실 가치가 높아지는 '진실 착각' 효과를 비롯해 오늘날 잘 알려진 심리 기제가 사용됐다. 당시로서는 이런 설득 기법이 드물었으며, 신체적 학대나

고문에 의존하는 방식보다 훨씬 효과적이었을 것이다.

그러나 미국인의 의식이 세뇌당했다는 주장은 당연히 오랫동안 비판받았다. 중국에 남기로 한 소수에게만 주목한다면 수년간 포로 수용소에서 심문받고도 미국으로 귀환한 수천, 수만의 병사에게서 관심이 멀어진다는 비판이었다. 그래도 미국의 심리학자 윌리엄 J. 맥과이어(1925~2007)가 이 사건에 관심을 가졌다는 점에서 다뤄볼 만한 주제이다.

윌리엄 맥과이어는 백신을 맞으면 우리 몸이 바이러스에 대한 면역력을 키우듯 인지적 백신 '주사'를 맞으면 세뇌에 대해 저항력을 기를 수 있다는 개념을 최초로 제기한 사람이다.[1] 정작 맥과이어는 도달하지 못했지만 그의 이론은 '사전 반박'(잘못된 정보가 유포되기 전에 미리 경고하는 식으로 대응하는 기법—옮긴이 주)이라는 새로운 과학에 대한 현대적 이해의 초석을 놓았다.

---

1   엄밀히 말하면 아리스토텔레스가 '사전 반박'의 가치에 대해 처음 글을 썼을 가능성이 크지만 이 점에 대해서는 나중에 다루겠다.

## 세뇌 백신

미국이 제2차 세계대전에 참전하기 직전인 1941년, 심리학자 칼 호블랜드Carl Hovland는 학계를 떠나 미 육군성 연구부서인 '정보교육부'에 합류했다. 호블랜드는 실험심리학부서 책임자로서 선전과 설득의 효과를 연구하는 임무를 맡았다. 특히 〈우리는 왜 싸우는가〉 *Why We Fight, WWF*라는 영화가 미군 병사들의 사기와 동기 부여에 미치는 영향을 평가했다. WWF는 미국이 왜 이 전쟁에 참전하는지에 관해 병사들이(그리고 나중에는 일반 국민이) 이해하도록 돕기 위해 만든 연작 다큐멘터리였다.

호블랜드는 이런 영화가 전쟁에 대한 사람들의 의견과 신념, 지식에 어떤 영향을 미치는지 체계적으로 조사하면서 설득 연구에 실험적인 방법을 도입했다. 이를테면 이미지가 더 효과적인지 오디오가 더 효과적인지, 일방적으로 주장을 전달하는 것이 더 효과적인지 양방의 주장을 모두 제시하는 것이 더 효과적인지, 효과가 얼마나 오래 지속하는지, 어떤 사람에게 효과가 더 크게 나타나는지 등을 평가했다. 한마디로 설득의 기본 법칙을 밝히려 했다. 그는 연구 결과를 1949년 『매스 커뮤니케이션 실험』*Experiments on Mass Communication*이라는 연작 서적으로 출판했다.

호블랜드는 전쟁이 끝나고 예일 대학교로 돌아가 심리학과 학과장을 맡으며 '예일 커뮤니케이션 및 태도 변화 프로그램'을 창설했다. 이 프로그램은 현재까지도 심리학 역사상 가장 영향력 있는 커뮤니케이션 및 태도 변화 연구 프로그램으로 유명하다. 호블랜드의 예일대 제자 중 1명이 바로 윌리엄 맥과이어이다. 대학원생이었던 맥과이어는 태도 변화 프로그램에는 주변인으로만 참여했다고 말했지만 나중에 예일대로 다시 돌아와 이 분야에서 최고의 태도 전문가가 되었다. 그리고 한국전쟁에서 영감을 받아 태도 변화에 대해 특히 흥미로운 관점을 제시했다.

미국은 외국의 세뇌 기법에 대해 널리 퍼져 있던 우려에 대응하기 위해 한국전쟁 중 포로들의 행동을 연구한 뒤 국민들에게 '미국의 가치관'을 길러주는 데 실패했다는 결론에 이르렀다. 그래서 학교와 군대 같은 공식기관에서 '미국의 이상'을 더 명확히 가르치고 전달하자는 제안이 널리 받아들여졌다.

하지만 맥과이어는 동의하지 않았다. 그는 근본적으로 다르게 접근했다. 사람들을 약한 형태의 선전에 **미리 노출**시키면 어떨까? 달리 말하면 사람들에게 특정 입장을 지지하는 논거를 더 많이 제시하기보다 그들의 신념을 약한 버전으로 공략하는 방법이었다. 맥과이어는 이 방법이 '면역제'로서 훨씬 효과적이라고 보았다.

맥과이어는 예일대 동료인 어빙 재니스Irving Janis의 연구에서 영감을 받았다. 재니스는 논쟁에서 사람들을 양측의 주장에 노출시키면 한쪽의 일방적인 주장을 제시할 때보다 상대편의 주장에 훨씬 더 '예방 접종'되는 현상을 입증했다. 예를 들어 재니스는 1950년대 초

8장 사전 작업이 중요하다

에 실시한 한 실험에서 학생들에게 소련이 원자폭탄을 대규모로 생산할 능력이 없다고 설득하려 시도했다. 학생들에게 이 주장에 대해 찬성과 반대의 논거를 모두 제시해보니 소련이 원자폭탄을 대규모로 생산할 수 없는 이유만 많이 들을 때보다 반대 의견(소련도 원자폭탄을 쉽게 생산할 수 있다는 주장)에 더 잘 대비할 수 있는 듯했다. 재니스는 이 결과에 대해 깊이 있는 설명이나 일관된 이론을 내놓지 못했다. 하지만 맥과이어에게는 이론이 있었다. 그는 '바이러스(설득 공격)'에 미리 노출되면 사람들이 자신의 태도를 방어하려고 시도할 거라는 가능성을 공식화하기 시작했다.

한국전쟁 당시 맥과이어는 일부 미군 포로들에게는 설득 공격에 맞서기 위한 정신적 방어 수단이 갖춰지지 않았을 거라고 추론했다. 사실 중공군이 자본주의의 근본 이념을 공략할지 누가 알았겠는가? 널리 공유되지만 의심받은 적 없이 확고한 사회 통념이라는 의미에서 맥과이어는 이를 '문화적 공리cultural truism'라 불렀다. 맥과이어는 사람들에게 올바른 태도를 지지해야 하는 이유를 더 많이 제시하기보다 약한 공격에 노출하는 데 주력해야 한다고 주장했다. 따라서 그에게는 이 과정을 우리 몸이 바이러스에 대한 면역력을 키우는 과정에 비유하는 것이 당연해 보였다.

실제로 심리적 예방 접종 과정은 생의학적 비유에 정확히 들어맞는다. 우리 몸이 심하게 약해진(또는 죽은) 바이러스 변종에 노출되면 감염에 맞서 싸우기 위해 항체를 생성하듯 정보 예방 접종으로도 같은 효과를 누릴 수 있다. 충분히 약해진 설득 '공격'에 사람들을 미리 노출시켜(이후 그 공격에 반박해) 잘못된 정보에 심리적으로 저항하기 위한 마음의 항체를 생성할 수 있다.

유능한 연구자인 맥과이어는 실험 사례로 적합하다고 여긴 문화적 공리를 조사하기 위해 통제 연구를 설계했다. 우선 '무균의' 신념, 곧 정치에 감염되거나 오염되지 않은 신념을 정했다. 이를테면 자주 양치질하는 습관이 건강에 좋다는 신념을 예로 들었다. 설문조사에서 거의 모든 학생이 이 신념에 같은 태도를 보였다. 모두 동의했다. 이는 널리 공유된 태도라는 뜻이었다. (반면 '자본주의가 공산주의보다 낫다'는 진술에는 학생 50퍼센트만 동의했다). 널리 공유된 신념이 공격받을 수 있을 것이라 예상하는 사람은 없을 테니 반론을 연습하고 반박한 경험이 거의 혹은 전혀 없을 거라고 맥과이어는 추정했다. 그런데 갑자기 양치질을 하루에 2번 하면 잇몸에 해롭다는 주장을 담은 기사로 공격받는다면 당신은 어떻게 대응할까? 반박할 준비가 됐을까? 맥과이어는 이처럼 연습하지 않은 신념은 공격에 취약하다고 보았다.

맥과이어는 한 실험에서 학생들에게 신념을 향한 설득 공격의 약한 버전을 노출하고 어떻게 맞설지 반론을 준비하게 했다. 며칠 뒤 그는 다시 돌아와 학생들에게 해당 문제에 대한 태도를 물었다. 결과는 어땠을까? 설득에 대한 면역력이 강해졌다. 그는 1970년 『사이콜로지 투데이』*Psychology Today*에 "세뇌에 대한 백신"이라는 제목으로 연구 결과를 요약해 발표했다.

이후 맥과이어는 영리한 실험을 실시했다. 우선 미국인들이 그들의 이상을 더 잘 지켜야 한다는 권고를 시뮬레이션하기 위해 '안심시키는 메시지', 현재는 주로 '지지적인 주장'이라 부르는 메시지를 만들었다. 그러면서 사람들에게 비타민이나 건강한 '정보' 식단을 제공하는 일에 비유했다. 구체적인 예를 들자면 맥과이어가 실험한 문화적 공리 중 이런 주장이 있었다. "모든 사람은 질병의 증상이 없어도 해마다 건강검진을 받아야 한다." 이와 같은 '안심' 조건에서는 조기 발견의 이점을 강조하면서 이런 문화적 공리를 강화한다. 여기서는 어떤 문제도 제기하지 않고 반박하지도 않았다. 안심 메시지(일반적으로 600단어 분량의 에세이)에서는 문화적 공리에 찬성하는 논거를 더 많이 제공했다.

반면 '예방 접종' 조건(그는 '위협적인 방어'라고도 표현했다)에서는 학생들에게 인지적 방어를 시뮬레이션하기 위해 공격적인 주장의 약한 버전을 미리 노출시킨다. 예방 접종 조건에서는 문화적 공리를 지지하는 주장을 무시했다. 문화적 공리에 반박하는 주장을 먼저 제시하면서(위협 단계) 사람들이 해마다 건강검진을 받으면 건강 염려증에 걸리고 다음 검진 때까지 진료를 미룰 수 있다는 식으로 주장한다. 그런 다음 강력한 반론을 제시하며 설득 시도에 즉각 반박한다. 두 조건의 학생들은 이후 '완전한 공격 버전'에 직면했다. 다시 말해 건강검진이 유익하다는 문화적 공리의 진위를 '공격'하는 후속 논문을 접했다.

두 실험 조건의 차이는, 한 조건에서는 단순히 지지적인 메시지(더 많은 사실)를 많이 받은 데 반해 다른 조건에서는 미래에 받을 법한 공격을 약한 버전으로 받아보고 강력한 반박(백신 접종)으로 논박하는 데 집중했다는 점이다. 한편 통제 조건에서는 아무 메시지도 표시되지 않았다. 통제 조건은 해당 문화적 공리에 대한 사람들의 기존 신념을 측정하기 위한 기준점이 되어주었다. 맥과이어는 학생들에게 메시지 노출 전후에 해당 주장이 진실인지 거짓인지에 대해 '확실히 거짓'부터 '확실히 진실'까지의 10점 척도로 답하게 했다.

개인의 태도를 설득하려는 공격에 맞서는 데 어느 쪽이 더 효과적일까? 진실을 강조하는 쪽과 약한 버전의 공격을 미리 제시하고 반박하게 하는 쪽, 둘 중 어느 쪽이 더 효과적일까?

결과는 명확했다. 아래 도표 내용처럼 아무 정보가 없을 때 학생들은 대체로 매년 건강검진을 받는 것이 좋다는 주장을 지지했고, 평균 점수는 15점 만점 중 12.62점이었다. 하지만 공격을 받자 모든 조건에서 신념의 수준이 크게 떨어졌다. 아무런 방어책이 주어지지 않은 집단('공격만' 조건)에서 진실 평가의 평균 점수는 15점 만점에 6.64점이었다. 학생들이 설득 공격을 받자 사람들이 매년 건강검진을 받아야 한다는 주장에 대한 평소 신념에 의문을 갖게 되었다. 지지 또는 '안심' 메시지 조건에서는 어느 정도 효과가 있었지만 평균 7.39점으로 미미했다('공격만' 조건의 6.64과 비교하면 상승이 1점도 안 된다). 그에 비해 '예방 접종' 조건에서는 훨씬 큰 효과를 거둬 (공격받은 뒤에도) 신뢰 수준이 10.33으로 통제 조건의 기준점에 가까웠다. 요컨대 '예방 접종'이 100퍼센트의 '면역 효과'를 내지는 못했지만 설득 공격에 대한 보호 효과는 82퍼센트(10.33÷12.62) 정도로 여전히 상당히 높은 수준이다!

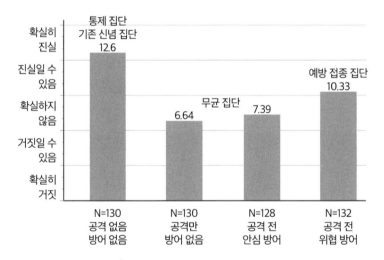

맥과이어의 초기 예방 접종 실험 결과를 시각화한 막대그래프: Y축은 학생들이 15점 척도에서 해당 신념이 진실인지 거짓인지 평가한 점수를 나타내고, X축은 예방 접종 조건을 포함한 실험 집단을 나타낸다.

이 실험은 '세뇌에 대한 백신' 가능성의 첫 근거가 되었다. 맥과이어는 1960년대 초 (지금은 고인이 된) 대학원생 데메트리오스 파파게

오르기스Demetrios Papageorgis와 함께 이 실험을 여러 차례 실시했다. 흥미롭게도 맥과이어(혹은 파파게오르기스)가 백신 접종에 대해 마지막으로 쓴 글의 요약본이 1970년 『사이콜로지 투데이』에 실렸다. 맥과이어는 왜 이후 그의 개념을 실제 선전으로 시험하지 않았을까? 왜 모든 연구를 중단했을까?

나의 동료이자 뉴욕 대학교 심리학과 정치학 교수 존 조스트John Jost는 맥과이어의 마지막 박사과정 제자이며 가족끼리도 친한 사이였다. 맥과이어가 2007년 세상을 떠난 뒤 존은 뉴헤이븐에 있는 맥과이어의 자택에서 미완성 원고를 비롯해 수많은 파일과 상자를 정리했다. 존이야말로 맥과이어가 연구를 중단한 이유를 아는 사람일 터였다.

존이 내게 해준 말에 의하면 맥과이어는 다른 연구자들이 연구를 이어갈 수 있도록 백신 접종 이론의 토대를 마련한 데 자부심을 느꼈다고 했다. 실제로 맥과이어가 이 주제와 관련해 남긴 마지막 글에는 다른 연구자들이 이 이론의 잠재력을 논쟁의 여지가 있는 사안으로서 탐구해주기를 바란다고 적혀 있었다. 맥과이어의 이론은 심리학계에서 여전히 영향력 있지만 수년 혹은 수십 년이 지나는 사이 접종 이론 자체가 서서히 사라졌다. 그로부터 수십 년 뒤, 내가 모든 여정의 출발점인 예일 대학교에서 가장 중요한 질문 몇 가지가 여전히 답을 찾지 못했다는 사실을 깨달은 것이다.

8장 사전 작업이 중요하다

## 잘못된 정보에 대한 예방 접종

현실에서 잘못된 정보를 접하는 상황에서 심리적 접종의 잠재력을 탐색해보면 어떨까? 맥과이어가 백신 접종 이론을 실험실에서 현실 세계로 가지고 나가기를 망설인 이유에 대해서는 그가 남긴 몇 가지 단서로 추정할 수 있다. 초반에 그가 주저한 것은 지극히 당연해 보이지만 결과적으로는 잘못된 판단이었다.

맥과이어가 특히 납득하지 못하는 점이 하나 있었다. 당시 그는 선택적 노출의 증거를 우려했다. 사람들이 증거를 선택적으로 받아들이는 것이 사실이라면 극단적으로 가정할 때 사람들은 자신의 신념을 거스르는 콘텐츠를 접하지도 그에 참여하지도 않을 것이다. 자신의 태도에 도전받은 적이 없으므로 공격을 받을 때 필요한 정신적 방어력이 부족할 것이다. 따라서 예방 접종을 모든 사람에게 실시할 수 있다. 하지만 맥과이어는 현실에서 사람들이 자신의 신념에 도전하는 개념에 노출되는 일을 자주 목격했기 때문에 적어도 강력한 형태의 선택적 노출 이론을 수용하지 못했다. 그래서 그는 한 번도 도전받은 적 없는 신념의 하위 집합으로 백신 접종을 제한해야 한다고 보았다. 이미 '바이러스'에 노출된 사람에게 접종하는 것이 무슨 의미가 있느냐는 생각이었다.

나는 이처럼 백신 접종에 제약을 둔 점이 걸렸다. 사실 현실에서 사람들은 과거에 노출됐거나 노출되지 않은 정보를 모두 알 수 없고 통제할 수 없다. 맥과이어의 이론이 더 발전하지 못한 이유는 '사전 노출 금지' 원칙에 발목이 잡혔기 때문일 것이다. 맥과이어는 예방 접종을 하려면 사람들이 이미 '올바르고' '건강한' 태도를 가지고 있어야 하며, 이전에 이런 태도를 반박받은 적이 한 번도 없어야 한다고 전제했다. 예를 들어 매년 건강검진을 받는 것이 좋다는 신념은 대다수가 공유하고 의문을 제기한 적 없다. 현실에서는 쉽지 않은 조합이다.

나는 만약 맥과이어의 가정이 틀렸다면 어떨지 궁금했다. 그 함의는 엄청났다. 이미 바이러스에 노출되었어도 백신 접종이 가능할까?

맥과이어의 시대에는 명확한 답을 찾지 못했지만 결과적으로 이 질문의 답은 '그렇다'이다. 이를 '치료적 접종'이라고 한다. 우리가 흔히 아는 백신은 '예방 백신'이지만 최근 의학이 발전하면서 바이러스에 노출된 이후에도 접종할 수 있는 '치료 백신'이 나왔다. 치료 백신은 이미 감염되었어도 면역 체계를 활성화시켜 감염과 싸우게 하는 방식으로 작동한다. 최초의 의료용 치료 백신 중 하나는 2010년 미국식품의약국FDA 승인을 받았다. '프로벤지Provenge'라는 이 백신은 전립선암 치료제이면서 환자의 백혈구가 더 경계해 암세포를 공격하도록 훈련하는 방식으로 작동한다. 또 HIV와 HPV 같은 질환에 대해서도 다양한 치료법이 연구되고 있다.

나는 이와 같은 생의학적 비유로 새로운 차원을 보기 시작했다.

8장 사전 작업이 중요하다

어떤 사람에게는 백신 접종이 전적으로 예방적일 수 있고, 어떤 사람에게는 치료적일 수 있지만 알고 보면 '잘못된 정보' 바이러스의 잠복기에 따른 결과일 뿐이다.

잠복기는 바이러스에 처음 노출된 뒤 증상이 발현하기까지 걸리는 기간을 말한다. 잘못된 정보에 한두 번 노출됐어도 한동안 증상이 나타나지 않을 수도 있다. 여러 번 노출되고서야 정보를 공유하거나 정보를 믿기 시작했을 수도 있고, 처음에는 바이러스에 취약하지 않았을 수도 있다. 생물학적 바이러스의 경우, 잠복기는 일반적인 독감(인플루엔자)에 감염될 때의 며칠에서 HIV와 같은 바이러스 감염될 때의 몇 년까지 다양하다. 또 '잘못된 정보' 바이러스에 감염된 경우에도 잠복기가(사람들이 잘못된 정보를 믿고 공유하는 등 눈에 띄는 증상을 보이기 시작하기 전) 몇 년까지는 아니어도 며칠은 지속할 수 있다. 이렇게 새로운 의학에 비유해보면 이제 맥과이어가 초기에 정한 제약이 무효하다. 현실 세계에서 우리는 다양한 감염 단계의 환자를 상대해야 하고, 백신 접종은 예방과 치료 모두에 작용할 수 있다. 이때가 내 깨달음의 순간이었다.

물론 이는 단순히 개념일 뿐이었다. 실증적으로 검증해야 했다.

내가 손댈 수 있는, 미국에서 가장 양극화된 사안은 무엇일까? 과거에 잘못된 정보나 선택적 노출로 인해 사람들이 저마다 확고한 태도를 가졌을 만한 사안이다. 말하자면 나는 맥과이어의 실험과 정반대로 실험해보고 싶었다. 그래서 '감염된' 이념에 대한 신념을 조사할 환경을 찾아봤다.


## 지구 온난화는 가짜 뉴스라는 소문

나는 그리 오래지 않아 미국에서 가장 뜨거운 쟁점 중 하나가 지구 온난화라는 것을 확인했다. 지구 온난화에 대한 진보와 보수의 견해 차이는 2000년대 초반부터 점점 벌어졌다. 예일 대학교 대학원생이었던 나는 2012년 나의 스승이자 지금은 오랜 친구가 된 토니 라이저로위츠Tony Leiserowitz, 에드 마이바흐Ed Maibach와 함께 기후변화에 관한 허위 정보 캠페인의 성격을 연구했다. 우리는 몇 달 동안 머리를 맞대고 기후변화에 대한 궁극의 예방 접종 실험을 설계했다.

사회과학 실험에서 참가자는 연구자가 선정한 자극(주장이나 미디어 메시지)을 접한다. 문제는 그 자극에 '생태학적 타당성'이 있느냐는 점이다. 사실 참가자가 실험실이 아닌 현실에서도 접할 법한 메시지인지는 항상 명확하지 않다. 그래서 우리 연구팀은 실험을 시작하기 전에 밖으로 나가 지금까지 들어본 잘못된 정보 중 가장 공감하는 정보가 무엇인지 전국적인 여론조사로 알아보기로 했다. 설문지에는 기후변화에 관한 온갖 거짓 주장을 넣었다(예를 들어 지구 온난화가 사기극이라거나 기후변화에 관한 정부 간 협의체IPCC는 그저 경각심을 끌어올리기 위한 단체라는 주장이 있다). 가장 잘 알려져 있으며 가장 설득력 있는 거짓 주장은 바로 과학자들 사이에 기후변화에 대한 **합의가 이루어지지 않았다**는 주장이었다.

이 거짓 주장은 '오리건 지구 온난화 청원 프로젝트'라는 가짜 청원에서 나왔다. '과학자' 3만 1,000명 이상이 인간이 지구 온난화를 일으킨다고 볼 만한 과학적 증거가 없다고 주장하며 이에 서명했다고 알려져 있다. 이 청원은 아무 규제도 받지 않았고, 영화 〈매시〉 *M\*A\*S\*H* 출연진과 '진저 스파이스(영국에서 활동했던 걸그룹 스파이스 걸스 멤버 제리 할리웰의 애칭—옮긴이 주)'(보스턴에 거주하는 미생물학자 '제리 할리웰 박사'로 표시됐다)도 한때 과학자 명단에 올랐다. 우리 연구팀도 몰랐던 사실이지만 이 청원은 우리가 연구를 수행하기 직전인 2016년 페이스북에서 공유와 '좋아요'를 50만 회 이상 기록하면서 기후변화에 관해 가장 널리 퍼져나간 정보 중 하나가 됐다. 이 청원이 소셜미디어에서 화제가 된 일이 혼란스러운 이유는 알고 보면 새로운 주장이 전혀 아니었기 때문이다. 사실 이 내용은 1998년에 제기된, 20년도 훨씬 넘은 주장이다. 그리고 이 청원은 '오리건 과학과 의학 연구소'(구글 지도에는 '생존주의자 집단'이라는 오리건 시골의 한 농장으로 나온다)를 운영하는 생화학자이자 보수 정치인 아서 로빈슨Arthur Robinson이 시작했다. 이 가짜 청원과 이 청원을 이용한 가짜 뉴스가 한동안 큰 반향을 불러일으킨 이유는 여기에 교묘한 조작 기법이 쓰였기 때문이다.

이런 조작 기법의 위력을 알려면 부시 행정부의 기밀문서가 대중에게 유출된 2002년으로 거슬러 올라가야 한다. 조지 W. 부시George W. Bush는 대통령 임기 중 '지구 온난화 논쟁에서 이길 수 있는 방법'에 관해 조언을 받았다. 영향력 있는 정치 컨설턴트 프랭크 런츠Frank Luntz의 말이었다. 런츠는 강렬한 효과를 발휘할 만한 메시지를 제안했다. 과학적으로 아직 해결되지 않은 논쟁이라고 사람들이 믿게 해야 한다는 것이었다. 다음은 관련 문서에서 발췌한 내용이다. "유권자들은 과학계에서 지구 온난화에 대해 과학적 합의가 아직 이뤄지지 않았다고 믿습니다. 대중은 과학 논쟁이 해결됐다고 믿으면 지구 온난화에 대한 견해를 바꿀 겁니다. 그러니 과학적 확실성이 부족하다는 사실을 토론의 주요 쟁점으로 밀고 나가야 합니다."

물론 우리는 런츠의 이런 정치적 직관을 액면 그대로 받아들이지 않았지만 실증적으로 실험해보기로 했다(사실상 수많은 실증적 실험을 진행했다). 안타깝게도 런츠의 주장은 옳았다. 우리는 메시지를 역설계하는 단계에서 시작했다. 런츠는 과학적 합의가 여론을 좌우할 수 있다고 보았기에 우리는 기후학자 97퍼센트 이상이 지구 온난화는 인간이 일으킨다는 데 동의한다는 사실을 사람들에게 알리면 어떤 결과가 나올지 알아보고 싶었다. 사람들은 전문가 한 사람의 판단보다 전문가 집단의 판단(합의)에 훨씬 잘 설득된다는 사실을 연구를 통해 알고 있기 때문이었다. 이는 당연한 결과이다. 제2의 의견을 구하는 것은 좋은 습관이다. 한 개인은 편견에 치우칠

8장 사전 작업이 중요하다

수 있지만 독립적인 전문가 집단 전체가 잘못된 판단을 내리기는 훨씬 어렵기 때문이다.


## 과학이 믿음이 될 때

누구나 삶의 모든 영역에서 전문가가 될 수 없고 시간과 자원의 제약 안에서 다른 사람들의 전문 지식에 의존할 수 있기에 이런 경험 법칙은 타당하다. 가령 엔지니어 100명 중 97명이 어떤 다리가 안전하지 않다고 진단한다면 직접 다리 구조를 진단하기보다 엔지니어들의 조언을 따르는 편이 낫다(나 역시 그럴 것이다).

우리 연구팀은 사람들이 복잡한 과학을 이해할 때 그 문제에 대한 과학적 합의가 이루어졌는지가 중요하게 연관된다는 사실을 발견했다. 관문 신념 모형Gateway Belief Model, GBM은 나와 동료들이 연구에서 발견한 내용을 공식화해 개발한, 태도 변화에 관한 이론이다. 이 이론에서는 '지각된 과학적 합의(합의)'가 관문 역할을 하는데, 사람들이 어떤 문제에 대해 가진 신념의 정신적 네트워크를 시각화해보면 실제로 지각된 합의가 중심에 자리하면서 다른 주요 신념들과 연결되기 때문이다. 우리 연구에서는 참가자들에게 기후변화나 코로나19 백신 접종 안전성 등에 대해 과학적 합의를 제시하면 그 합의에 대해 인식이 높아지는 것으로 나타났다(1단계). 그리고 과학적 합의에 대한 인식은 다른 주요 태도나 감정과 강력히 연관된다. 말하자면 기후변화가 **인간이 유발한 현상**이라고 **믿는지**, 이 문제를 얼마나 걱정해야 하는지와 연관된다. 또한 여기서 참가자들이 논쟁의 소지가 있는 사안에 대한 **대중 행동**을 어느 정도 지지할지 예측할 수 있다(2단계). 아래 그림에서 참가자들의 신념에 대한 정신적 네트워크가 어떻게 작동하는지 확인해보자.

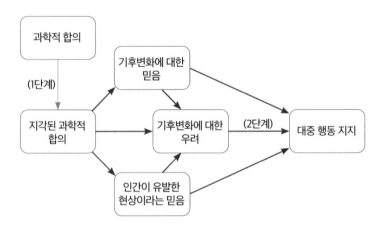

룬츠가 여기까지 도달한 것 같지는 않지만 그의 기본적인 직관은 옳았다. 실제로 지구 온난화에 대한 과학적 합의에 대한 인식은 지구 온난화의 과학에 대한 이해와 감정, 궁극적으로는 관련 행동을 어느 정도 지지할지 결정하는 지렛대 역할을 했다. 그래서 룬츠는 부시 행정부에 기후변화에 대한 과학적 합의에 의문을 제기하라고

8장 사전 작업이 중요하다

자문했다. 학계의 분석에 따르면 이는 실제로 2007년부터 2010년까지 보수 언론 사설에서 가장 많이 인용된 거짓 주장이기도 하다. 미국 최대 '빅오일(big oil, 전 세계 상위 6~7개의 거대 석유 및 가스 회사—옮긴이 주)' 로비 단체인 미국석유협회도 기후변화 논쟁에 불확실성을 끌어들이기 위해 유사한 계획을 세웠다. 이들은 언론사에 논쟁에서 '양측'을 모두 다루도록 압박하고 '균형' 잡힌 보도라는 언론 윤리를 악용해 대중을 혼란에 빠트리려 했다. 실제로 기후 과학에 관한 많은 언론 기사에는 기후 회의론자, 곧 반대론자의 의견도 함께 실렸다. BBC마저 이런 전략에 넘어가 기후 부정론자들의 의견을 정기적으로 보도했다. 2018년 BBC는 기조를 바꾸며 기후변화 보도가 "지나치게 자주 잘못됐다"라고 사과했다.

문제는 기후 회의론자가 존재한다는 사실 자체가 사람들에게 마치 정당한 과학적 논쟁이 벌어지고 있다는 인상을 준다는 점이다. 기후변화와 백신 접종 같은 사안에서 대중매체가 균형을 잘못 잡아 생긴 혼란과 피해는 광범위하게 보고되었다. 한 예로 2021년 말 영국에서 내가 '유고브'나 '더 컨버세이션'과 함께 실시한 전국 여론조사에서 "과학자들이 기후변화의 원인에 대해 합의에 이르지 못했다"라는 진술을 진실인지 거짓인지 평가해달라는 질문에 영국인 46퍼센트가 진실이라 생각한다고 나타났다! 미국에서도 결과는 비슷했다.

런츠의 이런 전략이 효과적인 이유는 과학적 합의를 둘러싼 의심의 구름을 만들어 사람들이 과학적 합의에 부여하는 중요성을 떨어뜨리며 인식을 교묘히 조작하기 때문이다. 가령 내가 당신에게 대다수 과학자가 동의하지만 소수의 과학자는 동의하지 않는다고 말한다면 당신은 더 확신하지 못할 수 있다. 합의는 수천 명의 목소리로 전달돼야 하는데 우리 뇌에서는 하나의 목소리로 인식하기 때문이다. 그래서 허위 정보를 퍼트리려는 사람들은 의혹을 심기 위해 미디어와 공개 토론에서 반대 의견을 내는 전문가를 부각시킨다. 또 한 방법은 청원이다. '오리건 지구 온난화 청원 프로젝트' 사례가 이에 완벽히 부합한다. '3만 1,000명'이라는 서명자 수는 절대적 수치로는 커 보이지만 상대적인 수치로는 미국 전체 이공계 졸업생의 0.3퍼센트도 안 되는 극히 일부에 불과하다. 결국 다수의 합의가 소수의 반대 목소리에 둘러싸여 가치를 잃는다.

효과적인 조작 기법이다.

하버드 과학사학자 내오미 오레스케스Naomi Oreskes와 공저자 에릭 M. 콘웨이Erik M. Conway는 『의심의 상인』Merchants of Doubt에서 지구 온난화와 담배 논쟁의 놀라운 유사점을 발견했다. 두 저자는 "논쟁을 계속 살리는 방법"이 핵심인 전략을 역사적으로 폭넓게 분석한다. 실제 역사적으로 같은 기법이 반복해서 재활용되었다. 어느 담배 회사의 경영진은 이렇게 말했다. "의심은 우리의 상품이다. 의심은 대중의 마음속에 든 '사실'과 경쟁하기 위한 최선의 수단이다. 그리고 논란을 일으키는 수단이다." 2006년 미국 법원은 담배 업계가 수

8장 사전 작업이 중요하다

십 년에 걸쳐 흡연과 암의 연관성에 대해 의도적으로 거짓말하고 대중을 속였다고 판결했다. 이 판결에 따라 담배 회사들은 텔레비전과 신문 광고를 통해 정정 광고를 내야 했고, 관련 문구는 2017년에야 최종 확정되었다. 안타깝게도 '대안 사실'에 대한 정정 내용은 처음의 잘못된 정보처럼 널리 퍼져나가지 못한다. 소셜미디어에서 정정 광고에 대한 참여는 미미했으며, 흡연자의 약 40퍼센트에게만 도달한 것으로 추정된다.

그러니 예방이 치료보다 훨씬 효과적이다.


## 이미 바이러스에 노출됐다면

다시 맥과이어로 돌아가자. 우리는 현실 세계의 잘못된 정보 캠페인('오리건 지구 온난화 청원 프로젝트')을 찾아낸 뒤 저마다의 신념이 무엇이든 잘못된 정보에 대한 예방 접종을 선제적으로 실시할 수 있느냐는 문제에 부딪혔다. 그래서 지구 온난화에 대한 기존 태도를 기준으로 참가자를 선별하기로 했다.

첫 번째 집단('긍정적 태도' 집단)은 원래 지구 온난화가 현실이며 인간이 초래한 현상이라 믿었고, 두 번째 집단('중립' 또는 '미정' 집단)은 지구 온난화에 대해 잘 몰랐으며, 세 번째 집단('부정적' 태도 혹은 '회의적' 집단)은 애초에 지구 온난화 현상을 믿지 않았다. 우리는 참가자들이 실험의 목적을 모르게 하려고 가장 좋아하는 〈스타워즈〉*Star Wars* 영화가 무엇이냐는 질문처럼 기후변화와 무관한 질문도 설문지에 다수 포함했다(스포일러 경고: 〈제국의 역습〉*The Empire Strikes Back*!).

다음으로 참가자들을 5가지 실험 조건에 따라 무작위로 배정했다. 그 전에 추가 속임수로 우리가 대규모 언론 보도 데이터베이스에서 무작위로 주제를 선정했다고 알렸다. 참가자들이 가짜 카운트다운을 보는 사이 우리는 이런 메시지를 띄웠다. "주제 10: 기후변화"(사실 모든 참가자가 기후변화에 관한 메시지를 보도록 배정됐다.) 첫번째 조건에는 사실만 제시했다. "기후학자의 97퍼센트는 인간이 초래한 기후변화가 일어나고 있다고 결론지었다." 이 조건을 '사실만' 또는 '합의' 조건이라 부른다. 두 번째 조건에는 '지구 온난화 청원 프로젝트' 스크린샷이라고 알리고 가짜 뉴스만 제시했다. 이를 '잘못된 정보' 조건이라 부른다. 세 번째 조건에는 대중매체에서 흔히 접하는 잘못된 균형 논쟁을 구현해 같은 화면에 사실과 잘못된 정보를 함께 배치했다. 이를 '잘못된 균형' 조건이라 부른다.

네 번째와 다섯 번째 조건에는 심리적 접종을 넣었다. 네 번째 (접종) 조건에서는 참가자들에게 사전 경고를 제시했다. 어쨌든 사전 경고도 사전 예방이다! 구체적으로 참가자들에게 이렇게 경고했다. "일부 정치적 동기를 지닌 단체는 사람들을 호도하는 수법으로 과학자들 사이에 이견이 많다고 설득하려 한다." 이어 이 주장이 거짓

　　　　　　　8장 사전 작업이 중요하다

인 이유는 인간이 기후변화를 초래한다는 주장에 기후학자들이 만장일치에 가깝게 합의했기 때문이라고 재차 강조했다. 마지막으로 다섯 번째 조건에서는 참가자들이 사전 경고를 받되 훨씬 구체적인 사전 반박 내용을 더했다. 말하자면 온라인에 떠도는 일부 청원에 대해 들어봤을지 몰라도 사실 이 청원은 가짜이며 서명자 명단에 비전문가 다수와 확인되지 않은 이름(고인이 된 찰스 다윈과 스파이스 걸스의 '제리 할리웰 박사'까지!)이 많이 포함된다고 알렸다.

실험이 끝날 즈음, 두 '접종' 조건의 참가자들은 지구 온난화 청원 프로젝트 웹사이트에 올라온 잘못된 정보에 완전히 노출되었다. 주요 측정치는 인간이 지구 온난화를 초래한다는 사실에 대한 과학계의 합의 수준에 대한 인식이었다. 참가자들이 메시지에 노출되기 전후 모두 0~100퍼센트의 척도로 측정되었다.

요약하자면 심리적 접종 과정은 이런 방식으로 작동한다. (1) 사람들에게 곧 다가올 설득 시도를 사전에 경고하고('위협 단계') (2) 잘못된 정보에 반박하거나 저항하는 데 필요한 주장과 인지적 도구로 미리 무장시킨다('반박 선점' 또는 '사전 반박' 단계). 이 실험에 관해 기사를 쓴 BBC 기자의 표현을 빌리자면 "(《스타워즈》의) 한 솔로처럼 먼저 발포한다"라고도 할 수 있다.

결국 사람들에게는 잘못된 정보를 알아채는 동기와 능력 모두 필요했다. 특히 '사전 반박' 단계에서는 공격과 반박 과정을 시연하고 예행 연습하는 반면, '사전 경고' 단계는 잘못된 정보가 유입됐을 때 스스로 방어하도록 동기를 부여하는 데 도움이 된다. 심리적 접종 과정을 아래 그림으로 간략히 나타내보았다.

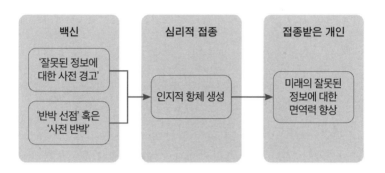

우리는 이 실험에서 무엇을 발견했을까? 확고한 사실이 주어지기만 한다면 과학적 합의에 대한 사람들의 인식은 약 20퍼센트포인트라는 큰 폭으로 개선되었다. (가령 과학적 합의에 대한 믿음의 추정치가 원래 약 70퍼센트였다면 과학적 합의가 이루어진 사실을 접하고 난 뒤에는 약 90퍼센트로 올라갔다). 물론 이상적인 조건에서 나온 결과이고, 우리가 평소 냉철한 사실만 접하는 경우는 거의 없으니 현실의 반영이라고 보기는 어렵다.

우리 실험의 잘못된 정보 조건에서는 상당히 부정적인 영향이 나타났다. 가짜 청원에 노출된 뒤 참가자들의 과학적 합의에 대한 신뢰도가 약 10퍼센트포인트 감소했다.

그런데 사실과 잘못된 정보를 나란히 제시하는 '허위 균형' 조건

8장 사전 작업이 중요하다

에서는 놀랍고도 우려할 만한 결과가 나왔다. 잘못된 정보가 나란히 제시되자 과학적 합의의 긍정적 효과가 완전히 상쇄되었다. 변화의 폭이 0에 수렴했다. 변화가 전혀, 전혀, 전혀 일어나지 않았다. 이는 잘못된 정보의 위력을 보여주는 결과이다. 다시 말해 잘못된 정보가 제시되기만 해도 사실에 입각한 정보의 강력하고 긍정적인 효과가 완전히 상쇄된다는 뜻이다. 과학자 97퍼센트는 지구 온난화가 인간이 초래한 현실이라는 데 합의하지만 이들을 제외한 나머지인 3만 1,000명도 사실 절대적 수치로는 큰 숫자이다. 합의에 편차를 만들어 합의의 영향력을 떨어뜨릴 뿐 아니라 완전히 상쇄시킬 만큼 큰 수치이다. 이 연구 결과는 통제 실험에서 나온, 영향력 있는 잘못된 정보와 조직된 가짜 뉴스 캠페인의 잠재적 위협을 보여주는 첫 번째 증거이다.

이와 같은 결과가 충격적이기는 하지만 우리 연구팀의 질문은 애초에 이런 상황이 일어나지 않도록 예방할 수 있느냐는 것이었다. 어쨌든 우리는 접종 조건을 살펴보며 사전 경고와 예방 접종 2가지 모두 유해하고 잘못된 정보에 대해 사람들의 면역력을 끌어올릴 수 있다는 결과를 얻었다. 사전 경고로는 '사실만' 조건에서 관찰된 변화의 약 3분의 1을 유지할 수 있었고, 완전 예방 접종으로는 긍정적인 효과의 약 3분의 2 수준을 유지할 수 있었다. 다시 말해 맥과이어의 실험과 마찬가지로 완전한 심리적 면역이 생긴 것은 아니지만 예방 접종 조건에서 참가자들의 인식 변화는 여전히 좋은 쪽으로 약 13퍼센트포인트 이동했다(잘못된 정보가 전혀 없는 '사실만' 조건의 20퍼센트포인트와 비교하자). 이 결과를 아래 그래프로 표시했다. 이 막대그래프는 각 실험 조건에서 과학적 합의에 대한 사람들의 인식이 어떻게 달라졌는지 보여준다.

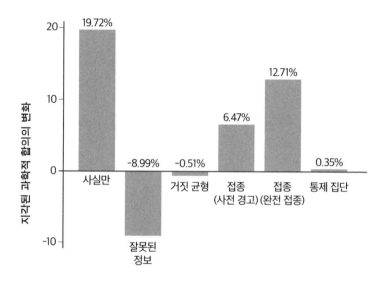

맥과이어의 의구심과 반대로 참가자들의 이전 태도와 무관하게 각 조건에서 같은 양상이 재현되었다. 참가자들의 태도가 잘못된 정보로부터 일부 보호받았다. 말하자면 우리는 기후변화에 대해 이미 호의적이거나 '건전한' 견해를 가진 사람들의 태도를 더욱 강화하는 식으로 이른바 '개종자'들에게만 설교하는 것이 아니었다. 중립

8장 사전 작업이 중요하다

적이거나 부정적인 태도를 가진 사람들에게도 면역력을 길러줄 수 있었다. 따라서 예방 접종은 긍정적인 태도 집단에는 예방에 더 가깝게 작용하고, 미정이거나 회의적인 집단에는 치료에 가깝게 작용했을 가능성이 크다.

그렇다고 해서 심리적 접종만으로 지구 온난화 현상에 회의적인 사람들의 세계관을 근본적으로 바꿀 수 있다는 말은 아니다. 그렇게 되지 않을 가능성이 크지만(우리 연구의 목적도 아니다) 지구 온난화에 대한 잘못된 정보에 희생되지 않도록 보호하는 데는 도움이 되었다. 게다가 잘못된 정보 병원체의 잠복기가 다양하다는 점에서 다수의 중간층을 접종해 얻을 수 있는 이익은 상당히 크다. 실제로 중간의 '방관자'들은 우리 연구에서 표본의 절반 이상을 차지하는 제일 큰 집단이자 과학적 합의에 대한 의구심을 퍼뜨리는 잘못된 정보에 가장 취약한 집단이었다.

주목할 만한 결과 또 하나는 (사전 경고와 사전 반박을 모두 포함한) 완전 접종이 모든 조건에 걸쳐 사전 경고만 받은 집단보다 일관되게 좋은 결과를 보였다는 점이다. 따라서 '경계가 곧 경비'이기는 하지만 사람들에게 백신을 접종해 잘못된 정보 유형에 선제적으로 대비하고 특정 허위 사실에 반박하며 저항하는 데 필요한 사실과 도구로 무장시킬 필요가 있다는 뜻이다. 우리 마음에는 이런 위협을 무력화할 항체가 필요하다. 말하자면 사전 반박은 백신의 효능에 필수적이라고 입증됐다.

의외로 들릴지 몰라도 과학 실험은 대부분 실패로 돌아간다. 실험실에서 모든 노력을 쏟아붓고도 결국 아무 결과도 얻지 못할 수 있다. 하지만 이번 우리 실험의 결과는 내가 이제껏 학계에서 본 것 중 가장 일관된 결과였다. 결과를 처음 보고 어떤 기분이었는지도 기억난다. 나 혼자 방에서 춤추며 기뻐할 만큼 황홀했다. 성공이었다! 과학적 측면으로 볼 때 비교적 다양하고 큰 규모의 표본(2,000명 이상)을 대상으로 나온 결과라 우연이나 사고에 의한 결과일 가능성은 매우 적어 보였다.

하지만 이렇게 흥미로운 결과를 얻고도 대중에게 공개하기까지는 수년이 걸렸다. 과학적 연구의 결과를 발표하려면 아무리 설득력 있어 보여도 동료 검토라는 과정을 거쳐 동료 전문가들에게서 독립적으로 진실성 평가를 받아야 한다. 우리가 마침내 연구 결과 발표를 승인받았을 때는 2016년 12월 말이었고, 마침 세계는 도널드 트럼프의 대통령 당선 가능성으로 큰 혼란에 빠져 있었다. 트럼프의 기후 부정을 비롯한 가짜 뉴스가 모든 곳에서 논의됐기에 우리 논문을 발표할 시기로 그보다 더 시의적절할 수 없었다.

이어 누구도 예상하지 못한 상황이 펼쳐졌다.

논문은 발표된 그날 곧장 전 세계로 퍼져나갔다. BBC 보도 제목은 "케임브리지 과학자들, 가짜 뉴스 백신을 고려하다"였다. 폭스뉴스도 동참하며 "가짜 뉴스 '백신'이 잘못된 정보 확산을 막을 수 있다"라고 제목을 붙였다. 전 세계에서 기사가 수백 개씩 쏟아져나오는 사이 내 전화는 쉴 새 없이 울려댔고, 뉴스 매체와 정부 관계자와 기업을 비롯해 모두가 심리 백신의 기본 개념을 설명해달라고 요청했다. 어느새 나는 전국에 방송되는 〈사이언스 프라이데이〉*Science Friday* 쇼에서 아이라 플래토우와 인터뷰하고 있었다. 마치 미국드라마 〈빅뱅 이론〉*The Big Bang Theory*의 한 에피소드(등장인물들이 마침내 획기적인 발견을 하고 아이라 플래토우와 인터뷰하는 장면)에 출연하는 기분이었다.

우리 연구가 발표되고 얼마 지나지 않아 웨스턴오스트레일리아 대학교 심리학 연구팀에서 소식이 날아왔다. 스테판 레반도프스키와 올리히 에커와 당시 대학원생이었던 존 쿡이 우리 연구의 결과를 반복 검증하는 데 성공했다는 내용이었다. 나는 우리가 중요한 무언가를 발견하는 중이라고 확신했다.

우리 연구팀도 마침내 우리 연구 결과를 직접 반복 검증했다. 다만 이번에는 중요한 변화를 한 가지 주었다. 잘못된 정보 공격을 일주일 정도 늦춰보니 사전 접종 받은 사람들이 일주일 뒤에도 여전히 '태도의 면역력'을 유지했다. 결과는 확실해 보였다.

하지만 언론인이나 팩트 체크 전문가들과 꾸준히 소통하면서 나는 그들이 잘못된 정보와 싸우기 위해 잘못된 정보를 이용한다는 개념을 불편해한다고 느꼈다. 그들은 언론인으로서 대중에게 약한 버전의 바이러스가 아니라 오직 진실만 전하고 싶어 했다. 우리의 개념이 아직은 시기상조라는 뜻이었다. 맥과이어가 한국전쟁 당시 포로들의 문제는 미국이 국민에게 '미국적 가치'를 전달하고 강화하는 데 실패한 데 있다고 말한 일이 떠올랐다. 여전히 똑같은 사고방식이 우리 사회에 깊이 스며 있었다. 그러면 이제 70년 전으로 돌아가보자.

## 놓친 기회

2020년 미국의 웨이페어라는 가구 회사는 큐어넌 음모론의 한복판에 섰다. '딥 스테이트'의 사탄 숭배 소아성애자 집단이 트럼프 전 대통령을 미행한다는 황당무계한 음모론에 휘말린 것이다. 유명한 트위터 사용자가 웨이페어에서 제작한 캐비닛 제품이 터무니없이 고가인 데다 모두 여성 이름이 붙었다고 지적했다. 이 가구 회사가 국제 아동 인신매매 조직 소속이며 캐비닛에 어린 여자아이들을 숨겼다는 음모론이 소셜미디어에 빠르게 퍼져나갔다(달리 어떤 이유가 있겠느냐는 말이었다). 러시아 검색 엔진 얀덱스Yandex에 해당 제품의 '재고 관리 단위SKU'를 입력하면 검색 결과에 어린 여성의 이미지가 뜬다는 점에서 이 음모론은 더 신빙성을 얻었다.

이 이야기를 꺼내는 이유는 웨이페어의 고위 경영진이 홍보 전문가들과 함께 사건의 경위와 교훈을 논의하기 위한 자리에 나를 초대했기 때문이다. 나는 회의에서 경영진의 결론에 놀랐다. 웨이페어는 고객 마음속에 기업 윤리와 가치관을 충분히 심어주지 못해 이런 사건이 일어났다고 여겼다. 미국의 이상을 망각한 미군 포로들처럼 소비자들이 웨이페어가 윤리적 기업이라는 사실을 제대로 알았다면 애초에 이런 황당한 음모론을 믿었겠느냐는 뜻이었다.

나는 강하게 반박했다. 웨이페어 고객들이 웨이페어가 윤리적인 기업이라는 사실을 이해하지 못해 벌어진 상황이 아니었다. 문제는 고객들에게 웨이페어가 아동 인신매매 사건에 연루됐다는 잘못된 정보 공격에 대한 정신적 방어책이 없었던 데 있었다. 만약 웨이페어가 고객들에게 미리 국제 아동 인신매매 음모에 연루됐다는 황당한 소문을 들을 수 있다고 경고하고(바이러스 침입에 대비해 몸을 준비하듯), 음모론을 해체하기 위한 사실과 논거를 제시해 사전에 차단했다면(한 예로 앤텍스에는 아무 숫자 조합이나 넣어도 똑같이 어린 여성 이미지가 나타났다) 고객들은 잘못된 정보에 대해 반박하고 저항할 수 있었을 것이다(항체 생성 과정과 유사하다).

애초에 웨이페어가 이런 해괴한 소문을 예상했어야 했다고 전제하는 일이 억지스럽지 않느냐고 반문할 수도 있다. 그렇게 보일 수도 있지만 힐러리 클린턴의 '#피자게이트' 사건을 기억하자. 황당무계한 아동 인신매매 음모론은 이번이 처음이 아니다. 게다가 우리는 이제 음모론에 어떤 정해진 구조가 있다는 사실을 안다. 앞서 이야기한 CONSPIRE 지침을 참조해 '무작위 사건의 재해석'(앤텍스에 아무 숫자나 조합해 입력해도 같은 이미지가 나온다) '박해받는 피해자'(어린 여자아이들) '뭔가 잘못됐을 것'(고가에 의심스러운 이름이 붙은 캐비닛!) '사악한 의도'(사악한 회사)의 증거를 찾을 수 있다.

웨이페어가 공격당한 것은 그리 놀라운 사건이 아니다. 잘못된 정보로 공격당할 거라고 예상하는 기업은 거의 없겠지만 기업 주가는 잘못된 정보 확산으로 순식간에 폭락할 수 있다. 그러니 심각하게 휘말리기 전에 잘못된 정보의 위험을 전략적으로 감시해야 한다고 경각심을 가질 수는 있었다. 잘못된 정보가 순식간에 퍼져나가고 고객들에게 미리 백신을 접종해주지 않아 웨이페어는 기회를 놓쳤다. 하지만 이제 우리는 바이러스가 어떻게 생겼는지 알기에 위기에 처한 고객들에게 백신 접종을 준비할 수 있다. 앞서 살펴본 우리 연구 결과처럼 가짜 뉴스에 노출되었으나 아직 완전히 믿지는 않는 사람들에게 백신을 접종하면 치료 효과가 있을 수 있다.

우리 연구에서는 어떤 신념에 대해 반박받은 적 없는 사람에게만 백신 접종으로 효과를 볼 수 있다고 한 맥과이어의 가정이 틀렸다고 입증됐지만 결과적으로 세상에는 유익한 가정이었다. 이와 함께 백신 접종이 잘못된 정보로부터 사람들을 보호할 수 있다는 사실도 밝혀졌다.

이제 모두가 잘못된 정보를 사전 차단하는 새로운 과학을 이해하기 시작하는 사이, 나는 기자들에게서 백신 접종을 기후변화와 같은 몇몇 쟁점 너머로 확장할 방법이 있느냐고 질문받았다. 바꿔 말하면 거짓 신화마다 약한 버전으로 백신을 제조해야 하느냐는 질문

8장 사전 작업이 중요하다

이었다. 좋은 질문이라 내 마음속에 계속 남아 있었다. 온갖 가짜 뉴스를 예측하고 사전 차단할 수 있으려면 더 효율적이고 효과적인 방법이 필요했다.

우리 연구를 반복 검증하는 데 성공한 호주 연구팀이 결정적인 힌트를 주었다. 그들은 우리와 동일한 실험을 설정하되 참가자들에게 '지구 온난화 청원 프로젝트'의 약한 버전을 제시하고 이어서 반박하게 하는 대신, 담배 산업의 예를 들어 좀더 일반적인 가짜 전문가 기법에 관해 설명했다. 호주 연구팀이 제시한 사례는 1930년대 담배 광고로 의사 사진과 함께 "의사 2만 679명이 럭키가 덜 자극적이라고 말합니다"라는 카피가 적혀 있었다. 이 광고는 앞의 허위 청원 사례와 마찬가지로 '전문가' 약 2만 명이라는 큰 숫자를 제시해 사람들을 설득하려 했다. 담배업계는 이 기법을 '백색 실험복 프로젝트'라 일컬으며 의학적이거나 과학적인 전문성이 있는 것처럼 보여주기 위해 흰 가운을 걸친 사람들을 내세웠다. 호주 연구팀은 고무적인 결과를 얻었다. 담배 광고로 가짜 전문가에 대한 정보를 미리 접종받은 참가자들은 기후변화에 관한 가짜 청원(같은 바이러스의 다른 변종)에 노출될 때 속아 넘어갈 가능성이 훨씬 낮았다.

우리는 과학 학술 문헌을 검토해 잘못된 정보의 보편적인 구조, 이른바 '핵심 DNA'를 찾아보았다. 잘못된 정보가 발전하고 확산하는 현상을 담은 공통 구조를 발견한다면 더 광범위한 백신을 개발할 수 있었다. 이렇게 우리의 탐색이 시작됐다.

이후 1년간 나는 잘못된 정보의 DNA 구조를 밝히는 작업에 몰두했다.


## 가짜 뉴스 항원 8 │ 잘못된 정보 예방 접종

— 사람들에게 충분히 약화된 버전의 가짜 뉴스를 접하게 한 뒤 설득력 있는 사전 반박을 제공하면 가짜 뉴스에 대한 마음의 항체를 형성하는 데 도움이 된다.

— 사람들에게 더 풍부한 사실과 건강한 정보를 제공하는 방법이 잘못된 것은 아니지만 가짜 뉴스로부터 사람들을 제대로 보호하고 싶다면 예방 접종이 더 효과적일 수 있다.

— 예를 들어 사람들에게 지구 온난화가 실제로 일어나는 이유에 대해 증거를 아무리 많이 제시해도 인간이 주범이라는 과학적 합의에 대한 공격에 대비할 수 있는 것은 아니다. 그보다는 조만간 과학적 합의를 공격받을 거라고 미리 경고하고 잘못된 정보의 약한 버전과 함께 강력한 반박을 제시하는 방법이 잘못된 정보에 대해 심리적인 저항을 기르는 데 훨씬 효과적일 수 있다.

— 경계가 곧 경비일 수는 있지만 어떤 주장이 거짓이거나 오해를 조장하는 이유를 이해하고 반박하는 데 필요한 정신적 탄약을 미리 제공하는 방식으로 심리적 면역력을 키울 수 있다.

# 9장 거짓은 어떻게 심리를 조작하는가

> "그러니 너희의 방어술은…
> 너희가 풀려는 어둠의 마법만큼이나 유연하고 창의적이어야 한다."
> —『해리포터』*Harry Potter* 중 세베루스 스네이프 교수의 말

나는 학부 시절 책 한 권을 접하고 과학적 심리학에 처음 흥미를 느꼈다. 현재 '영향력의 대부'로 더 잘 알려진 로버트 치알디니의 『설득의 심리학』이었다. 최근 나는 치알디니에게 전화해 그가 1980년대 중반 윌리엄 맥과이어와 함께 개발한 주요 설득의 과학 연구에 관해 물었다. 치알디니는 교수진 방문으로 맥과이어를 만났으며, 그에게서 설득에 대해 알고 싶으면 사람들을 설득하는 일을 업으로 삼는 사람들을 찾아가 연구하라는 조언을 들었다고 했다. 치알디니는 맥과이어의 조언을 새겨듣고 설득 전문가들이 사람들에게 '예'라는 대답을 끌어내는 과정을 연구하기 위해 몇 년에 걸쳐 잠복근무를 시도했다. 자동차 판매원과 광고인부터 자선 단체 모금 활동가까지 온갖 직업의 수습사원으로 들어갔다. 이렇게 취재한 끝에

설득과 관련된 전문 직업인들은 누구나 6가지 보편적인 설득 법칙을 따른다는 사실을 알아냈다.[1] 우리 연구팀도 치알디니와 유사한 과정을 거친 것 같았다. 우리도 1년 넘게 잘못된 정보라는 어둠의 마법을 쓰는 사람들의 기법을 조사했다. **조작** 구조 안의 구성 요소를 찾기 위해서였다. 우리는 전문가들이 잘못된 정보 기법으로 어떻게 사람들을 속이려 시도하는지 알아내 사람들에게 저항력을 길러주고 싶었다.

그렇다면 잘못된 정보의 여러 사례에는 어떤 공통점이 있을까? 몇 가지 수법은 다른 수법보다 쉽게 드러났다. 예를 들어 외계인을 숨겨놓고 연구하는 51구역, 5G 통신망과 코로나19 증상, 은밀한 신세계 질서 그리고 도마뱀 정치인 사이에는 명백히 연관성이 있다. 모두 음모론이라는 점이다. 이 음모론들은 앞서 3장부터 우리에게 익숙해진 공통의 '유전적' 구조를 공유한다. 그러나 다른 수법들은 더 교묘하다. 감정을 건드리는 헤드라인을 뽑아내 사람들의 감정을 조작하는 것이다. 낚시성 기사처럼 말이다.

가짜 전문가 수법은 '사칭'이라는 더 큰 수법에 포함되고, 사칭의 대상은 전문가뿐 아니라 정치인과 유명인, 공적 기관도 될 수 있다.

---

[1]  6가지 법칙은 '상호성' '일관성' '사회적 증거' '권위' '호감' '희귀성'이다. 정당한 전문가나 권위 있는 매체를 제시해 사람들의 의견에 영향을 미치는 것은 또 다른 문제이고, 가짜 전문가를 언급하며 은근히 사람들을 속이려는 시도는 명백히 심리 조작이다.

그 밖에 집단 양극화와 트롤링, 불신 조장 등의 수법도 있다.

## 심리 조작의 6단계

이런 수법들이 모여 심리 조작의 6단계, 이른바 'DEPICT 조작'(불신Discrediting, 감정Emotion, 양극화Polarization, 사칭Impersonation, 음모Conspiracy, 트롤링Trolling)을 이룬다. 각 수법에 대해 자세히 알아보자.

## 불신

잘못된 정보의 생산자는 언젠가는 기자나 팩트 체크 전문가에게서 콘텐츠의 진위에 대해 도전받는다. 이럴 때 불신 기법으로 비판을 제기하는 상대에게 화살을 돌리며 주의를 돌릴 수 있다. 2017년 2월 17일 도널드 트럼프가 올린 트윗이 전형적인 불신 수법이다. "'가짜 뉴스' 매체(실패한 @nytimes, @NBCNews, @ABC, @CBS, @CNN)는 내 적이 아니라 미국 국민의 적이다. 역겹다!" 우리 연구팀은 트럼프의 이 트윗에서 영감을 받아 '당신이 가짜 뉴스!' 효과라고 이름 붙인 심리적 편향을 연구하기 시작했다.

　이런 편향의 배경에는 '가짜 뉴스'라는 표현이 우리의 가치관과 태도를 거스르는 정보를 무시하고 불신하기 위한 정치적 수사가 되었다는 생각이 깔려 있다. 존 루젠비크Jon Roozenbeek와 나는 노스이스턴 대학교 정치학 교수 코스타스 파나고풀로스<sup>Costas Panagopoulos</sup>와 함께 오래전부터 존재해온 심리 기법을 활용해 미국 전역에서 설문조사를 실시했다. 사람들에게 '가짜 뉴스'라는 표현을 들으면 무엇이 가장 먼저 떠오르는지 물어보는 연구였다.

'최상위 연상' 연구라고 하는 이런 유형의 연구는 사람들이 어떤 개념에 관해 떠올리는 정신적 표상을 확인한다. 다시 말해 어떤 개념을 생각할 때 가장 먼저 떠오르는 생각이나 단어나 상징을 알아낸다. 예를 들어 '행복'이라는 말을 들으면 미국인은 '미소'를 가장 먼저 떠올리지만 한국인은 '가족'을 먼저 떠올린다. 이런 최상위 연상 기법으로 사람들의 기억에 들어 있는 연상 네트워크<sup>associative</sup> <sup>network</sup>에 접근해 어떤 개념이 의미론적으로 연관되는지 알아낼 수 있다.

우리는 미국인 약 1,000명을 인터뷰해 모든 답변을 수작업으로 코딩했다. 이 결과 '가짜 뉴스'라는 말을 듣고 연상되는 3가지 주제가 선명하게 드러났다.

(1) 미디어 관련 단어(진보 언론, 폭스, CNN)
(2) 부정적인 감정 표현(속임수, 의심)
(3) 정치적 언급(트럼프, 정부, 러시아)

어찌 보면 당연하게도 절대적 수치로는 언론(44퍼센트)이나 정치

9장 거짓은 어떻게 심리를 조작하는가

(38퍼센트)와 관련된 연상어가 가장 많았다. 하지만 그보다 흥미로운 지점은 정치 이념으로 구분해 분석할 때 나온 결과였다. 이를테면 보수주의자들이 '가짜 뉴스'라는 말을 듣고 가장 먼저 떠올리는 것은 무엇일까? 압도적인 한 단어(75퍼센트), CNN이다(진보 성향의 응답자 중에서는 3퍼센트만 CNN을 떠올렸다). 반대로 진보주의자들이 '가짜 뉴스'라는 말을 들을 때 가장 먼저 떠올린 것은 무엇일까? 폭스뉴스! 진보주의자 59퍼센트가 이 단어를 떠올렸고, 보수주의자는 4퍼센트만 이 단어를 떠올렸다. 진보 성향은 폭스뉴스를 '가짜 뉴스'로 간주하는 반면 보수 성향은 CNN을 '가짜 뉴스'로 간주했다. 얄궂게도 폭스뉴스와 CNN은 모두 독립적인 팩트 체크 전문가들에게서 '정확도가 혼재된' 매체로 평가받는다.

또 하나 흥미로운 결과는 보수주의자의 경우 '가짜 뉴스'와 연관된 연상어의 압도적 다수가 미디어(주류 언론)와 관련 있지만 진보주의자의 경우 '가짜 뉴스'가 정치(특히 도널드 트럼프)와 더 많이 연관된다는 점이다. 사실 '가짜 뉴스'라고 할 때 주류 언론을 가장 먼저 떠올린다면 그만큼 언론에 대한 신뢰도가 낮다는 뜻이다. 따라서 트럼프와 유명 정치인들이 주류 언론을 자주 불신하는 태도는 의도한 효과를 거뒀을 수 있다.

### 감정

우리 연구에 반복해 등장하는 두 번째 조작 수법은 감정을 건드려 사람들을 화나게 만드는 방법이다. 2014년 페이스북은 큰 논란을 불러일으킨[2] 대규모 실험 결과를 발표했다. 페이스북 사용자들의 뉴스피드에서 감정적 콘텐츠를 조작하는 방식으로 긍정적인 뉴스를 억제하면 사용자들이 게시물을 올릴 때 긍정적인 콘텐츠를 줄이고 부정적인 콘텐츠를 늘린다는 결과가 나왔다(부정적인 감정적 콘텐츠를 억제하면 반대 결과가 나왔다). 이 실험이 도달한 무서운 결론은 우리도 모르는 사이 페이스북이 그동안 플랫폼에서 감정적 분위기를 조작할 수 있다는 점이다.

백신 접종 반대 웹사이트를 분석한 연구에서는 약 76~88퍼센트의 웹사이트가 감정적으로 호소하는 것으로 나타났다. 이 결과가 중요한 이유는 여러 연구에서 사람들을 감정적 상태로 만들면 가짜 뉴스를 믿게 만들 가능성이 크게 증가한다는 사실이 밝혀졌기 때문이다. 실제로 많은 연구에서 사람들의 기본적인 감정, 즉 공포와 분노를 자극하는 콘텐츠가 더 관심을 끈다는 사실이 드러났다. 공포 조장과 도덕적 분노는 효과적인 전략이다. '증오'나 '처벌' '악'과 같은 도덕적 – 감정적 단어가 중립적 단어보다 시각적 주의를 더 많이 끈다는 연구 결과도 있다. 피자게이트 '아동 인신매매' 음모론과 우크라이나 침공이 우크라이나를 '탈나치화'하려는 시도라는 푸틴

---

**2** 참가자들에게 실험을 거부할 기회를 주지 않아 윤리적으로 논란이 됐다.

9장 거짓은 어떻게 심리를 조작하는가

대통령의 거짓 주장은 도덕적 공분을 끌어낸 대표적인 예이다.

하지만 잘못된 정보를 퍼뜨릴 때 감정에 호소해 추가로 얻을 수 있는 이점을 좀더 구체적으로 알아볼 수 있을까? 가능하다. 실제로 트위터와 페이스북에서 인기 미디어의 게시물 약 100만 개를 대상으로 한 소셜미디어 연구(6장 참조)에 따르면, 게시물에 '살인'이나 '증오'와 같은 도덕적-감정적 단어가 하나 추가될 때마다 공유나 리트윗이 10~17퍼센트씩 증가했다. 뉴욕 대학교 연구자들은 데이터세트 약 50만 개를 사용해 약간 더 높게 이 수치가 20퍼센트 증가한다는 결과를 얻었다. 온라인 콘텐츠의 확산 면에서는 상당한 수치이다. 앞서 우리 연구팀이 가장 인기 있는 음모론자들의 트위터 계정을 대상으로 한 연구(6장에서도 다뤘다)에서도 음모론 인플루언서뿐 아니라 그들의 팔로워들 사이에서도 부정적인 감정, 특히 분노의 사용 빈도가 상당히 높게 나타났다.

따라서 작성자의 의도를 기준으로 어떤 게시물을 가짜 뉴스로 정의하는 일이 항상 효과적이지는 않다. 평소 신뢰할 수 있으며 사실에 입각한 매체로 유명한 『시카고 트리뷴』*Chicago Tribune*의 다음 제목이 좋은 예이다. "건강한 의사, 코로나19 백신 접종 2주 만에 사망". 사실을 전하는 보도이기는 하지만 오해할 소지가 큰 제목이다. 의사의 사망이 코로나19 백신 접종과 관련 있다는 증거가 없기 때문이다. 게다가 잘 알려지지 않은 기사도 아니었다. 이 기사는 결국 5000만 회 이상 조회되었고, 페이스북 보고서에 따르면 2021년 초

페이스북에서 가장 많이 조회된 기사가 되었다. 이 기사의 제목은
감정을 건드려 백신에 대한 공포를 조장할 수 있었다(이런 예는 많다.
'심각하지만 드문 부작용'이 아니라 '위험하고 치명적인 혈전'이라고 표현하
는 식이다). 실제로 이 기사는 백신 접종 반대 활동으로 유명한 페이
스북 계정에서 널리 공유됐다.

이다음 뉴스를 읽을 때는 특히 다른 집단이나 첨예하게 대립하는
사회적, 정치적, 과학적 쟁점에 대해 기사가 당신의 감정을 조종하
려 하는지 유심히 살펴보자. 모든 매체에서 이런 시도가 생각보다
훨씬 빈번하다.


## 양극화

이렇게 사람들의 감정을 건드려 동요시키면 뒤이어 사람들을 분열
시키기 위한 기법이 뒤따른다. 양극화 기법은 두 집단 사이, 주로 정
치적으로 좌파와 우파 혹은 진보주의자와 보수주의자의 격차를 더
크게 벌려 사람들을 정치적 중도로부터 멀어지게 만든다. 그렇다면
가짜 뉴스 유포자들은 어떻게 양극화를 시도할까?

'거짓 증폭'이란 양극화 콘텐츠를 트윗하거나 리트윗하는 봇을
이용해 논쟁거리에 대한 대화량을 증폭시켜 사회를 분열시키는 기
법이다. 봇은 정교함의 수준에 따라 자동 메시지를 전송하는 지침
과 양극화 행동을 개시할 시점을 알려주는 지침이 모두 포함된 소
프트웨어에 의해 제어된다. 물론 인간의 온라인 행동을 더 잘 흉내

내는 봇일수록 봇 탐지 기능을 교묘히 피해갈 수 있다.

예를 들어 한 대규모 소셜미디어 연구에서는 2017년 카탈루냐 주민 투표(카탈루냐가 스페인으로부터 독립하는 것을 지지하는지 묻는 위헌 국민 투표) 기간에 트위터 게시물을 400만 개 이상 분석했다. 봇이 작성한 게시물은 전체 게시물의 25퍼센트 미만이지만 댓글은 40퍼센트 가까이 봇에 의해 작성됐다. 연구팀이 개인의 소통과 개인이 사용한 해시태그에 '감정 분석'을 실시한 결과, '헌법 지지자'와 '독립 지지자'로 대립하는 두 진영이 드러났다. 독립 진영에서는 스페인 정부와 관련해 '자유'와 '독립', '투쟁'과 '수치심'처럼 두 단어 사이에 강한 연관성이 나타났다. 그런데 흥미롭게도 부정적 연관어는 봇 계정에서만 발생했다. 게다가 봇은 소셜미디어 주변부에 머무는 듯 보이지만 사실은 독립 진영의 중심부에 있는 인간 인플루언서 계정을 전략적으로 공략하면서 영향력을 얻었다.

2018년 실시된 유사한 연구에 따르면 정교한 봇이 일반 계정보다 백신 접종에 대해 더 높은 비율로 트윗을 올렸다. 예를 들어 트위터에서 '#VaccineUS'라는 해시태그를 분석한 결과, 봇은 대개 분열적인 언어를 사용해 양측의 논쟁을 증폭시켰다. 다음 예시를 보자. "#VaccinateUS #백신에 수은이 있다! 치명적인 독!" "#VaccinateUS. 명청함은 치료가 안 된다. 홍역에 걸려 죽게 놔두자, #백신접종 찬성한다!"라는 해시태그 데이터에 따르면 러시아 봇이 특히 양극화 언어('치명적인 독' '죽다' '명청함' 같은 단어)를 많이 쓰며 지난 수년간 이런 경향은 증가했다.

흔히 가짜 뉴스는 사람들을 속여 어떤 거짓 주장을 믿도록 유도하기 위해 만들어진다고 여기지만 요즘은 정치적 양극화 자체가 허위 정보 캠페인의 주요 목표 중 하나가 되었다. 양극화에는 크게 두 차원이 있다. 자주 언급되는 차원은 특정 정책 사안에 대한 입장의 양극화이다(2016년 미국 대선에서 러시아의 선거 개입에 대한 의견 차이). 하지만 점차 우려되는 차원은 '정서적 양극화', 곧 양쪽 집단의 사람들이 개인적으로도 서로 싫어하는 경향이다. 연구에 따르면 사람들은 이제 반대편 사람과는 데이트하는 것도 싫어하고, 같은 일을 해도 임금을 덜 주며, 심지어 룸메이트로서도 기피한다. 어쨌든 사회에서 두 가지 혹은 그 이상의 정치 집단이 더는 섞이지 않거나 서로 적극적으로 싫어하면 민주주의의 담론은 서서히 무너질 것이다.

## 사칭

처음에는 '가짜 전문가' 기법으로 시작했지만 더 자세히 들여다보니 사칭은 사실 2가지 주요 변종이 있는 훨씬 큰 전략이라는 사실이 드러났다. 첫 번째 변종은 실존하는 인물이나 계정을 비슷하게 모방해 사칭하는 방식이다. 전문가뿐 아니라 유명인, 정치인까지 사칭할 수 있다.

내가 가장 자주 예시하는 사례 중 하나는 인포워즈(팩트 체크 전문가들이 '사이비 과학과 가짜 뉴스를 조장하는, 괴상한 짓을 하고 정부에 감시받거나 외계인에게 정신을 통제당하지 않으려고 은박지 모자를 쓰는 수준의 음모론 웹사이트'라고 지칭하는 사이트) 운영자이자 샌디훅 총기 난사 사건이 '위기 전문 배우'가 연기하는 연출된 장면이라는 음모론을 제기한 알렉스 존스의 사례이다.[3] 그는 직접 진행하는 프로그램에서 MIT 의학 컨설턴트 '에드워드 F. 그룹 III 박사'의 도움을 받아 활력 및 기타 식이 보충제를 자주 홍보한다. 사실 에드워드는 자연요법 의사, 척추 지압사, 대체의학 전문가로 MIT에서 비학위 경영 프로그램을 수료한 인물이다. 담배 업계에서 애용하던 '흰색 실험복' 전략의 전형적인 사례이다. 영리 목적으로 보충제를 판매하는 것도 문제지만 가짜 의료 전문가들을 내세워 위험한 가짜 치료법(레몬 가글부터 메탄올 섭취까지)을 선전하는 행위가 코로나19 범유행 기간에 폭발적으로 증가했다. 앞서 바이러스처럼 유포된 〈계획된 전염병〉에서 '주디 미코비츠 박사'는 박사 자격증을 내세워 독감백신에 코로나바이러스가 들어 있다는 거짓 정보를 비롯해 코로나19에 대해 허위 주장을 퍼뜨렸다. 하지만 그의 자격증마저 진위가 의심스러웠다.

또 하나 좋은 예는 2018년 트위터에서 미국의 억만장자 워런 버

---

**3**  존스는 결국 2022년 명예훼손 재판에서 샌디훅 총기 난사 사건이 '100퍼센트 실제 사건'이라고 인정했다.

핏Warren Buffett을 사칭한 사건이다. 이 사칭 계정과 사진은 버핏의 철자를 'Buffet'으로 기재하는 정도의 사소한 차이를 제외하고는 실제와 똑같아 보였다. 많은 사람이 속았고, 이 계정은 언론인과 정치인들이 리트윗하면서 몇 분 만에 팔로워를 수십만 명 확보했다. 가짜워런 버핏은 진짜 워런 버핏이 이전에 말하거나 공유한 적 있는 내용에서 영감을 얻어 '항상 가르침을 받아라' '자기가 소유하지 않은 것은 쓰지도 마라' 등의 긍정적인 조언을 제공했다. 이런 접근이 통하는 이유는 가짜 뉴스 생산자가 우스꽝스럽게 보이면 아무도 믿어주지 않을 것이기 때문이다.

그러나 개인 사칭은 사칭계의 마이너리그이다. 사칭 기법의 두번째 변종은 합법적 조직이나 언론사로 위장하지만 언론의 규범을 따르거나 자격증을 제시하지 않는 방식이다. 다소 충격적인 사례로 트위터에서 영국 보수당이 선거운동 계정을 팩트 체크 기관으로 브랜드를 바꾸려고 시도한 사건이 있다. 영국 보수당은 2019년 텔레비전 토론 중 자체 트위터 계정을 일시적으로 흰색 체크 표시가 달린 '팩트체크UK'로 바꿨다. 트위터는 보수당이 대중을 호도했다고 주장했다.

또 하나 좋은 예는 '지구 온난화 청원 프로젝트'에 첨부된 '과학' 논문이다. 이 논문은 미국 국립과학학회 청원서 양식을 이용해 권위 있는 NAS에서 발표한 공신력 있는 청원서인 것처럼 대중을 속였다. 문의가 빗발치자 NAS 위원회는 청원을 철회하고 공개 성명해 대중의 혼란을 바로잡아야 했다.

　마찬가지로 미국최전선의사들American Frontline Doctors, AFD은 모르는 사람에게는 코로나19 범유행의 최전선에서 사람들의 생명을 구하는 존귀한 의사들처럼 보인다. 그러나 사실과는 거리가 멀다. AFD는 백신 접종 반대 운동에 관여하고 코로나19에 관해 거짓 정보를 퍼뜨리는 정치 단체이다.

　사칭은 전시戰時에도 유행하는 수법이다. 2022년 2월 러시아가 우크라이나를 침공할 당시, 소셜미디어에는 '얄팍한 가짜', 곧 전시 상황을 속이기 위해 우크라이나나 러시아의 군대를 가장한 조작된 이미지와 영상이 넘쳐났다.

　마지막으로 나 자신도 최근 가짜 영상에 속았다는 사실을 잊지 말자. NASA 이전 임무 자료 화면에 화성의 바람 소리를 넣어 화성 탐사선 퍼시버런스호의 실제 화성 착륙 녹음본인 것처럼 수많은 사람을 속이려 한 가짜 영상에 속은 일 말이다. 이런 사례는 끝이 없다.

　교묘한 사칭 기법은 잘못된 정보로 사람들을 속이는 데 중요한 요소이다.


### 음모론

이 책의 3장 전체를 음모론적 사고의 심리학에 할애할 만큼 음모론은 뜨거운 주제이다. 여기서 주목할 만한 사실은 이제 음모론은 주변부에만 머무는 것이 아니라 일부 주류 뉴스 사이트에서 제공하는 콘텐츠의 한 유형이라는 점이다. 예를 들어 인포워즈에 한 달에 약 1000만 명씩 정기적으로 방문한다는 사실을 생각해보자. 미국의 대표적인 보수 잡지 『내셔널 리뷰』*National Review*나 『이코노미스트』 같은 주류 뉴스 매체보다 훨씬 많은 트래픽이다. 그리고 〈계획된 전염병〉 음모론 영상은 테일러 스위프트의 '시티 오브 러버' TV 콘서트 특별 공연이나 미국 드라마 〈오피스〉*The Office* 출연진의 줌 재결합, 펜타곤의 '미확인 항공 현상' 영상보다 훨씬 많이 조회되었다.

음모론은 이제 주류가 되었다. 최근 유고브-케임브리지 설문조사에 따르면, 미국인 37퍼센트는 하나의 비밀 단체가 전 세계에서 일어나는 사건을 통제한다고 믿고, 29퍼센트는 정부가 비밀리에 외계인을 숨겼다고 의심하며, 33퍼센트는 해로운 백신 부작용이 대중에게 은폐된다고 믿고, 27퍼센트는 기후변화가 사기극이라고 생각한다. 비단 미국만의 문제도 아니다. 이 설문조사에서는 스페인과 그리스, 터키, 멕시코, 나이지리아에서도 인구의 절반 이상이 단일한 비밀 집단이 전 세계에서 일어나는 사건을 통제한다고 믿는 것으로 나타났다. 구체적인 추정치는 설문조사마다 다를 수 있지만 적어도 인구의 3분의 1이 음모론을 믿는 것으로 일관되게 나타났다.

앞서 3장에서는 CONSPIRE 지침으로 음모론의 공통 구조를 확인했다. 우리 연구팀은 중요한 사실 하나를 추가로 발견했다. 앞의 모든 음모론은 우리가 흔히 관심을 보이는 정치나 사회의 실제 사건과 연관된다는 점이다.

효과적인 음모론은 실제 사건을 끌어들여 주류나 공식적인 설명에 의구심을 던진다. 예를 들어 #피자게이트 음모론에서는 힐러리 클린턴의 선거 책임자 존 포데스타의 이메일 유출본에서 '암호'가 발견되었으며, 이 암호는 피자집을 거점으로 삼는 아동 인신매매 조직을 의미한다고 주장한다(여기서 '치즈 피자'는 소아성애자들이 채팅에서 사용하는 은어이자 이모티콘이고, 'cp'는 '아동 포르노child pornography'라는 점에서 연관성이 있어 보인다). 샌디훅 총기 사건 음모론에서는 초등학교 총기 난사 사건이 미국 정부가 미국인의 총기 사용 권리를 규제하기 위해 조작한 위장 작전이라고 주장한다. 〈계획된 전염병〉 음모론에서는 코로나19 범유행이 백신 접종 반대 정서를 조장하고 퍼트리기 위한 사기극이라고 주장한다. 미국이 우크라이나의 생화학무기 연구비를 지원한다는 음모론에서는 실제로 벌어지는 국제 분쟁을 그 증거로 삼는다.

이 모든 음모론의 공통점은 우리가 실제로 관심을 보이는 사건에서 진실 한 알을 끌어와 주류의 관심과 호소력을 끈다는 점이다. 앨런 타리카가 셰익스피어의 소네트에 제기한 음모론을 들어본 사람은 많지 않을 것이다. 이 음모론도 셰익스피어에 대한 실제 토론에 기반을 두지만 대다수 사람이 셰익스피어가 직접 소네트를 썼는지에 크게 관심이 없기 때문이다.

2017년 20대 피터 맥인도는 '새는 진짜가 아니다'라는 풍자적 음모론을 퍼트리며 새는 사실 미국 정부가 국민을 감시하기 위해 띄운 드론이라고 주장했다. 그리고 새들이 전선에 잘 앉는 이유는 충전하기 위해서라는 흥미로운 설명도 덧붙였다. 이 음모론을 믿는 사람들을 '새의 진실을 쫓는 사람들Bird Truther'이라고 한다. 맥인도는 음모론이 어떻게 주목받는지 명확히 꿰뚫고 있었다. 그의 음모론은 우스꽝스럽게 들리지만 사생활 보호 문제와 정부의 과도한 개입 문제에 대한 실제 논란을 다루고 있다. 여기서 조금만 손보면 대중의 상상력을 사로잡을 수 있을 것이다.

## 트롤링

낚시를 좋아하는 사람이라면 '트롤링'이 주로 낚싯배 뒤에서 낚싯바늘에 루어나 미끼를 꽂아 물속에서 낚싯줄을 끌어당기는 행위임을 알 것이다. 주로 연어나 송어 낚시에 쓰는 방법이다. 온라인에서 트롤링은 대중의 인식을 조작하거나 사람들의 반응을 도발하기 위해 선동적이거나 감정적인 자료를 게시하는 식으로 미끼를 던지는 방법을 말한다. '트롤에게 먹이를 주지 말라'라는 표현을 한 번쯤 들어보았을 것이다.

우리 공동 연구자 중 한 명은 허위 정보 워크숍에 초청한 특별 강연자에게서 트롤링에 대해 많은 것을 배웠다. 강연자는 '올기노의 트롤들'이라고도 불리는 러시아인터넷연구기관Russian Internet Research

9장 거짓은 어떻게 심리를 조작하는가

Agency, IRA의 전직 전문 트롤인 류드밀라 사브축Lyudmila Savchuk이었다. 류드밀라는 30대 중반의 인터넷 활동가이자 저널리스트로서 몇 달 동안 상트페테르부르크 사부시키나가 55번지에 있는 IRA 본부에서 일했다. 그녀는 이 건물을 사무실과 컴퓨터만 빽빽이 들어찬 거대한 창고라고 표현했다. 조사에 의하면 이 건물에서 약 600~1,000명이 일하고(재택근무자는 더 많다), 직원 한 사람이 콘텐츠를 하루에 50~100번 게시한 것으로 보인다.

류드밀라는 소셜미디어 피드에서 '창의적인 산업'에 관심 있으며 교육받은 러시아인을 구한다는 구인 광고를 보고 그들의 표적이 되었다. 한 친구가 비밀스러운 장소에서 은밀히 하는 일이라고 말해주었다. 류드밀라는 그 일을 구했고, 얼마 뒤에 보니 수백 명이 밤낮으로 교대하며 24시간 내내 소셜미디어에 댓글을 다는 일이었다. 그야말로 문 닫지 않는 트롤 공장이었다. 류드밀라의 업무 중 하나는 가짜 신분을 만들어 러시아의 인기 블로그에 콘텐츠를 올리는 일이었다. 그녀는 한 예로 노예제를 다루는 새로운 (가상의) 컴퓨터 게임이 청소년들 사이에서 인기를 끈다는 게시물을 올린 일을 들었다. 게임 제작자는 누구일까? 사악한 미국인들이었다! 류드밀라가 올린 게시물의 목적은 반미 감정을 자극하는 데 있었다. 류드밀라는 일을 시작하고 두 달 정도 지나 관련 문서를 익명으로 언론에 유출했다. IRA는 그 사실을 알고 류드밀라를 해고하고, 심지어 CIA 비밀 공작원이라는 혐의로 기소하기까지 했다.

IRA는 푸틴과 관련된 러시아의 주요 기업과 정치인을 대신해 (해외에서) 영향력 작전을 수행한다. 봇과 트롤의 중요한 차이점은, 트롤에는 인간적인 손길이 들어가 사람들에게 트롤이 실제 정치권 인물이라고 믿게 만든다는 점이다. 트롤이 "부엌에서 빵을 굽다가 푸틴이 정말 잘하고 있다는 생각이 들었다"라는 콘텐츠를 꺼내올 수 있는 방대한 파일이 존재했다. IRA 직원들은 가짜 프로파일, 영상, 이미지를 생성해 유럽의 가치관과 미국 대선부터 친푸틴 및 반우크라이나 콘텐츠에 이르기까지 말 그대로 모든 게시물에 댓글을 달았다.

IRA가 처음에 주목한 문제는 2014년 러시아의 우크라이나 무력 침공에 대한 서구의 여론을 바꾸는 일이었지만 얼마 뒤부터는 유럽과 특히 미국으로 관심을 돌렸다. 미국 상원 정보위원회에 대한 분석에서는 '미국 국민이 그들 자신과 미국 정부와 같은 미국인들을 어떻게 생각하는지에 영향을 미치기 위한 지속적인 대미 정보전쟁 캠페인'에 관해 폭넓은 증거가 드러났다. 2018년 미국 법무부는 2016년 대선을 방해한 혐의로 IRA를 기소했다. 추정에 따르면 이 트롤은 페이스북에서만 미국인 1억 명 이상에게 도달했으며 2500만 달러 이상을 투입해 미국의 정치 담론을 조작했다. 투표 규정에 대해 혼선을 유도하거나 투표해봐야 뭐 하느냐면서 그냥 집에 있으라는 트윗을 비롯해 유권자 억압 기법을 사용한 사례가 그 증거였다. 그 밖에도 백신 접종에 대한 찬반양론이나 텍사스 탈퇴(브렉시트도 되는데 왜 #텍시트는 안 되나?), 캘리포니아 탈퇴(#캘리시트) 등 친트럼프와 반클린턴 콘텐츠를 게시해 선거에 영향을 주었다.

나는 IRA와 연결된 계정에서 삭제된 트윗 파일을 20만 개 이상 다운로드할 수 있었다. NBC 뉴스가 트위터가 의회에 제출한 계정 약 4,000개를 복구해 만든 파일이었다. 트윗 내용 일부는 다음과 같았다. "왜 언론은 클린턴의 진짜 문제와 사기, 거짓말, 스캔들에 대해 말하지 못합니까?? #NeverHillary" "트럼프는 가장 친흑인적 후보입니다! 이 사진은 정직하지 못한 미디어의 모든 고정관념을 깨뜨려줍니다! 널리 퍼뜨려주세요!" 일부 게시물은 관심을 많이 끌지 못했지만 마지막 게시물은 1,000번 이상 리트윗됐다. IRA 트롤은 여러 소셜미디어 채널에서 흑인 문화와 성소수자의 인권과 총기 규제에 대해 끊임없이 말하는 식으로 사회와 정치의 분열상을 드러내는 모든 주제에 관해 콘텐츠를 공급받으며 '경찰국가' '쏘지 마세요' '흑인의 생명도 소중하다' 등의 유튜브 채널을 운영했다.

IRA의 작전은 규모 면에서 전례 없는 사건이었다.

수많은 미국인이 러시아 트롤의 양극화 콘텐츠에 노출됐지만 그렇다고 모든 사람이 설득당한 것은 아니다. 2020년 한 연구에 의하면 2017년에 정치적으로 활동적인 트위터 사용자 중 IRA 트롤 계정과 직접 소통한 표본은 정치적 입장에서 한 달 이상 큰 변화를 보이지 않았다. 반면 다른 연구에서는 이전 주 IRA 트위터 활동의 증가로 도널드 트럼프 지지도 변화를 강력히 예측할 수 있다는 사실을 발견했다. 예를 들어 한 주 동안 IRA 계정에 대한 리트윗이 2만 5000회 증가하자 여론조사상 트럼프 지지율이 1퍼센트 상승했다.

두 연구에서 IRA 트롤 계정에 대한 노출이 무작위로 일어나지 않았기에 인과 관계를 끌어내기는 어렵다. 하지만 IRA가 생각만큼 성공적이지 않았다 해도 트롤 공장은 날마다 새로 생겨나고, 이들은 하루아침에 공격을 멈추지 않을 것이다. 트롤의 목표는 대중의 인식을 조작해 혼란을 일으키는 일이다.

그러니 공격을 받기 전에 예방 접종을 해야 한다.


## 과학자, 게임을 개발하다

우리 연구팀은 잘못된 정보를 생산하는 데 자주 사용되는 6가지 조작 기법[4]을 확인하고 예방 접종을 일반화할 준비가 됐다고 판단했다. 하지만 문제가 또 하나 있었다. 심리적 백신 생산과 복용량을 어떻게 정할 것인가? 무엇을 예방 접종을 위한 가상의 주삿바늘로 삼을 것인가? 존 루젠비크는 아이디어를 몇 가지 냈다. 이 아이디어는 그 자신도 나도 상상하지 못한 방식으로 우리의 연구 행로를 바꿔

---

[4]  나머지 잘못된 정보 기법에 관해서는 다음 장에서 자세히 설명한다.

9장 거짓은 어떻게 심리를 조작하는가

놓았다.

당시 존은 케임브리지를 갓 졸업한 대학원생이었다. 존과 같은
과 동기로 함께 혁신적인 미디어 그룹을 창업한 루어드 오스터워드
Ruurd Oosterwoud는 가짜 뉴스에 대응하기 위한 허위 정보 시뮬레이션
장치를 개발하는 아이디어를 고민하고 있다고 말했다. "'허위 정보
시뮬레이션 장치'요?" 내가 물었다. "네." 존이 유쾌하게 웃으며 나
를 보았다.

분명 혁신적이었다. 나는 잠시 그 아이디어에 대해 생각했다. 두
사람이 완전히 정신 나갔거나 대단한 아이디어이거나 둘 중 하나였
다. 우리는 매주 회의를 열어 아이디어와 방법론에 대해 더 자세히
논의했고, 회의 시간이 점심 식사가 되고, 점심 식사가 다시 저녁 식
사와 술자리로 이어지는 사이 우리는 점차 이 프로젝트에 깊이 빠
졌다. 우리는 이 프로젝트에 집착했다. 가장 늦게까지 연구실에 남
아 창밖을 내다보며 아이디어를 나눴다.


존은 백신 접종 개념을 가짜 뉴스 시뮬레이션 장치로 구현할 수 있
다는 전망에 흥분했다. 내 마음 한구석에 품고 있던 '능동적 백신
접종active inoculation' 개념과 완벽히 맞아떨어지는 개념이라 나 역시
기대감에 부풀었다. 대다수 백신 접종 실험에서는 참가자들에게 짧
은 글이나 에세이로 설득력 있는 주장이나 반박을 제시한다. 실험
자는 참가자들에게 잘못된 정보와 함께 그 정보에 반박하는 데 필

요한 논거를 제공한다. 하지만 맥과이어는 사람들이 스스로 반론을 제기하게 하는 방법이 더 효과적일 수 있다는 가설을 세웠다. 이런 식으로 인지적 참여를 유도하면 주어진 자료에 대한 기억이 강화될 수 있기 때문이라고 했다. 어쨌든 자기가 낸 아이디어나 주장이라면 잊을 가능성이 줄어든다! 나는 능동적 접종이나 사람들이 스스로 항체를 생성하게 하는 개념에 매료됐다. 문제는 '어떻게?'였다.

우리는 해리포터 시리즈에서 어둠의 마법에 대한 방어술을 가르치는 세베루스 스네이프 교수에게서 영감을 얻었다. 스네이프 교수 말이 맞았다. 방어술이 효과적이려면 우리가 풀려는 어둠의 마법만큼이나 유연하고 창의적으로 접근해야 했다. 누군가에게는 과학이 지루한 강의로 느껴질 수 있기에 존과 나는 우리의 처치가 그래서는 안 된다고 판단했다. 기사 출처를 항상 확인하라는 등 사람들에게 미디어 리터러시를 위해 조언하는 영상은 이미 무수하다. 우리는 색다른 것을 시도하고 싶었다. 전반적으로 즐겁고 재미있는 경험이어야 했다. 존이 낸 아이디어는 사람들이 현대판 선전원, 곧 허위 정보의 거물이 되어보게 하는 방법이었다. 사람들에게 잠시 사악한 천재가 되어볼 기회를 주자는 말이었다.

그렇게 우리는 사람들이 직접 미디어 콘텐츠를 생산하게 하는 방법으로 '능동적 접종'을 실험하기로 했다. 구체적인 실행 방법에 대해서는 의견이 갈렸지만 가장 중요한 통찰에는 동의했다. 사람들이 잠시나마 직접 조작자가 되어보는 방법만큼 잘못된 정보에 대해 효과적으로 예방 접종할 수 있는 방법이 또 있겠는가?

우리 실험은 기본적으로 수십 년에 걸친 심리학 연구에서 인간의 뇌는 분석보다는 경험을 선호한다고 밝혀진 사실에 기댔다. 마크 트웨인은 이런 심리학적 결과를 이미 통찰한 듯 "고양이의 꼬리를 당겨보라. 다른 방법으로는 배울 수 없는 뭔가를 배울 것"이라고 농담했다. 사람들은 행동하면서 배운다. 내가 당신에게 자동차를 운전하는 법을 알려준다고 해서 당신이 운전할 수 있는 것은 아니다(안전 문제는 차치하고). 뜨거운 난로에 손을 대서 데어보면 뜨거운 난로에 손을 대는 것은 나쁜 생각이라는 사실을 배운다. 경험의 힘은 다른 사람의 어떤 경고보다 강력하다. 나는 종종 마술쇼에 빗대어 내 주장을 설명한다. 당신이 좋아하는 마술사의 마술을 보러 가서 멋진 마술에 완전히 매료됐다고 해보자. 감쪽같은 마술이다. 어떻게 그런 마술을 했을까? 이제 나는 당신에게 기능적 차원에서 그 마술이 어떻게 작동하는지 구체적인 청사진을 보여주며 팩트 체크 하듯 분석적으로 참여시킬 수도 있고, 당신에게 잠시 마술사의 입장이 되어 마술이 어떻게 작동하는지 스스로 알아내게 할 수도 있다. 이런 방법으로 알아보면 다시는 마술에 속지 않을 것이다. 그러면 사람들에게 가짜 뉴스에 속아보는 '경험'을 해보게 해줄 방법은 무엇일까?

그즈음 루어드는 새 기관에서 연구를 진전시켰고, 우리는 둘러앉아 현실적인 방법을 찾아보았다. 이렇게 나온 결과가 게임이었다.

여느 게임이 아니었다. 최초의 가짜 뉴스 게임이었다. 존은 이 프로젝트에 열정을 다했고, 곧바로 루어드의 팀과 창의적인 에이전시의 도움을 받아 카드 게임을 개발하는 작업에 착수했다. 기본적으로 참가자들이 가짜 뉴스를 생산한다는 목표를 가진 캐릭터가 되어보는 멀티플레이어 게임이었다. 게임의 목적은 플레이어가 잘못된 정보를 생산하는 방법과 기술에 대해 주도적으로 고민하게 해주는 데 있었다. 학생들은 소집단으로 나뉘어 각자가 맡은 캐릭터(음모론자, 공포 조장자 등)에 맞는 뉴스 기사를 작성해야 했다. 우리는 이 게임의 핵심 주제로 이민이라는 뜨거운 쟁점을 골랐다. 언론의 표준 관행에 따라 기사는 제목과 본문과 전문가의 인터뷰로 구성된 정해진 구조를 따랐다. 캐릭터가 적절히 선택하면서 가장 많은 '정답'을 맞힌 집단이 게임에서 이긴다.

존과 나는 루어드 팀 도움을 받아 16~19세 고등학생들을 대상으로 이 게임의 예비 실험을 실시했다. 참가자 약 100명을 실험 집단(수업 중 가짜 뉴스 게임을 하는 집단)과 통제 집단(정규 수업만 받는 집단)에 무작위로 배정했다. 게임의 효과를 시험하기 위해 각 집단에 이민을 주제로 우리가 제작한 가짜 뉴스 기사를 읽혔다. 기사는 감정 조작이나 음모론과 같은 일반적인 잘못된 정보 전략에 따라 제작되었다. 학생들은 30분 정도 게임을 한 다음 가짜 뉴스 기사를 읽었다. 우리는 학생들이 기사를 얼마나 신뢰할 수 있고 설득력 있다고 생각하는지, 그리고 학생들의 관점이 어떻게 달라졌는지에 관심

9장 거짓은 어떻게 심리를 조작하는가

있었다. (통제 집단에는 같은 기사를 읽히고 같은 질문을 던졌지만 게임은 시키지 않았다.)

결과는 흥미로웠다. 게임을 한 실험 집단이 통제 집단보다 가짜 뉴스의 신뢰도를 훨씬 낮게 보았고, 그 결과 가짜 뉴스에 사용된 논거의 설득력이 낮다고 평가했다. 학생들의 응답지를 질적 분석 해 보니 많은 학생이 게임에서 배운 교훈에 맞게 설명한 것으로 나타났다. 예를 들어 학생들은 해당 기사를 쓴 사람이 주장을 펼치기 위해 선동적이고 양극화를 조장하는 언어를 사용했다고 지적했다.

하지만 우리는 과학자로서 이 결과를 비판적으로 평가했다. 우선 효과가 미미하고, 표본이 적고, 신호에 잡음이 많았다. 존과 나는 게임을 설계하고 연구를 계획하고 실행에 옮기는 데 시간을 엄청나게 들였는데도 결국 예비 실험에 참여한 학생이 100명 정도뿐이라는 데 다소 당황했다. 심리학 연구에서 드문 일은 아니지만 우리는 실험 개입을 확장하기 위해 더 나은 방법을 찾아보기로 했다. 훨씬 많은 사람에게 접근할 수 있어야 했다. 강의실 밖에서도 사용할 수 있는 방법이 필요했다. 교육 제도 안의 개인에게만 초점을 맞춘 실험 계획은 그동안 너무 많았다. 게다가 이 게임의 가장 큰 한계는 소셜 미디어에서 구현되는 방식이 아니라 사람들이 주로 잘못된 정보를 받아들이고 선택하고 공유하는 환경의 특성을 충분히 담지 못했다는 점이었다.

지금부터 내가 존, 루어드와 함께하는 작업을 좋아하는 이유를 설명하겠다. 약 6개월 뒤 우리는 온라인 가짜 뉴스 게임을 구동하기 위한 인터랙티브 엔진 프로토타입을 완성했다. 본격적인 소셜미디어 시뮬레이션, 정확히 말하면 트위터 시뮬레이션이었다. 이제 우리는 실제로 트위터에서 접하는 것처럼 실제 트윗과 가짜 트윗을 사람들에게 보여주고, 게임 전후에 가짜 뉴스를 식별하는 능력을 평가할 수 있게 되었다. 우리가 접근하는 대상은 부모 집 지하실에 기거하는 분노한 10대 청소년부터 온라인 '진실 찾기 운동'에 이르기까지 무궁무진했다. 더 이상 우리가 학교를 일일이 찾아다니지 않아도 되고, 참가자들도 케임브리지의 우리 연구실까지 찾아오지 않아도 됐다. 인터넷에 접속하기만 하면 **누구나** 참여할 수 있었다.

우리는 무척 기뻤다. 이제껏 이런 시도를 한 사람은 없었다. 우리가 최초의 가짜 뉴스 게임을 세상에 내놓았다. 존과 나는 가짜 뉴스가 꼭 우파나 좌파의 문제만이 아닌 걸 알기에 우리의 개입이 정치화되어 개종자들에게 설교하는 격으로 끝나는 것이 최악이라고 보았다. 그래서 재미있고 정치적이지도 않은 개입을 시도하면서 사람들이 기후변화를 조롱하거나 경각심을 갖고, 또 큰 정부나 악덕 기업을 공격하게 될 수 있다는 점에서 다소 논쟁적인 개입을 시도하자고 존은 주장했다. 우리 게임에는 모든 좌파적 선택마다 우파적 대안이 포함된다. 한마디로 우리는 사람들이 판단받지 않는 환경에서 자신에게 주어진 조건에 따라 심리 조작의 기술을 익히기를 바랐다.

그래서 우리는 그렇게 했다. 그리고 이 게임을 '나쁜 뉴스'라고 부르기로 했다.

'나쁜 뉴스'는 앞선 가짜 뉴스 카드 게임과는 여러 중요한 측면에서 달랐다. 우리의 실험을 온라인으로 옮기려면 다른 방식으로 접근해야 했다. 우선 이 온라인 게임은 소셜미디어 피드를 시뮬레이션하고, 반향실과 필터 버블 개념을 통합하며, 최신 연구에서 밝혀진 심리 조작의 6가지 기법('DEPICT')을 적용했다. 플레이어는 게임을 하면서 '배지'를 6개 획득할 수 있고, 한 번에 하나씩 잘못된 정보 기법을 숙달하면서 다음 레벨로 올라간다. 하지만 근본적인 철학은 같다. 플레이어가 가짜 뉴스 생산의 거물이 되어 온라인에서 사람들을 잘못된 방향으로 이끄는 전략과 이런 전략을 식별하는 방법을 약하게나마 접하는 것이다. 여기서 '약한 용량'이란 허구의 시나리오에서 유머와 풍자를 섞어 아무도 믿지 않을 만큼 우스꽝스럽게 만든다는 의미이다. 다시 말해 사람들을 실제로 속이지 않고도(맥과이어의 표현을 빌리자면 사람들에게 면역 반응을 유발하지만 압도하지는 않으면서) 핵심을 전달(면역계를 자극)한다.

'나쁜 뉴스'는 브라우저 게임으로 참여할 수 있고 전적으로 플레이어의 선택에 따라 진행되는 방식이므로 플레이어는 모든 시점에서 다음에 무엇을 할지 스스로 선택할 수 있다. 플레이어의 선택에 따라 게임의 방향이 결정된다. '스스로 모험을 선택하는' 게임이라 말할 수 있다. 게다가 플레이어가 게시하는 콘텐츠에 시뮬레이션

내 다른 사용자들이 반응한다는 점에서 상호작용성도 크다. 플레이어가 가짜 뉴스 거물이 되는 동안 게임 자체의 목적은 조작의 6단계를 사용해 미디어 콘텐츠를 제작하고 신뢰도를 잃지 않으면서 팔로워를 최대한 많이 끌어모으는 것이다. 화면 왼쪽에 팔로워와 신뢰도 미터가 표시되어 플레이어가 스스로 악의적인 목적을 추적할 수 있다. 얄궂게도 1980년대 아케이드 스타일의 터치 앤드 필 방식으로 제작해 게임이 복고풍으로 보이는데, 가짜 뉴스 게임을 너무 심각하게 받아들이지 말자는 취지에서 이렇게 디자인했다. (www.getbadnews.com에서 무료로 게임을 해볼 수 있다.)

이 게임에서 플레이어는 자기만의 뉴스 미디어 콘텐츠를 게시해야 한다. 처음에는 익명의 '네티즌'으로 시작하지만 점차 나만의 (가상!) 가짜 뉴스 제국을 건설할 수 있다. 잘못된 정보를 유포하는 6가지 주요 전략이 포함된 시나리오에 따라 게임을 해나가며 팔로워와 신뢰도 점수를 획득한다. 실제 가짜 뉴스의 거물들이 사용하는 방식과 일치하는 방법을 선택하지 않으면 점수도 잃고 팔로워도 떨어져 나간다. 언론 윤리에 대한 기존의 입장을 버리고 자기 손을 더럽혀야 한다. 하지만 말처럼 쉽지 않다. 지나치게 우스꽝스러운 선택을 하면 점수가 차감되기 때문이다. 그리고 신뢰도 점수가 0으로 떨어지면 게임에서 패한다. 게임이 끝날 때 팔로워 수가 최종 점수이다.

우리는 언제 점수를 얻거나 잃는지, 그리고 게임에서 얻을 수 있

9장 거짓은 어떻게 심리를 조작하는가

는 최대 팔로워 수를 결정하는 알고리즘은 무엇인지에 관해 자주 질문받는다. 하지만 알고리즘은 비밀로 유지하기로 했다! 물론 자신의 점수를 친구나 가족의 점수와 비교할 수는 있다. 시뮬레이션이라도 사람들을 속이는 일이 불편한 사람은 언제든 '영웅으로 죽기' 옵션으로 게임을 중단할 수 있다.

존과 내가 자주 비유하는 백신에 빗대보자면 이 게임의 핵심은 독감 백신을 맞았을 때 일시적으로 몸 상태가 나빠지듯 심리적 면역계를 활성화하는 것이다. 그러려면 우선 사람들에게 약간 충격을 줘야 한다.

## 게임 시작하기

솔직히 당신도 뭔가에 불만이 있지 않은가? 무능한 정부? 가짜 뉴스 매체? 아니면 지구 평면설 학회? 바로 여기서 이 게임이 시작된다. 게임을 시작하고 어느 시점이 되면 그런 당혹감을 담아 트윗을 올리라는 주문이 나온다. "주류 언론은 하나의 거대한 음모다, #FakeNews"와 같은 트윗을 올리면 갑자기 팔로워가 늘어난다. 게임 해설자가 나타나 팔로워가 많을수록 당신의 영향력도 커진다고 설명한다. 그러면서 당신의 신뢰도가 아직 높지 않다고 지적한다. 아직은. 여기서 사칭 배지가 등장한다. 이 시나리오의 기본 전제는 인터넷에는 더 이상 진입 장벽이 존재하지 않는다는 점이다. 누구나 직접 블로그나 웹사이트를 개설하고 합법적으로 보이는 콘텐츠를 게시할 수 있다. 이 게임의 목표는 플레이어에게 전문가처럼 보이고 합법적인 분위기로 게시물을 올리는 것이 얼마나 쉬운지 (많이 희석된 형태로) 보여주는 데 있다.

이제 플레이어는 도널드 트럼프(북한에 전쟁을 선포할 예정, #KimJongDone), NASA(대형 우주 물체가 곧 미국 서해안을 강타할 예정, #BeSafe), 니켈로디언(〈스폰지밥 네모바지〉*SpongeBob SquarePants* 즉각적이고 영구적으로 방영 취소 선언, #I'mReady!) 중 하나를 사칭할 수 있다. 다음으로 게임 해설자가 플레이어에게 익명의 불평꾼에서 뉴스 매체의 편집장이 되라고 권한다. 예를 들어 클릭 몇 번으로 〈코스모스 포스트: 주류 매체의 거품 터뜨리기〉나 〈정직한 진실 온라인: 그들이 당신이 읽지 않기를 바라는 것들〉이라는 매체를 시작할 수 있다.

이제 거물급 편집장이 된 플레이어에게는 콘텐츠가 필요하다! 첫 번째 배지가 뜨면서 콘텐츠를 공유하라고 권한다. 기후변화부터 GMO(유전자 변형 식품)에 이르기까지 다양한 헤드라인을 탐색할 수 있다. 게임 해설자가 다시 나타나 기후변화나 GMO에 대한 플레이어의 의견을 확인하며 유전자 변형 식품이 너무 많이 사용되고 있는데 그다음은 유전자 변형 반려동물 차례가 아니겠느냐고 묻는다. 그런 다음 GMO가 세상의 종말을 불러올 것이며 기후변화는 완전히 사기극이라는 이야기로 넘어가도록 유도한다. 플레이어는 몇 가지 공격 옵션 중 하나를 선택할 수 있다. 예를 들어 엄마가 아기를 안은 사진과 함께 "내가 지구를 망치면서… 아기를 따뜻하게 하고 있었나 봐!"라는 대사가 나오는 감정적인 밈을 게시할 수 있다. 시나리오는 플레이어에게 주어진 사안에 대한 플레이어의 의견과 관계없이 이와 같은 조작법이 과학적 논쟁을 공격하고 약화하는 데 사용되는 측면을 보여준다.

이어서 플레이어는 배지 5개를 더 획득하면서 감정을 이용해 여론을 조작하고, 뜨거운 쟁점에 대해 양극화를 조장하고, 팩트 체크 기관을 불신하는 식의 부정 전술을 쓰고, 음모론을 생산해 주류 서사에 의구심을 던지는 행위에 대해 예방 접종을 받는다. 그리고 게임 마지막 단계에서는 트롤링 배지가 나타나 플레이어를 위해 모든 것을 하나로 연결해준다. 여기부터 올바른 선택지는 한 가지밖에 없다. 의문의 항공기 실종에 관한 이야기가 나온다. 이 시나리오를 제대로 선택했으면 음모론 기법으로 의심을 심으라는 지시문이 뜬다. 사실 우리 연구팀은 이 항공기 실종 음모론을 제작하는 데 추가로 많은 노력을 쏟았다. 플레이어가 음모론을 게시하고 봇 군대를 모집하면 전국에서 스캔들이 터지고 상황이 급속도로 악화된다. IRA 트롤처럼 플레이어는 주요 허위 정보 기법을 실험하면서 혼란을 야기하고 사회적 불화를 조장한다.

## '나쁜 뉴스'에 관한 좋은 뉴스

내가 런던디자인박물관을 처음 방문한 날이었다. 직원이 내게 특별
전시 책자를 건넸고, 나는 고맙다고 답하고 책장을 넘겼다. 아내가
옆에서 끼어들어 내가 전시 작가라고 말했다. 나는 다소 쑥스러워
하며 작가는 아니라고(그보다는 과학자라고), '나쁜 뉴스' 게임 뒤에
있는 훨씬 큰 팀의 일원일 뿐이라고 중얼거렸다. 진정한 작가는 우
리 게임의 독특한 외양과 분위기를 담당한 구스만손Gusmanson 디자
인 스튜디오의 비범한 세 사람이었다.

박물관에서 관람객들이 우리 전시품의 장점에 대해 하는 말을 들
을 날이 올 줄은 꿈에도 몰랐다. 우리는 드디어 해냈다. 세계 최초로
가짜 뉴스 게임을 개발했고, 이 게임은 입소문을 타서 전 세계 수많
은 사람에게 가닿았다. 나는 비즐리 올해의 디자인상 후보에 올라
그 자리에 참석한 터였다. 주위를 둘러보며 조금 주눅이 들었다. 우
리 게임은 일론 머스크Elon Musk의 스페이스X 로켓('팰컨 헤비'), 팝스
타 리아나의 새 화장품 브랜드 펜티 뷰티Fenty Beauty와 경쟁했다. 비
현실적으로 느껴졌다. 하지만 이제 시작에 불과했다.

'나쁜 뉴스'는 런던디자인박물관에서 호주 발견박물관으로, 이
후 브뤼셀 유럽역사박물관으로 옮겨져 전시되었다. 얼마 뒤 우리는
『롤링스톤』Rolling Stone 홈페이지에 실렸다. '나쁜 뉴스'가 도처로 퍼
져나갔다.

9장 거짓은 어떻게 심리를 조작하는가

'나쁜 뉴스' 게임은 처음에 레딧에서 입소문을 타서 단 며칠 만에 레딧 메인페이지에 올라갔다. 트래픽이 과도하게 몰려 서버가 다운될 정도였다. (레딧 커뮤니티에서는 이 현상을 '죽음의 포옹'이라고 하는데, 이처럼 인기 웹사이트가 작은 웹사이트로 링크되어 트래픽이 급증하는 현상을 전문 용어로는 '슬래시닷 효과slashdot effect'라 한다.) 우리 게임이 전 세계로 퍼져나가는 사이 반응이 전해지기 시작했다. 우리는 잔뜩 긴장했다. 다행히 MIT의 『테크놀로지 리뷰』Technology Review와 다른 여러 PC 및 디자인 잡지에서도 호평을 받았다. NPR은 "가짜 뉴스를 만들어 가짜 뉴스를 포착하기", CNN은 "연구자들이 가짜 뉴스 '백신'을 개발했다. 바로 게임이다"라고 헤드라인을 붙였다. 그리고 『가디언』은 "'나쁜 뉴스', 이 게임을 만든 연구자들의 희망은 대중에게 가짜 뉴스에 대해 '백신 접종'을 하는 것이다"라고 썼다.

내가 중요하게 생각하는 표현은 여전히 '희망'이었다. 우리가 정말로 잘못된 정보 기법에 맞서 사람들을 예방 접종할 방법을 개발한 건가? 수년의 연구 끝에 마침내 우리의 이론을 시험할 때가 왔다.

우리는 '나쁜 뉴스'를 실전에서 평가하기 위해 플레이어가 게임을 하면서 과학 연구에 참여하도록 게임 안 실험을 설계했다. 게임이 시작되면 과학 연구에 참여할지 묻는 메시지가 뜨고 가짜 뉴스 퀴즈를 포함한 간단한 질문이 몇 가지 나온다. 약 15~20분 뒤 게임이 종료될 때도 같은 질문에 다시 답하라는 메시지가 뜬다. 이 과정에서 우리는 사람들이 우리의 개입으로 잘못된 정보에 대한 면역력이 높아졌는지 확인할 수 있었다.

우리의 첫 검사 결과를 다운로드해보니 참여자는 4만 명 이상이었다. 존과 나는 학교를 일일이 찾아다니는 식으로는 4만 명의 참가자를 구할 수 없다고 생각했다. 하지만 모든 플레이어가 검사를 완료한 것은 아니었다. 사전 검사와 사후 검사를 모두 작성한 사람들을 추리자 유효한 시험이 약 1만 5,000개(혹은 데이터포인트 3만 개) 남았다.

사람들을 검사하기 위해 우선 성별과 나이, 학력, 정치 성향을 비롯해 질문을 몇 가지 던졌다. 다음으로 가상 헤드라인을 무작위로 선정해 시뮬레이션 트윗에 심었다. 우리는 단순한 이분법적 사고(진짜인지 가짜인지)를 조장하는 것이 아니라, 헤드라인이 심리 조작의 6단계 중 하나를 적절히 포함하는지에 관심 있었다. 따라서 일부 트윗에 'DEPICT' 조작 기법 중 하나를 사용했고, 다른 트윗에는 이 전략을 사용하지 않고 사실이나 신뢰할 수 있는 정보만 포함했다. 우리가 헤드라인을 직접 만들었다는 점이 중요하다. 실제 가짜 뉴스를 가져다 썼다면 참가자들이 이전에 읽거나 보거나 들었을 수 있어 사실인지 거짓인지 판단하는 데 영향을 미쳤을 것이다. 그리고 우리가 직접 헤드라인을 만들었기 때문에 게시물에 6가지 잘못된 정보 기법 중 어느 기법을 포함할지 통제할 수 있었다. 헤드라인은 다음과 같다.

"비트코인 환율은 소수의 부유한 은행가에 의해 조작됩니다. #당장조사하라."(음모론)

"#왕좌의게임 시즌 8은 임금 분쟁으로 연기됩니다."(사칭)

"새로운 연구에 따르면 좌파 성향인 사람이 우파 성향인 사람보다 거짓말을 훨씬 많이 하는 것으로 나타났다."(양극화)

우리는 실제 가짜 뉴스를 토대로 가상의 기사를 만들면서 현실성과 실험 통제 사이에서 절충점을 찾았다. 통제 조건의 문항(영국 브렉시트에 관한 사실 정보, 트럼프가 미국 - 멕시코 국경에 장벽을 쌓으려는 의도 등)을 만들 때는 신뢰할 수 있는 실제 헤드라인을 참조하고 잘못된 정보 전략을 사용하지 않았다.

중요한 점은 검사 문항이 '나쁜 뉴스' 게임 안의 예방 접종 문항과 다르다는 것이다. 따라서 한 문항에 같은 종류의 바이러스(음모론이라고 하자)를 표현했다 하더라도 구체적인 변종은 다르다. 통제 조건의 문항을 만들 때는 실험 이후 사람들이 모든 뉴스 매체를 더 조작적이라고 평가할 가능성을 고려했다. 이상적으로는 모든 헤드라인이 아니라 잘못된 정보가 포함된 헤드라인에 대한 평가만 하향 조정해, 백신이 모든 '세포'를 공격하는 것이 아니라 특정 침입자를 표적으로 삼는다는 것을 사람들이 깨닫게 하는 것이다. 그래서 우리는 게임 전후 사람들에게 각 헤드라인의 신뢰도를 1~7점 척도로 물었다.

이 실험에 따르면 백신은 효과가 있었다. 통제 문항에서는 변화가 없었지만(참가자들이 실험 개입 전후에 사실적인 뉴스를 상당히 신뢰할 만한 정보로 평가했다) 잘못된 정보 전략 중 하나가 포함된 트윗에 대해서는 신뢰가 훨씬 떨어졌다. 또 진보주의자나 보수주의자, 노년층이나 청년층, 고학력자나 저학력자에 따라 결과가 크게 다르지 않았다. 약간의 차이는 있었지만 평균적으로 모든 집단에서 게임 중 잘못된 정보를 찾아내는 능력이 향상되었다. 실제로 시작할 때 가짜 뉴스에 가장 취약한 집단, 곧 사전 검사에서 가장 낮은 점수를 받은 집단의 능력이 가장 크게 향상되었다.

게임을 마친 뒤 1~7점의 신뢰도 척도에서 가짜 헤드라인에 대한 평가가 평균 약 0.5점(가장 취약한 경우 최대 1점) 낮아졌다. 사전 검사와 비교하면 게임을 통해 사람들의 면역력이 약 20~25퍼센트 높아졌다는 의미이다. 물론 이렇게 획득한 정신적 면역력이 생물학적 백신에 비하면 미미해 보일 수 있다. 심리적 면역은 생물학적 면역과 달라서 훨씬 가변적이고 내적, 외적 개입에 영향을 많이 받는다. 우리 연구의 결과는 참가자들이 뉴스 매체의 콘텐츠를 평가할 때 가졌을 법한 강력한 정치관과 사회관, 다른 세계관에도 불구하고 나타났다. 그리고 검사 문항은 전에 본 적 없는 헤드라인으로, 같은 바이러스의 다른 변종이다. 따라서 앞서 기후변화 실험에서 사람들이 허위 청원에 맞서기 위해 사전 정보를 상세히 제공받은 반면, 우리 게임에서는 음모론이나 사칭 등 어떤 유형의 조작 기법을 접할

9장 거짓은 어떻게 심리를 조작하는가

지 정확히 알 수 없었다. 다시 말해 한 유형의 조작 기법에 대해 예방 접종을 받으면 결과적으로 전반적인 면역력이 길러져 밀접히 연관된 다른 공격에도 저항할 수 있었다.

존과 나는 이 결과에 흥분하고 감격했지만 서로 돌아가며 악마의 대변인 역할을 맡았다. 그리고 이 결과를 예비 결과로 간주했다. 다음 단계에서 무작위 통제 집단 실험으로 전환해야 했고, 그러는 사이 여러 미해결 문제를 해결할 수 있을 터였다. 우선 우리가 가진 표본은 애초에 잘못된 정보에 대한 취약성이 높지 않은 사람들이었다. 사실 우리 게임을 자발적으로 시도하려는 사람은 어떤 사람이겠는가? 우리가 얻은 결과가 애초에 가짜 뉴스에 대해 알고 싶어 하고, 따라서 이미 가짜 뉴스를 잘 포착하는 사람들에게서 나왔다면 어떨까? 우리의 표본은 방대하고 다양하지만 고학력, 젊은 층 남성, 진보적인 성향의 사용자에 치우쳐 있어 전체 대중을 대표하지 못했다.

또 하나 문제는 통제 조건의 문항이 유용하기는 했지만 무작위 통제 집단을 설정하는 쪽이 낫다는 점이었다. 그리고 가짜 헤드라인의 문제로, 게임을 마치고 사람들 점수가 올라가기는 했지만 알고 보면 그 결과가 우리가 만든 헤드라인에서 비롯했을 수도 있다. 엔진 속도가 느려져 게임 안 검사 환경에는 질문을 많이 넣을 수 없었기에 심리 조작의 6가지 기법 중 몇 가지에 대해서만 헤드라인을 하나씩 넣었다. 그래서 어쩌다 보니 눈에 띄는 헤드라인을 만든 거라면? 그러면 개입이 실제보다 강력해 보일 가능성도 있다.


## 가짜 뉴스 식별 트레이닝

당시 나는 새 박사과정 학생으로 멀리사 바솔Melisa Basol을 지도했다. 멀리사는 빌앤드멀린다게이츠재단에서 높은 경쟁률을 뚫고 연구비를 지원받아 심리적 접종을 주제로 박사학위 논문을 쓸 예정이었다. 우리 연구팀에 합류하고 얼마 지나지 않아 멀리사는 우리를 새롭고도 흥미로운 방향으로 이끌었다. 그녀가 낸 기발한 아이디어 중 하나는 자신감의 역할에 관한 것이었다. 우리는 사람들이 사실과 허구를 구분하는 능력에 자신이 없을 때 외부 영향에 더 취약할 거라고 가설을 세웠다. 어떤 헤드라인이 거짓인지 판단하는 일처럼 어떤 신념을 확신하지 못하면 악의적인 사람들에게 설득당하기 쉬울 것이다.

그 덕에 우리에게는 '나쁜 뉴스' 게임을 더 철저히 검사할 기회가 주어졌다. 가장 먼저 표본을 수집하는 방식에 변화를 주었다. 매일 수천 명이 우리 게임을 방문하므로 게임 웹사이트에서 데이터를 풍부하게 수집할 수는 있지만 우리는 연구 목적을 숨긴 채 참가자를 모집하고 싶었다. 그리고 가짜 뉴스에 관한 게임이라는 사실을 숨기지 못한다면 연구 목적을 온전히 숨길 수 없었다. 이번에는

9장 거짓은 어떻게 심리를 조작하는가

사람들을 무작위로 선정해 연구에 참가하는 대가를 제공하기로 했다. 그런 다음 참가자를 실험 집단('나쁜 뉴스' 게임을 한 집단)과 게임화된 통제 집단으로 무작위 배정했다. 이번에는 게임을 완료해야만 주어지는 비밀번호를 마지막에 입력하게 해서 플레이어가 게임을 처음부터 끝까지 완료했는지 확인할 수 있었다.

통제 집단에는 1980년대 비디오게임인 '테트리스'를 제공했다. 통제 집단도 게임을 하기는 하지만 가짜 뉴스와 무관한 게임을 하게 만들고 싶어서였다. (어느 참가자는 우리에게 이메일을 보내 농담 반 진담 반으로 케임브리지 대학교가 사람들에게 돈을 주고 20분 동안 테트리스를 시키느냐고 물었다. 음, 당신이 통제 집단에 배정된다면 사실이다!) 우리는 또한 게임에서 제시하는 기사를 늘려 사람들에게 헤드라인 18개(심리 조작의 6가지 기법인 'DEPICT' 기법마다 3가지씩)로 구성된 퀴즈를 내서 이전 연구에서 운이 따랐을 가능성을 배제하고자 했다.

이 두 번째 실험의 결과도 긍정적이었다. 앞선 연구의 결과를 반복 검증했으며, 실험을 더 엄격하게 설계했는데도 결과는 더 탄탄했다. 심리 조작의 6가지 기법과 가짜 뉴스 총수(18개 항목의 평균 점수)에 대해 실험 집단은 사후 검사에서 허위 정보를 훨씬 적게 신뢰하는 데 비해 통제 집단에서는 뚜렷한 차이가 없었다. 매우 중요한 결과였다. 이제 우리는 더 많은 헤드라인에서 보여준 사람들의 수행력 향상이 '나쁜 뉴스' 게임의 결과라고 더 확신할 수 있었다.

이 개입의 효과로, 이 실험을 전체 인구에 무작위로 적용하면 실험 집단의 약 73퍼센트가 가짜 뉴스 식별 능력 면에서 통제 집단의 평균 이상으로 성과를 낼 것이라 예상할 수 있었다. 심리학 연구 수천 편을 검토한 결과에 따르면 평균은 약 63퍼센트이다. 물론 이는 평균치이며, 잘못된 정보 기법마다 편차가 약간 있다(예를 들어 양극화 기법이 사용된 가짜 뉴스에서는 사람들이 자신의 편견을 더 많이 극복해야 하므로 가짜 뉴스에 대한 면역력이 다소 떨어진다).

멀리사의 가설도 입증됐다. '나쁜 뉴스' 게임을 하면 실제로 가짜 뉴스 헤드라인을 판단하는 데 훨씬 더 자신감을 얻었다. 다만 이런 자신감 향상 효과는 이전에도 잘못된 정보를 신뢰할 만하지 않다고 올바르게 평가한 사람들에게만 나타났다. 우리도 사람들이 처음부터 지나치게 자신감을 얻게 만들고 싶지는 않았기에 중요한 결과였다.

## 모든 것은 사라진다

우리의 심리적 백신에 대한 세상의 관심이 커지는 사이 우리가 가장 많이 받은 질문 중 하나는 접종 효과의 지속 기간에 관한 것이었다. 새로 얻은 심리적 면역력은 얼마나 지속할까? 이 질문의 답을 찾기 위해 다시 생의학적 비유로 돌아가보자. 우리 몸의 면역계

9장 거짓은 어떻게 심리를 조작하는가

에는 특정 항원을 인식하도록 훈련된 기억 T세포가 있다. 기억 T세포는 감염에서 완치되고도 체내에 오래 남아 병원체에 다시 노출되면 신속하고 강력하게 면역 반응을 활성화시켜 바이러스와 싸우게 한다. 그러나 백신 접종 초반에 급증하는 중화 항체, 곧 '최전방 전사'는 시간이 지나면 자연히 소멸한다. 뇌의 기억 체계가 워낙 완벽하지 않은 데다 사람들이 사회적 영향과 정치적 편견, 그 밖에 정신적 면역 과정을 방해할 만한 외부 요인에 취약하다는 점에서 심리적 백신이라면 효과가 더 많이 감소할 거라고 예상할 수 있다.

연구 프로젝트를 점차 확장하는 사이 라코엔 마에르텐스Rakoen Maertens가 우리 연구팀에 합류했다. 라코엔은 벨기에에서 석사 연구로 국가적인 상을 받았으며, 박사학위 과정에서는 설득에 대한 저항이 시간이 지나면서 소멸하는 이유와 심리적 면역력의 쇠퇴 과정을 모형화하고 설명할 수 있는지를 집중 연구할 계획이었다. 그즈음 우리 연구팀은 사람들을 각종 잘못된 정보로부터 적어도 일부는 면역시킬 수 있다는 자신감으로 충만했지만 장기적인 효과에 대해서는 거의 알아내지 못했다. 우리 연구실의 토론에서 라코엔은 초반 개입 이후에 효과가 지속하지 않는다면 사실상 무슨 의미가 있느냐고 지적했다. 그러니 가장 어려운 시간의 시험을 견뎌낼 수만 있다면 우리의 개입이 훨씬 더 강력해질 터였다.

우리는 이전의 실험 설계를 그대로 재현하면서 이번에는 중요한 사항을 몇 가지 추가하기로 했다. 총 세 차례에 걸쳐 개별 연구를 진행했지만 기본 설계는 같았다. 실험 집단이나 통제 집단으로 무작위 배정된 참가자들이 개입 전후에 잘못된 정보의 헤드라인 8개를 평가했다. 라코엔의 실험에서 달라진 부분은 두 달 동안 일주일에 한 번씩 참가자들을 추적 관찰하기로 한 점이다. 참가자들은 매주 똑같은 '잘못된 정보' 공격에 노출된다. 다소 고약하게 들리지만 이

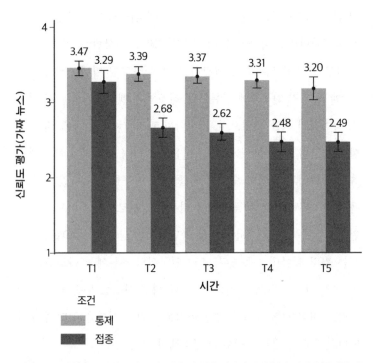

'나쁜 뉴스' 개입의 장기적 효과: T1은 개입 전 실험 집단과 통제 집단 사이에 차이가 없다는 점을 보여준다. 추후 검사 기간(T2~T5)에는 가짜 뉴스 식별 능력이 3개월간 안정적으로 향상되어 가짜 뉴스에 대한 신뢰도가 꾸준히 낮아졌다.

9장 거짓은 어떻게 심리를 조작하는가

실험의 취지는 단순히 참가자들이 매주 똑같은 잘못된 정보 헤드라인을 접하고 평가한다는 것이다.

우리는 무엇을 발견했을까? 결과는 매우 놀라웠다. 예상대로 실험 집단('나쁜 뉴스' 접종) 참가자들이 통제 집단에 비해 잘못된 정보에 대한 신뢰도를 현저히 낮게 평가했다(왼쪽 그래프에서 T2, T1은 개입 전 성과이다). 하지만 우리의 가설과 달리 이 효과는 최대 두 달간 지속되었다(왼쪽 그래프의 T3, T4, T5). 백신의 효능은 시간이 지나도 전혀 떨어지지 않은 듯했다!

이 결과는 놀라웠다. 나는 라코엔에게 두 번째 실험을 실시해 더 깊이 알아보자고 재촉했다. '나쁜 뉴스'가 평생 심리적 면역을 제공한다는 결과를 하루빨리 세상에 알리면 좋겠지만 다른 뭔가가 작용했을 가능성도 있었다. 어쩌면 후속 실험에서 똑같은 가짜 뉴스 헤드라인을 사용해서 참가자들이 이전 검사의 답을 기억해 면역력이 떨어지지 않는 것처럼 보였는지도 모른다. 이 가능성을 배제하기 위해 후속 실험에서는 참가자들이 본 헤드라인을 뒤섞었다. 그런데도 결과는 같았다. 매번 다른 가짜 뉴스 헤드라인이 나오는 검사에서도 참가자들은 잘못된 정보를 잘 찾아냈다. 우리는 이 가능성을 배제했다.

마지막 실험에서는 첫 번째 실험과 모든 조건을 동일하게 유지하되 중요한 변화를 한 가지 주었다. 두 달간의 실험이 끝날 때 참가자들을 추적 관찰했다. 이 실험에서는 우리가 예상한 결과가 나왔다. '나쁜 뉴스' 개입에 노출된 사람들의 가짜 뉴스 식별 능력은 통제 집단에 비해 여전히 개선되어 있었지만 9주 뒤에는 그 효과가 기저선에 비해 크게 감소했다. 실제로 대부분 효과(64퍼센트)가 2개월 안에 소멸했다. 사실 첫 번째 실험에서는 우리도 모르는 사이 잘못된 정보 문제를 반복해 상기시키고 참여시켜 참가자들의 면역 반응을 '추가 접종'했다. 참가자들은 조작 기법에 대해 생각하고, 교훈을 되새기며, 가짜 뉴스로부터 자신을 보호하려는 동기를 새롭게 다질 수 있었다. 시간이 지나는 사이 참가자들이 관련 자료를 잊는 것이 문제인지, 아니면 계속 참여할 동기를 잃는 것이 문제인지는 명확히 파악할 수는 없었지만 2가지가 복합적으로 작용하는 것으로 보였다(그리고 나중에 그렇게 확인되었다).

이번 실험에서 우리가 얻은 교훈은 의료용 백신처럼 심리적 백신도 면역력을 유지하려면 '추가 접종'을 한 번이나 여러 번 해야 한다는 점이다. 추가 접종은 전체 개입에 다시 노출하기, 'DEPICT' 6가지 조작 기법을 빠르게 상기시키기, 잘못된 정보에 대한 정기적인 평가를 비롯해 여러 가지 형태로 진행될 수 있다.

## 게임의 부작용

물론 과학자의 연구에는 끝이 없다. 우리 연구팀이 팩트 체크 전문가와 언론인에게 자주 받는 질문 중 하나는 우리의 개입이 의도치 않게 사람들에게 가짜 뉴스를 생산하도록 부추기지는 않느냐는 것이다. 내가 자주 하는 답변은 독감 백신을 맞았다고 독감에 걸리지 않는 것처럼 가짜 뉴스 백신을 맞았다고 갑자기 가짜 뉴스의 거물이 되지는 않는다는 것이다. 우리가 투여하는 '약한 버전'의 백신은 충분히 희석된 형태이다.

사람들이 직업적으로 가짜 뉴스를 퍼뜨리는 데는 주로 금전적이거나 정치적인 이유가 있다. 따라서 우리 게임은 비정치적이며, 게임에서 가짜 뉴스를 유포해 이익을 얻는 방법을 제시하지 않는다. 사람들이 오해하지 못하게 하려고 의도적으로 이런 동기를 제거했다. 또 우리는 사람들에게 새로운 무언가를 알려주는 것이 아니라 이미 사람들을 속이는 데 쓰이는 기법을 알려주려 했다. 백신 접종에 비유하자면 우리는 사람들의 면역계를 자극하면서도 무리가 가지 않게 하려고 조심한다. 우연히라도 사람들이 바이러스에 감염되거나 심하게는 바이러스를 퍼뜨리는 것을 원하지 않는다. 일반적인 의학적 개입과 마찬가지로 항상 이점과 위험이 공존하므로 부작용을 감시하면서 필요한 순간에 신속히 개입하고 게임의 경험(혹은 복용량)을 조절해야 한다.

사실 잘못된 정보에 대한 기본적인 대응(팩트 체크와 반박)에도 위험이 전혀 없는 것은 아니다. 드물기는 해도 팩트 체크가 역효과를 낳아 사람들이 잘못된 정보에 더 깊이 파고들게 만들 수도 있다. 잘못된 정보를 폭로하면서 잘못된 정보가 반복될 위험이 있다. 규제는 검열과 언론의 자유 사이에서 아슬아슬하게 줄타기를 해야 하고, 알고리즘은 모든 것을 포착하지 못한 채 미묘한 형태의 잘못된 정보를 놓칠 수도 있다. 반대로 엄연히 사실인데도 태그를 잘못 붙여 잘못된 정보로 분류할 수도 있다. (예를 들어 2019년 유튜브는 영국의 일부 역사 교사 계정과 캘리포니아 주립대학교 증오극단주의연구소 계정에 올라온 교육용 영상에 아돌프 히틀러가 등장하고 '증오 발언'을 했다는 이유로 영상을 삭제한 바 있다.) 이렇듯 사회적으로든 기술적으로든 의료적으로든 어떤 개입을 시도하기로 할 때는 이점과 위험을 모두 고려해야 한다.

'나쁜 뉴스' 게임이 레딧에서 입소문을 타면서(앞서 말한 '죽음의 포옹' 현상) 우리에게는 이 게임의 부작용을 감시할 기회가 생겼다. 완전히 탐색적인 연구이지만 우리는 사람들이 '나쁜 뉴스' 게임을 해보고 어떤 의견을 나누는지 알아보고 싶었다. 사람들이 우리 게임에서 배운 교훈을 나눴을까, 아니면 게임을 통해 가짜 뉴스 생산자가 되는 방식에 대해서만 이야기했을까? 존과 나는 사람들의 대화를 자세히 들여다보기 위해 레딧의 관련 포럼에서 댓글을 수천 개 스크랩하기로 했다. 그러자 어떤 사용자가 '나쁜 뉴스' 게임에

9장 거짓은 어떻게 심리를 조작하는가

대해 소통하는지 어느 정도 명확히 파악할 수 있었다. 다음으로 유사한 단어를 한데 묶어 주요 주제로 분류하는 머신러닝 알고리즘(특히 '주제 모형'이라는 알고리즘)을 사용해 사용자들이 어떤 대화를 나눴는지 분석했다. 흥미롭게도 사용자들의 실제 반응을 들여다보니 '악의적인' 의도를 가졌다는 증거는 보이지 않았다. 오히려 사람들은 게임의 경험을 즐기고 잘못된 정보에 가장 잘 대처하는 방법에 대해 생산적인 토론을 이어갔다. 예를 들어 한 사용자는 이렇게 소감을 말했다. "사람들을 교육하는 데 천재적인 방법이다. 게임에서 상대방이 되어 플레이해보면 상대방의 전략과 그에 가장 잘 대응하는 방법에 대해 엄청난 통찰을 얻을 수 있다." 일부는 집단 면역의 가능성에 대해 질문하기도 했다. 다음 장에서 알아볼 좋은 질문이다.

### 가짜 뉴스 항원 9 | 잘못된 정보 기법에 대한 예방 접종

— 가짜 뉴스마다 예방 접종을 할 수도 있지만 바이러스의 구성 요소에 대해 예방 접종 하는 방법이 훨씬 효과적이다.
— 그러면 개인이 똑같은 잘못된 정보의 다양한 변종에 대해 면역력을 키울 수 있으므로 모든 허위 사실에 일일이 반박할 필요가 없어진다.

— 여기서 사용되는 주요 기본 기법은 심리 조작의 6단계 기법이다. (DEPICT: 왜곡과 부정 전략으로 콘텐츠의 신뢰도 떨어뜨리기, 감정에 호소해 사람들의 감정 조작하기, 두 진영을 더 멀어지게 해 양극화 조장하기, 온라인에서 인물과 기관 사칭하기, 주류 서사에 의구심을 던지는 음모론 퍼트리기, 기존의 긴장을 거짓으로 증폭시키고 사회 불화를 조장하며 여론을 조작해 사람들을 트롤링하기)

— 소셜미디어 환경을 시뮬레이션하는 '나쁜 뉴스' 게임과 같은 인터랙티브 게임은 백신을 광범위하게 투여하는 데 효과적인 '가상의 주삿바늘'로서, 가짜 뉴스를 식별하고 사실과 허구를 구별하는 능력에 자신감을 길러주고 남들에게 가짜 뉴스를 공유하려는 동기를 줄여줄 수 있다.

— 심리적 백신의 효과는 시간이 지나면 사라지므로 정기적으로 사람들의 면역 반응을 강화해주면 장기적인 효과를 유지하는 데 도움이 된다.

9장 거짓은 어떻게 심리를 조작하는가

# 10장 '나쁜 뉴스'를 직접 퍼뜨려보자

> "언젠가 인간에게 천연두를 일으키는 습관이
> 온 세상으로 퍼져나가기를 바란다.
> 그날이 오면 천연두는 더 이상 존재하지 않을 테니."
>
> — 에드워드 제너[Edward Jenner]

에드워드 제너는 18세기 영국의 의사로 세계 최초로 백신을 발명한 사람이다. 당시 천연두는 치명적인 바이러스였다. 천연두의 기원은 약 3,000년 전 고대이집트로 거슬러 올라가며, 제너의 시대에도 천연두에 감염되면 약 30퍼센트가 사망했고 살아남았다 해도 일부는 실명이나 신체장애와 같은 심각한 합병증에 시달렸다. 전하는 말에 의하면 제너는 어떤 농부들이 천연두에 대한 면역력이 놀랍도록 강하다는 소문을 들었다. 1796년 제너는 여덟 살 소년에게 천연두 접종 실험을 해보기 위해 (천연두와 비슷하지만 훨씬 덜 치명적인) 우두를 약하게 희석해 접종하기로 했다. 농부들이 우두 바이러스에 노출된 적이 있어 천연두에 면역력이 생겼을 거라고 추론한 것이다.

제너의 추론이 옳았다. 우두 접종을 받은 소년은 가벼운 발열 증상을 보였지만 이후 천연두 바이러스에 면역력이 생겼다. '예방 접종vaccination'이라는 용어 자체가 라틴어로 '소'를 뜻하는 '바카vacca'에서 유래한다.

제너가 백신을 발견했다는 소식은 이내 전 세계로 퍼져나갔고, 그는 평생 백신 개발에 매진했다. 이후 영국에서는 제너의 백신을 의무적으로 접종했고, 나폴레옹 전쟁 기간에는 수백만 명에게 백신을 접종했다. 제너는 역사상 그 누구보다 많은 생명을 구한 인물로 손꼽힌다. WHO는 1958~77년경부터 세계적으로 천연두 백신 접종 캠페인을 벌이기 시작해 1980년 천연두를 완전히 퇴치했다. 천연두는 현재까지 유일하게 완전히 박멸된 인간 바이러스이다.

당시 WHO의 전략은 인구의 최소 80퍼센트에게 백신을 접종해 '집단 면역'에 도달하는 것이었다. 집단 면역은 인구의 충분한 비율이 감염에 대한 면역력을 얻을 때 도달하는 수준을 말한다. 집단 면역의 임계치는 바이러스 재생산지수($R_0$)에 따라 달라지며, 전염성이 강할수록 확산을 막기 위해 면역력을 얻어야 하는 인구수가 증가한다. (예를 들어 홍역은 전염성이 매우 강해 접종률이 약 95퍼센트에 달해야 감염의 사슬을 끊을 수 있다.) 이런 임계치에 도달하면 한 개인에게서 다른 개인에게로 감염될 가능성이 감소한다. 결과적으로 의학적 이유로 백신을 접종하지 못하는 취약 계층을 비롯해 전체 '집단'이 보호받을 수 있다.

심리적 백신이라는 개념은 분명 개인 차원에서도 가치 있지만 궁극적으로는 예방 접종으로 심리적 집단 면역이 가능한지가 중요하다. 윌리엄 J. 맥과이어의 초기 개념은 개인의 태도 수준에서 접종하는 정도에 한정되지만 이제는 특히 온라인 네트워크에서의 집단 면역에 대해서도 생각해볼 수 있다. 온라인 커뮤니티에서 충분히 많은 사람이 백신을 접종받으면 잘못된 정보 바이러스가 더 이상 퍼져나갈 수 없기 때문이다. 물론 모든 종류의 잘못된 정보에 대해 모든 사람에게 무한정 면역력을 길러줄 수는 없다. 하지만 집단 면역의 장점은 모든 사람이 아니라 충분히 많은 사람만 접종받아도 된다는 점이다.

WHO의 천연두 퇴치 캠페인이 성공한 데는 2가지 요인이 중요하게 작용했다. 첫째, 양질의 백신을 사용할 수 있다. 둘째, 가장 큰 위험에 처한 외딴 지역 주민들에게도 백신을 접종할 수 있다.

우리 연구팀도 이제 양질의 심리적 백신을 발견했으니 전체 인구로 범위를 넓혀 특히 이 백신을 가장 필요로 하는 대상에게 도달할 방법을 찾아야 했다. 우리는 나의 박사과정생인 라코엔과 함께 '잘못된 정보 취약성 검사Misinformation Susceptibility Test, MIST'라는 새로운 도구를 개발했다. MIST는 사람들이 남들과 비교해 잘못된 정보에 얼마나 취약한지 알아보는 검사이다. 라코엔은 새로운 접근 방식으로 이 검사를 개발했다. 기사의 헤드라인을 직접 작성하는 것이 아니라 인간의 뇌를 느슨하게 모방해 데이터 양상을 학습하는, 상호 연결된 노드 수백만 개, 곧 인공 '뉴런'의 집합체인 신경망에 의지해 헤드라인을 작성했다. 심리 조작의 6단계를 사용해 조합한 실제 뉴스와 가짜 뉴스의 사례를 이 신경망에 충분히 공급하면 인공지능이 사례를 학습해 유사한 특징을 가진 새로운 헤드라인을 만들어내는 방식이었다.

성능이 뛰어난 이 신경망은 컴퓨터가 만들었는지 모를 정도로 그럴듯한 가짜 뉴스 헤드라인을 수백 개 만들어냈다. 가령 이런 식이다. "정부 당국자들이 날씨를 불법으로 조작해 엄청난 폭풍을 일으켰다" "특정 백신에는 위험한 화학물질과 독소가 들어 있다." 다음으로 우리는 각국의 표본을 모집해 참가자들의 점수를 인구 표준으로 정리했다. 그래서 누가 가짜 뉴스에 어느 정도 취약한지 파악할 수 있었다. 그 결과, 일반적으로 위험에 노출될 가능성이 큰 사람의 특징은 이랬다. 디지털 또는 미디어 리터러시 수준이 낮은 사람, 직관적으로 사고하는 사람, 개방성이 낮은 사람, 정치 성향이 극단적인 사람, 음모론적 사고를 많이 하는 사람, 뉴스를 주로 소셜미디어에서 접하는 사람이다.

그렇다면 인구의 몇 퍼센트에 백신을 접종해야 심리적 집단 면역이 형성될까? 정확한 $R_0$는 알 수 없지만 잘못된 정보는 전염력이 강하다는 사실과 우리의 개입이 적어도 부분적으로는 면역력을 형성한다는 정도는 안다. 그러나 시간이 지나면서 면역력이 약해진다는 점도 안다. 이렇게 우리가 아는 사실을 공식으로 만들기 위해 젠스 매드슨과 토비 필디치(7장에서 설명한 마이크로타깃 시뮬레이션 설계)

10장 '나쁜 뉴스'를 직접 퍼뜨려보자

와 함께 몇 가지 컴퓨터 시뮬레이션을 시도했다. 이 모형에서는 일정 시간 동안 잘못된 정보에 대해 부분적으로 예방 접종받을 인구의 특정 부분을 도입해 예방 접종으로 잘못된 정보의 전파를 줄일 수 있는지 알아볼 수 있다. 최대로 시뮬레이션해본 결과, 대규모 사전 예방 접종 캠페인으로 시뮬레이션된 소셜미디어에서 잘못된 정보 확산을 크게 줄일 수 있다는 결과가 나왔다. 따라서 이론상으로는 가능하다.

하지만 이는 컴퓨터 모형에 기반한 예측일 뿐이다. 어떻게 하면 충분히 많은 사람에게 백신을 접종해 전체 인구 차원의 면역을 달성할 수 있을까?

다시 생물학적 비유로 돌아가보면 집단 면역에는 큰 장애물이 2가지 있다. 우선 물류 문제가 있다. 모든 사람에게 백신을 접종할 수는 없다. 그래서 우리에게는 도움이 필요했다. 한편으로 우리는 특정 맥락에서 잘못된 정보의 보편적인 구성 요소를 체계적으로 찾아낼 수 있다는 사실을 알아냈다. 백신을 새로운 변종(가령 전염병의 범유행이나 정치 선거)에 맞게 변형하면 백신의 보급 범위를 넓힐 수 있다. 요령은 주어진 정보의 공간에서 항상 다음 질문으로 시작하는 것이다. 사람들을 속이거나 사람들에게 영향을 미치기 위해 가장 많이 쓰이는 기법은 무엇인가? 그리고 시뮬레이션 환경에서 이 기법의 약한 버전을 사람들에게 사전에 노출시킬 수 있는가?

두 번째 문제는 백신 접종을 주저하는 태도이다. 일부 사람들은 백신이나 백신을 제공하는 형식을 원하지 않을 수 있다. 우리도 비슷한 난관에 부딪혔다. 이처럼 우리의 개입에 참여하지 않으려는 사람들을 위해서는 무엇을 할 수 있을까?

우선 첫 번째 문제부터 시작하자.


## '나쁜 뉴스'를 전 세계로

우리도 제너처럼 모든 사람에게 접종할 수는 없었다. 백신을 대량으로 생산하려면 도움이 필요했다. '나쁜 뉴스' 게임의 연구가 발표된 지 얼마 지나지 않아 존은 한 학회에서 강연하다가 영국 외무부 FCO의 관심을 끌었다. 러시아 연구팀의 한 선임 연구자도 우리의 개입을 확장할 가능성을 내다봤고, 우리는 흥분했다. 영국 외무부와는 몇 차례 대화를 나누고 국회의사당에도 방문하면서 그들이 전 세계의 미디어 리터러시 강화에 관심 있다는 점을 알았다. 그들은 새로운 개입을 찾고 있었으며, 우리가 내놓은 답은 고통스럽지 않고 무료인 데다 손쉽게 확장할 수 있는 심리적 백신이었다.

우리의 목표는 전 세계인이 무료로 '나쁜 뉴스' 게임에 접속하게 하는 것이었다. 외무부가 나서준다면 안 될 것도 없었다. 나아가 이 게임이 비영어권 국가에서도 얼마나 통할지 알아보고 싶었다. 외무부는 '나쁜 뉴스'를 각국의 문화적 맥락에 맞게 번역하고 각색할 수

10장 '나쁜 뉴스'를 직접 퍼뜨려보자

있는 미디어 리터러시 단체와 연계해주었다.

1년쯤 지나 우리는 '나쁜 뉴스'를 10개 언어로 번역했고, 곧이어 다시 15개 언어로 번역했다. 현재는 거의 모든 주요 언어로 번역된 상태이다. 우리는 각국의 미디어 환경을 제대로 이해하는 전문 번역가들과 함께 백신을 확장할 수 있었을 뿐 아니라 전 세계에서 우리의 개입이 얼마나 잘 적용되는지에 관해 데이터를 수집할 수 있었다. 2020년 존과 나는 스웨덴 웁살라 대학교 교육학 교수인 토마스 니그렌Thomas Nygren과 함께 기존의 '나쁜 뉴스' 개입으로 유럽 각국에서 효과를 반복 검증한 논문을 발표했다. 대체로 각국 언어로도 가짜 뉴스를 식별하는 능력이 향상된 결과가 나왔다. 서구에서만 이런 결과가 나온 것이 아니라 인도에서 다른 연구팀도 같은 결과를 얻었다.

우리는 아동용으로 '나쁜 뉴스 주니어'Bad News Junior도 제작했다.[1] 같은 게임이지만 연령에 맞는 콘텐츠를 넣었다. 스폰지밥에 대한 가짜 뉴스가 포함되고, 트럼프를 사칭하는 대신 고등학교 교장을 사칭해 오늘 학교가 휴교한다는 잘못된 정보를 퍼뜨리는 식이다. 각국 교육자들이 우리에게 이메일이나 트윗이나 편지를 보내 학생들이 '나쁜 뉴스 주니어'를 얼마나 좋아하는지, 이 게임을 통해 얼

---

**1**    아동용은 www.getbadnews.com/junior에서 플레이할 수 있다.

마나 많은 것을 배웠는지 알려줬다.

그즈음 우리 게임은 전 세계에서 약 100만 명에게 도달했다. 과학 연구 프로젝트로는 드문 수치이지만 지구상에 거주하는 인구가 80억 명에 달한다는 점에서 아직 갈 길이 멀다.

## '고바이럴!'

심리적 백신을 어떻게 하면 더 널리 배포할 수 있을지 논의하던 중우리는 영국 총리실에서 전화를 한 통 받았다. 마침 코로나19 범유행이 시작된 때였고, 총리실 전략 커뮤니케이션팀[2]이 코로나19와 관련된 잘못된 정보에 가장 효과적으로 대응할 방법을 논의하고 싶어 했다. 정부의 전략은 아직 유동적이라 내가 심리 접종 이론과 코로나19 관련 가짜 뉴스를 사전에 차단하는 노력의 중요성을 강조하자 그쪽에서도 관심을 보였다. 사실 나는 정부 관계자들과 자주 소통하는데 과학적 증거가 인정받기는 해도 항상 정책으로 이어지지는 않기에 이 통화에서 크게 기대하지는 않았다. 그래도 내 할 일은 했다고 생각했다. 우리 연구팀이 수년간 수집한 증거를 모두 공유

---

**2**    해당 정부 공무원의 신원을 보호하기 위해 실제 이름이 아닌 직책으로만 표기하겠다.

했으니 적어도 그들은 사전 반박의 새로운 과학에 대해 알았을 것이었다.

뜻밖에 곧 다시 연락이 왔다. 이번에는 정부통신서비스GCS 고위 관계자의 전화였다. 그들은 사전 반박 캠페인을 함께 설계하자고 제안했다. 국무조정실은 우리 연구에 흥미를 보이며 코로나19 관련 잘못된 정보에 대응하기 위해 증거를 기반으로 체계적인 계획을 세우고 싶어 했다. 나는 감동했다. 그들은 '나쁜 뉴스' 게임에도 관심을 보였지만 코로나19 관련 잘못된 정보를 표적으로 삼는 새로운 개입을 원했다. "새로운 백신이요?" 내가 물었다. 그들은 얼마나 빨리 백신을 개발할 수 있는지 물었다.

한창 코로나19 범유행 중이라 우리는 압박감을 느꼈다. 그래도 그쪽에서는 모든 것을 경험적, 과학적으로 평가하자는 우리의 요청을 전적으로 수용했다. 당시 생의학 연구소들이 코로나19 백신을 평가하고 승인받기 위해 경쟁하는 사이, 우리는 심리적 백신을 시험하기 위해 밤낮없이 연구에 매달렸다. 나는 당장 존과 멀리사를 불러들였고, 국무조정실에 우리가 도전할 준비가 됐다고 알렸다.

임무를 완수하기까지 시간이 4개월 정도 주어졌다. 다행히 케임브리지 대학교에서 긴급 코로나19 연구비를 지원해 곧바로 시작할 수 있었다. 그즈음 영국 정부는 UN과 WHO까지 잠재적 파트너로 끌어들였다. 그렇게 우리가 참여해본 최대 규모의 백신 접종 캠페인이 시작되려 했다. 엄청난 규모였다.

그러다 존과 나는 이내 우리끼리 소화할 수 있는 일이 아니라는 걸 깨달았고, 다행히 루어드의 '나쁜 뉴스' 연구팀과 구스만손 스튜디오 디자인팀이 속편을 제작하기 위해 다시 모이겠다는 의지를 보여주었다. 사실 나는 그동안 공영 라디오와 TV에 출연해 정부 커뮤니케이션팀이 증거에 기반을 둔 개입을 채택해야 한다고 개탄한 터라, 정부가 코로나19 관련 잘못된 정보에 대응하기 위한 국제적인 캠페인을 설계하고 실행하는 데 도움을 줄 기회가 우리에게 또 주어질 가능성은 적어 보였다. 이번이 그 기회였다.

디자이너들이 정부 커뮤니케이션팀과 함께 새로운 게임을 제작하기 위한 아이디어를 스토리보드에 담는 사이, 존과 멀리사와 나는 연구에 착수했다. 백신을 제작하는 과정에서 우리의 첫 목표는 바이러스의 구성 요소, 곧 코로나19에 대한 잘못된 정보로 사람들을 속이는 데 사용되는 핵심 기법을 파악하는 것이었다. 다음으로 소셜미디어 시뮬레이션 환경에서 이런 기법의 약한 버전을 만들어 사람들에게 백신을 접종해야 했다.

정부 커뮤니케이션팀은 '나쁜 뉴스' 내용이 일반적인 데다 플레이 시간이 약 10~20분 정도라 세계적인 캠페인으로 쓰기에는 다소 길다고 보았다. 소셜미디어 기업들도 비슷한 의견을 내놓았기에 우리는 소셜미디어에서 사람들이 집중하는 시간에 한계가 있다고 판단했다. 더 많은 청중에게 더 쉽게 다가가려면 짧은 버전의 게임을 개발해야 했다. 학술 문헌과 인터넷의 후미진 구석을 샅샅이 뒤져 잘못된 정보 사례를 찾아내 공포 조장(**감정**), 가짜 전문가 활용(**사칭**), **음모론** 확산이라는 3가지 핵심 기법을 추려내고 우선순위를 정했다.

우리가 '고바이럴!GoViral!'이라 이름을 붙인 이 게임은 평균 플레이 시간이 5분으로 '나쁜 뉴스' 게임보다 훨씬 짧았고, '공포를 조장하는 자'와 '나의 상상 전문가'와 '인형의 달인'이라는 세 부분으로 구성된다. 기본 개념은 유사하지만 '나쁜 뉴스'와 달리 '고바이럴!'은 다이렉트 메시징 플랫폼을 시뮬레이션한다.

게임을 시작하면 플레이어는 먼저 아바타를 선택한다. 여기서는 아바타 중 하나인 조엘을 예로 들어 설명하겠다. 조엘은 세계적인 전염병의 범유행으로 집 안에 격리되어 지루해하지만 다행히 인터넷은 아직 연결된다는 설정이다! 조엘은 청중에게 '쿼런티니(Quarantini, 격리 중 마시는 칵테일)'를 이용할 수 있었다고 말한다. 그러자 게임 해설자가 그런 '아재 개그'는 인플루언서에게 어울리지 않는다고 설명한다. 조엘은 코로나19 바이러스에 관한 열띤 온라인 논쟁을 포착하고 감정적으로 동요한 뒤 '코로나를 두려워하지 않는 사람들'이라는 그룹에 들어가 코로나19 관련 사망률과 감염률에 대한 공식 통계가 얼마나 엉터리인지 보여주는 자료를 올리기 시작한다.

게임 해설자는 조엘의 팔로워들이 그가 무슨 말을 하는지 모른다고 지적한다. 그리고 우선 가짜 전문가를 사칭해 과학적 신뢰성을 확보하라고 제안한다. 조엘은 '자연의학 박사, 아이슬리' '캠포드 대학교'의 저명한 건강 권위자라는 신분을 만든다. 그리고 아이슬리 박사를 사칭해 실제로 코로나19로 인한 사망자는 없다고 주장한다! '코로나를 두려워하지 않는 사람들' 그룹의 인기가 폭발적으로 올라가고, 조엘은 온갖 음모론을 퍼트린다. 코로나19의 배후에 도마뱀 인간들이 있다는 음모론부터 NGO가 키위를 먹으면 바이러스가 치료된다는 증거를 은폐한다는 음모론과 세계인을 감시하기 위해 코로나19 백신에 젤리 칩(탄산 과자)을 넣은 거대 제약회사들의 은밀한 계획까지 다양하다.

물론 이 게임에서 조엘은 모든 책임을 거대 제약회사가 아니라 정부로 돌릴 수도 있었다. 그래도 상관없고 교훈은 같다. 우리는 사람들에게 잘못된 정보의 위험성을 미리 (면역계에) 경고하고 유머를 사용해 플레이어를 코로나19 관련 잘못된 정보에 사용된 기법의 약한 버전과 함께 이를 식별하는 방법에 노출시킨다(항체를 생성하도록 동기를 부여한다). 게임이 끝나면 플레이어는 잘못된 정보 기법에 대한 요약과 몇 가지 성과 데이터가 포함된 최종 점수를 받아 다른 플레이어에 비해 상대적으로 얼마나 잘했는지 직접 확인할 수 있다.

우리는 '고바이럴!'을 출시하기 전에 여러 언어로 제공하고 소셜미디어에서 공유할 수 있게 제작해 사람들이 소셜미디어에서 다른 사람들에게 손쉽게 백신을 전파할 수 있도록 했다. 다시 강조하지만 우리는 이 게임에서 사람들에게 코로나19에 대해 어떤 정보를 믿으라고 말해주지 않았다. 그저 잘못된 정보를 퍼뜨리기 위한 배후의 기법을 해체해 보여주었을 뿐이다. 정부는 이 게임의 콘텐츠에는 간섭하지 않으면서 완성도 높은 번역을 지원하고 우리가 잠재적 대상에게 내부 사용자 경험UX 검사를 실시해 게임의 경험을 개선하는 데 도움이 되는 초기의 피드백을 얻게 해주었다.

정부나 소셜미디어 기업과 협력해보니 그들은 UX 검사에 관심이 많았다. 예를 들어 사용자가 메시지나 게임을 얼마나 좋아하는지, 불만 사항이 있는지, 자료에 몰입하는지 등에 대해 직접 물어보고 싶어 했다. 그런데 이런 질문은 제품 개발에는 중요할지 몰라도 우리 같은 과학자가 관심을 가질 만한 질문, 곧 가짜 뉴스에 대한 평소 생각과 상관없이 우리의 실험 개입을 통해 사람들이 가짜 뉴스를 더 잘 식별하게 됐느냐는 질문과는 무관했다. 게다가 과학적으로 아무리 철저히 준비해도 흥미를 느끼지 못하면 사람들이 실험에 참여하지 않을 가능성이 크므로 여기서도 미묘한 균형을 잡아야 한다. 다행히 '고바이럴!'에 대해 사용자는 긍정적으로 반응했지만 우리는 아직 자체적으로 조사하고 싶었다.

그래서 대규모 무작위 통제 실험을 실시하기로 하고 영국과 프랑스, 독일 국민으로 구성된 표본을 위약 통제 조건(테트리스 게임), 수동적 접종 조건(아래에서 자세히 설명), 능동적 접종 조건('고바이럴!' 조건)에 무작위 배정했다. 그리고 게임을 하기 전후에 가짜 뉴스를 알아채고 거부하는 능력을 평가했다. 소셜미디어 시뮬레이션 환경에서 능동적으로 항체를 생성하는 방식이 소셜미디어에서 수동적으로 인포그래픽을 보는 방식보다 효과적인지 알아보기 위해 여기에 비교 조건을 하나 더 추가했다. 사실 인포그래픽은 많은 기관의 기본 캠페인 방식이다. 실제로 우리는 사람들에게 가짜 뉴스와 음모론을 식별하는 방법을 알려주는 유네스코(UNESCO, 국제연합 교육 과학문화기구)의 '사전 반박' 인포그래픽(#ThinkBeforeYouShare)을 넣었다.

실험을 시작하면서 우리는 참가자들에게 소셜미디어 게시물 18개를 보여주었다. 참가자 절반에게는 3가지 잘못된 정보 기법(공포 조장, 가짜 전문가, 음모론) 중 하나가 포함됐고, 나머지 절반에게는 이 기법들이 포함되지 않았다. 그런 다음 사람들이 게시물을 얼마나 조작적이라고 생각하는지, 자신의 평가에 얼마나 자신 있는지, 소셜미디어에서 다른 사람들에게 공유할 가능성이 얼마나 큰지 평가했다.

가짜 전문가 검사 항목의 예로 '노벨상 수상 교수'가 코로나19는 인간이 조작해 만든 바이러스라고 주장했다는 항목이 있다. **우리의 시뮬레이션에서는 사람들이 가짜 전문가 검사 항목에 여러 번 노출되어 이런 식의 소셜미디어 메시지에 면역력이 생겼을 것으로 보인다.**

실제 결과도 그랬다. 영국과 독일, 프랑스에서 실험 참가자 모두 가짜 뉴스와 신뢰할 수 있는 뉴스를 구별하는 능력이 크게 향상됐고, 뉴스의 진위를 평가하는 데 자신감을 얻었으며, 소셜미디어에서 다른 사람들과 잘못된 정보를 공유할 가능성이 낮았다.

중요한 것은 유네스코의 '사전 반박' 인포그래픽도 성공적이었지만 이 게임의 실험 효과가 더 컸다는 점이다. 이런 차이에 대해 가능한 설명 하나는 사람들이 게임을 하면서 잘못된 정보의 위협으로부터 자신을 보호하려는 동기를 더 끌어내는 듯 보였다는 것이다. 적극적인 예방 접종이 늦어지면 소셜미디어에서 가짜 콘텐츠가 얼마나 **위험하게 퍼지는지 직접 확인할 수 있기 때문이다.** 또 우리는 실험 일주일 뒤 사람들을 추적 조사하면서 새 헤드라인을 12개 제시했다. 그 결과 같은 바이러스의 다양한 변종을 아우르는 백신의 폭넓은 잠재력을 평가할 수 있었다. 예를 들어 우리가 처음에 포함한 항목은 코로나19 검사가 어떻게 사람들의 DNA 정보를 비밀리에 수집하는지였다. 그리고 추후 조사에서는 과학자들이 코로나19 치료제를 발견했지만 연구 결과를 발표하지 못하게 막는다는 은폐 의혹을 제시했다. 같은 음모론 바이러스의 다른 변종이다.

우리는 무엇을 발견했을까? '고바이럴!' 조건에서는 가짜 뉴스 바이러스가 일주일 동안 정확도와 신뢰도 판단에 미치는 영향이 감소한다는 증거를 찾지 못했다. 예방 접종 효과가 유지된다는 의미이다. 반면 유네스코 조건에서는 초반에 관찰된 효과가 추적 관찰에서는 유의미하지 않았다. 적극적인 백신 접종의 이점을 잘 보여주는 결과이다. 물론 백신 접종을 널리 퍼트리려면 사람들이 공유하고 싶어 할 만한 개입 장치를 설계해야 한다. 다행히 참가자들은 소셜미디어 피드에서 인포그래픽보다 '고바이럴!'을 더 기꺼이 공유하려 했다.


## 영국 국무조정실, UN, WHO와 함께하는
## 세계 백신 접종 캠페인

우리는 실험을 성공적으로 마무리한 뒤 우리 게임을 전 세계에 적용하고 싶었다. 영국 정부도 같은 생각이었겠지만 그래도 최종 승인을 받아야 했다. 며칠 뒤 좋은 소식이 전해졌고, 정부는 우리 게임의 공식 출시일을 정해주었다. 하지만 안타깝게도 출시일 하루 전 국무조정실 관계자들이 총리실인 10호실로 불려가 추가 설명을 요구받았다. 총리실에서는 정치적 문제를 우려했다. 나는 정부 고위층이 우리 연구의 결과를 읽어보지 못했을 상황에 대비해 우리 실험의 고무적인 결과를 설명할 자리를 마련해달라고 했다. 하지만 연구가 문제가 아니라는 답변이 돌아왔다. 우여곡절 끝에 새 출시일이 정해졌다. 이번에는 확실했다. 전날 소프트웨어팀이 밤을 지새워 트래픽을 모니터링하면서 우리 게임에 기술적 결함이 없는지 점검했다. 케임브리지 대학교 홍보실도 대기 상태였다. 우리 모두 캠페인을 시작할 만반의 준비가 되었다.

하지만 하루 전 다시 한 번 연기된다는 소식이 전해졌다. 출시일이 그 주의 다른 정책 의제와 맞지 않는다는 이유였다. 그리고 다시 새로운 날짜를 통보받았다. 그즈음 나는 신뢰를 잃어갔다. 오해하지는 말라. 국무조정실의 열정적인 커뮤니케이션팀 담당자들은 훌륭했다. 다들 정치와 무관한 공무원으로서 우리 연구에 관심을 보이고 증거에 기반한 캠페인을 시작하고 싶어 했다. 그들은 계획을 실행하기 위해 최선을 다했고, 나는 그들이 여러 번 사과하는 일이 안타까웠다. 하지만 그들이 초반에 보여준 낙관적인 태도는 점점 시들어가는 듯했다. 정부 고위급 관계자들은 코로나19 관련 잘못된 정보에 대응해야 한다고 다급히 주장하지만 총리실의 '누군가'가 '가짜 뉴스'라는 주제에 의문을 품는 모양이었다.

그들이 정치적으로 망설이는 이유를 나도 어느 정도는 이해할 수 있었다. 정부가 잘못된 정보에 대응하겠다는 말을 꺼내자마자 국민은 정부를 비판하면서 정부 자체가 '가짜 뉴스'라고 성토할 것이기 때문이었다. 사실 코로나19 범유행 기간 동안 각국 정부가 큰 실수를 저질렀지만 잘못된 정보를 막으려는 시도의 정치화는 우리에게 도움이 되지 않았고, 우리의 실험 개입을 실행하는 데 오히려 걸림돌이 되었다. 결국 게임을 정식으로 출시하지 못할 수도 있다는 반응이 돌아왔다. 모두 실망했다. 케임브리지 대학교는 자체적으로 게임을 출시할 방법을 알아보았다.

하지만 다음 날 정부의 커뮤니케이션팀 책임자가 트위터에 이렇게 올렸다. "영국 정부가 케임브리지 대학교와 WHO와 협력해 사람들에게 잘못된 정보를 식별하고 이해하는 방법을 교육하는 '예방 접종 게임'을 출시하면서 정부 공중 보건 캠페인의 새로운 지평을 열었다."

정부 웹사이트에 들어가 스크롤을 내려봤지만 게임 출시에 대한 공식 발표는 여전히 없었다. 다음으로 디지털, 문화, 미디어, 스포츠부Digital, Culture, Media, and Sport, DCMS 장관이 트윗을 올렸다. "'고바이럴!'은 거짓 정보와 잘못된 정보의 확산을 막기 위해 @GOVUK @Cambridge_Uni에서 출시한 새 게임입니다. 오늘 #GoViralGame을 플레이하면서 코로나19 관련 잘못된 정보를 유포시키는 데 사용된 기법을 확인하세요. http://goviralgame.com." DCMS에 이어 이 게임에 관해 트윗을 올린 곳은 영국 공중보건국PHE이었다.

총리실에서는 끝내 공식 발표가 나오지 않았다.

지금까지도 나는 이 일이 정확히 어떻게 된 것인지 모른다. 하지만 정치보다 증거에 중점을 두고 끈질기게 노력한 정부 관계자들이 없었다면 이 모든 일은 일어나지 못했을 것이다. 나는 전례 없는 혁신적 캠페인을 벌이는 일이 쉽지 않다는 것을 깨달았다. 특히 '가짜 뉴스'와의 싸움이 정치적 논쟁으로 비화하는 상황에서는 더더욱 말이다.

그해 초 UN은 '검증됨Verified' 캠페인을 시작했다. 정보 자원봉사자들이 생명을 구할 수 있는, 정확하고 검증된 정보를 대중에게 알리는 캠페인이었다. 영국 국무조정실은 우리가 이 캠페인에 참여할

10장 '나쁜 뉴스'를 직접 퍼뜨려보자

수 있도록 주선해주었고, UN은 공식 트위터에 '고바이럴!' 게임을 소개하는 짧은 영상을 공개했다. 우리는 또한 WHO의 '퍼트리기를 중단하라Stop the Spread'(코로나19 관련 허위 정보 방지) 캠페인에 참여했으며, WHO는 '고바이럴!' 게임을 홈페이지에 올려 널리 알리는 데 일조했다. '고바이럴!' 게임은 출시와 동시에 WHO에서 두 번째로 많이 조회된 코로나19 관련 정보 자료가 되었다. '고바이럴!' 캠페인은 전 세계로 퍼져나갔고, 각종 소셜미디어 채널에서 총 2억 회 이상 조회되며 정부기관에서 수여하는 공익 커뮤니케이션 상을 받기도 했다. 과학자와 정부, 게임 기획자, 국제기구가 힘을 합쳐 코로나19 관련 잘못된 정보가 대대적으로 퍼져나가는 것을 막기 위해 혁신적인 백신 접종 캠페인을 시작한, 역사적으로 특별한 순간이었다. 그러나 이것이 마지막 순간은 아닐 것이었다.

이제 시작일 뿐이었다.


**안보 그리고 파인애플 피자와의 전쟁**

그사이 대서양 너머에서는 또 하나의 잠재적 위기가 펼쳐졌다. 2020년 미국 대통령 선거였다. 루어드는 대선을 앞두고 미국 국무부 글로벌개입센터Global Engagement Center, GEC와 소통했다. GEC는 자체적으로 게임을 출시하고 싶어 했다. 코로나19 관련 잘못된 정보에 대응하는 것이 아니라 '타국의 적대적 선전과 허위 정보'에 맞서 국민을 예방 접종 할 게임을 원했다.

하지만 우리는 정치적 의제가 아니라 대중의 이익을 위해 비정치적 개입의 형태로 연구를 지속하고 싶었다. 우리 연구의 핵심은 사람들이 콘텐츠를 제작한 주체가 누구인지와 상관없이 의심스러운 콘텐츠를 알아채도록 도와주는 것이었다. 더불어 정부의 메시지라 해도 잘못된 정보 기법에서 나왔다면 우리가 개입해 사람들이 그런 메시지를 무시할 수 있게 도울 수도 있었다.

존과 루어드는 백악관 관계자들을 직접 만나 계획을 논의하기 위해 워싱턴 DC로 향했다. 백악관도 우리의 기조에 전적으로 동의했다. 우리의 목표는 증거에 기반한 재미있는 게임을 제작해 정치적 허위 정보와 외국의 영향력 전술에 대해 경각심을 일깨워주는 것이었다. 이는 또 하나의 큰 프로젝트였고, 대선이 끝나기 전에 게임을 테스트해서 출시하고 싶었다.

우리는 미국 국무부와 국토안보부와 협업했다. 특히 사이버보안 및 인프라 보안국Cybersecurity and Infrastructure Security Agency, CISA이라는, 외국의 위협으로부터 국가 기반 시설을 보호하기 위한 국토안보부 산하 연방 기관과 협력했다. 그쪽에서는 외부의 선거 장비 해킹 가능성과 같은 물리적 기간 시설에 관심을 두면서도 한편으로는 '**인식** 해킹'의 위협을 훨씬 더 우려했다.

NPR 저널리스트 안드레아 번스타인Andrea Bernstein은 2022년

CISA의 전 책임자와 인터뷰하면서 이렇게 말했다.

"인식 해킹, 거짓말 캠페인은 기본적으로 미국 국민의 공적 담론에 주입되어 바이러스처럼 변이하고 확산하며 국민의 말과 생각을 심각하게 감염시켜 유권자들이 더 이상 무엇이 진실이고 무엇이 거짓인지 구분할 수 없게 만듭니다."

안보와 관련된 사안이라 내막을 자세히 밝힐 수는 없지만 우리가 참여한 활동에 대해 공식적으로는 설명할 수 있다. "국무부는 외국의 적대적 선전과 허위 정보, 그것이 외국의 대중과 선거에 미치는 영향을 다루는 범위 안에서 '하모니 스퀘어'Harmony Square(우리 게임)를 개발하고 조정하도록 지원했다." 표현이 상당히 어렵지만 사실상 허위 정보에 대해 '국가 면역력을 강화'하는 CISA 캠페인 일부였다. **사실** 번스타인은 CISA의 전 책임자 크리스 크렙스Chris Krebs와 대화하면서, 선거를 안전하게 치르기 위한 크렙스의 전제는 미국 국민에게 적들이 어떤 식으로 허위 정보 캠페인을 펼치는지 사전에 알려 실제로 그런 상황이 닥칠 때 예방 접종된 상태로 만들기 위한 비정치적 방법을 찾는 것이라고 말한다. 한마디로 '허위 정보에 대한 심리적 백신'을 접종한다는 뜻이다. 이는 곧 우리 연구를 기반으로 한 방법이다. 여기서 중요하게 짚어둘 사실은 정부가 우리 게임의 콘텐츠에 피드백을 주기는 했지만 우리 연구에는 전혀 개입하지

373

않았다는 점이다.

'하모니 스퀘어'는 미국 소도시를 목가적으로 담은 게임이다. 살아 있는 동상, 많은 녹지, 연못의 근엄한 백조(네, 맞습니다, 근엄한 백조!)로 유명한 곳이다. 이 도시의 시민들은 해마다 '파인애플 피자 축제'를 연다. 그들은 또한 민주주의에 집착하는 성향으로도 유명한데, 공정하고 공개적인 선거를 좋아하고 정당들이 항상 다툼을 벌인다. '최고 허위 정보 책임자'가 되어 미국의 평화로운 소도시를 혼란에 빠뜨리기 위한 영향력 캠페인을 벌이기에는 완벽한 조건이다.

이 게임에서는 가상의 애슐리 플루그가 지역사회의 '곰 순찰대원'에 단독으로 출마하며 잘못된 정보를 생성할 기회가 주어진다. 하모니 스퀘어에는 순찰할 곰이 없지만 시민들이 워낙 선거를 좋아해 곰 순찰대원을 선출하기 위한 선거에서 투표권을 행사한다. 이제 플레이어는 플루그가 대학 시절 동물 학대를 지지했다는 가짜 뉴스 캠페인을 벌인다. 이 도시에서 인기 있는 TV 뉴스 진행자 로널드 보르도(일명 '론')가 그 뉴스를 보도하자 헤드라인이 뜨고 플루그의 지지율이 떨어진다. '하모니 스퀘어' 게임은 인터랙티브 방식이라 허위 정보 캠페인에 따른 지지율 변화를 곧바로 확인할 수 있다. 한때 평화로웠던 도시가 순식간에 혼란과 편집증에 휩싸이고, 시민들이 사랑하는 피자 축제를 방해하며, 시민들은 완전히 양극단으로 나뉘어 불신과 분노에 사로잡힌다.

'하모니 스퀘어' 게임 시나리오는 실제 2019년 CISA 간행물(『파인애플과의 전쟁—외국의 간섭 이해하기』)을 토대로 구성되었으며, 선거 허위 정보 캠페인의 각본을 4단계로 보여준다.

1. 피자에 파인애플을 넣어도 되는가 하는 문제처럼 겉으로는 당파적이지 않은 사안을 표적으로 삼다가 뜨거운 양극화 토론으로 넘어간다. 사회적 문제에 분열의 씨앗을 심는다는 개념이다.
2. 다음 단계에서는 봇 계정을 투입해 대화를 증폭시키고 조작한다.
3. 토론의 양측을 모두 공격하면서 두더지 둔덕을 산으로 만든다.
4. 결국 주류에 합류해 논쟁을 주도하면서 온라인 대화를 현실 세계의 시위와 혼란으로 확장한다.

'하모니 스퀘어'의 콘텐츠는 완전히 허구이고 터무니없지만 #피자게이트, 러시아의 간섭, 정치적 시위와 유사한 측면이 있다. 당시 CISA 책임자는 크리스 크렙스였다. 2019년 7월 크렙스는 피자에 파인애플을 절대 넣지 말아야 한다고 주장하는 트윗을 올렸다. 얄궂게도 우리 프로젝트가 끝나자마자 크렙스는 트럼프 대통령에게 트위터로 해고당했다. 그 이유는 크렙스가 선거 관련 허위 정보를 폭로하는 데 개입했기 때문으로 알려졌다. 사실 허위 정보는 주로 트럼프 자신이 퍼트렸는데 말이다.

우리는 '하모니 스퀘어'를 검증하기 위해 사람들을 실험 집단과 통제 집단으로 무작위 배정해 일련의 헤드라인을 얼마나 신뢰할 만

아버지들은 아버지의 날을 누릴 자격이 없다
아버지의 날을 폐지하라

NBC 뉴스
사우스캐롤라이나의 한 남자와 아홉 살 딸이 사냥하러 갔다가 다른 사냥꾼에게 사슴으로 오인돼 살해되었다. 당국의 발표.
세상에서 마가빌리(MAGAbilly, 트럼프 지지자―옮긴이 주) 1.5명이 줄었군. 그래도 이 사람들은 그토록 애정하는 수정헌법 2조를 지지하다 죽었군.

한지, 자신의 평가에 얼마나 자신 있는지, 소셜미디어에서 다른 사람들에게 헤드라인을 공유할 가능성이 얼마나 되는지 알아보았다. 특히 미국의 분열적인 소셜미디어 논쟁을 잘 보여주는 극단적인 양극화 콘텐츠를 제시했다. 위는 두 가지 예시이다. 하나는 아버지의 날을 반대하는 두 여성의 조작된 이미지(양극화를 조장하려고 의도한 이미지)이고, 다른 하나는 사냥 사고로 사망한 트럼프 지지자와 그의 어린 딸의 죽음을 조롱하는 이미지이다.

10장 '나쁜 뉴스'를 직접 퍼뜨려보자

실제로 우리는 사람들이 우리 게임을 플레이한 뒤 분열을 조장하는 콘텐츠를 훨씬 잘 포착하고, 자신의 판단에 더 자신감을 얻으며, 소셜미디어에서 이런 게시물을 친구들에게 공유하려는 의사를 덜 표현한다는 결과를 얻었다. 『바이스』*VICE*지의 한 기자가 이 게임의 영향에 관해 기술한 글이 내 설명보다 결과를 더 잘 요약해주었다. "사람들이 잘못된 정보를 거짓말이라고 더 많이 말하게 됐다."

### 예방 접종의 원리

하지만 개입을 위한 게임을 만들어달라는 요청이 점차 늘어났다. 우리는 예방 접종 이론과 '사전 반박'에 대한 완전히 새로운 연구 분야에 불을 지폈고, 다른 사람들에게도 이런 게임을 개발하도록 영감을 불어넣었다. 일례로 존 쿡John Cook의 '괴짜 삼촌Cranky Uncle'은 사람들에게 기후변화 부정론에 사용된 핵심 기법에 대해 예방 접종을 해주는 좋은 게임이다. 독일 막스플랑크연구소Max Planck Institute 연구팀은 사람들이 간단한 퀴즈와 피드백으로 자신의 성격에 대한 인식을 예방적으로 강화하면 성격 특질을 악용하려는 마이크로타깃 광고에 대해 방어력을 키울 수 있다는 점을 발견했다. 이런 사전 처치를 통해 사람들이 마이크로타깃 광고를 정확히 포착하는 능력이 최대 26퍼센트 향상되었다.

예방 접종 방법을 갖가지 잘못된 정보에 적용할 가능성은 무한해 보였다. 우리는 범위를 수평으로 확장해 새로운 게임을 개발하기로 했다. 그중 하나가 왓츠앱과 공동 설계해 왓츠앱의 다이렉트 메시징 플랫폼을 시뮬레이션하는 '이 그룹에 참여하세요'Join This Group 게임이다. 중동에서는 NGO 협력사인 넛지 레바논Nudge Lebanon과 함께 극단주의자들을 포섭하는 데 쓰이는 전략을 예방 교육하기 위한 게임인 '래디컬라이즈'Radicalize를 제작하기도 했다.

우리는 사람들을 극단주의 단체로 끌어들이는 데 사용되는 기법을 분석해 기본적인 4단계를 확인했다.

1. '취약한' 사람들을 찾아낸다(힘든 시기를 보내며 인정받고 싶어 하는 사람이 이상적이다).
2. 이들과 신뢰를 쌓는다.
3. 이들을 친구나 가족에게서 떼어놓는다.
4. 대의를 위해 헌신하는 마음가짐을 증명하기 위해 무언가를 하도록 부추긴다.

일반적으로 새로운 사람들을 포섭하는 과정은 작은 임무에서 시작해 더 큰 목표로 확장한다. 게임에서 플레이어는 빙하반대자유전선Anti-Ice Freedom Front, AIFF에 가입해 전 세계의 만년설을 녹이도록 도와줄 사람을 모집하는 급진적인 임무를 수행한다. 예방 접종의 논리는 항상 같다. 극단주의자 모집에 대해 사람들을 대비시키기 위해 시뮬레이션 환경에서 약한 공격에 노출시키는 방법보다 나은 방법이 있을까?

우리 연구에서는 시뮬레이션이 완료되면 사람들이 속임수 기법을 더 잘 알아채 저항할 수 있으며, 앞의 경우처럼 극단주의적 대의에 동참하도록 유도하는 순간을 알아채는 능력도 향상된다고 거듭 확인되었다. 기억 T 세포가 생성되어 이전의 병원체와 일치하는 앞으로의 공격으로부터 사람들을 보호하는 방법과 비교할 수 있다.


## 게임 종료

이들 게임은 이론적 개념을 인터랙티브 글로벌 미디어 캠페인의 일부로 구현하기 좋지만 우리는 점차 모든 사람이 게임을 좋아하는 것은 아니라는 사실을 알았다. 진정으로 집단 면역을 달성하려면 훨씬 다양한 '가상의 주삿바늘'로 사람들에게 다가가야 했다. 뉴욕의 구글을 방문한 뒤 어렵게 깨달은 사실이다.

그즈음 우리는 왓츠앱과 페이스북, 구글 같은 거대 기술 기업들로부터 자주 연락받았다. 이 기업들 안에는 잘못된 정보 연구자나 정책 관리자, 뉴스 미디어 및 문해력 프로그램 책임자 등 여러 팀이 있다. 매번 다른 팀에서 연락이 올 때마다 우리는 기꺼이 응대했다. 그들이 우리에게 배우려 한다는 사실이 기뻤다. 세계에서 가장 똑똑한 사람들이 모인 수십억 달러 규모의 거대 기업들이 우리 게임이 어떻게 작동하고, 연구 결과가 어떻게 나왔으며, 그들도 참여할 수 있는지 알고 싶어 했다. 그들은 특히 예방 접종 이론에 관심을 보였고, 얼마 뒤 우리 논문은 실리콘밸리에서 정기적으로 배포되기 시작했다. 우리는 그들의 관심을 끌었다.

사실 그들이 시간을 내서 우리 논문은 물론 연구 논문까지 읽었다는 사실이 놀랍고 뿌듯하기도 했다. 그러나 우리의 가장 유명한 실험 개입인 '나쁜 뉴스' 게임에도 관심이 있는지는 알 수 없었다. 나는 그들의 의도를 정확히 몰랐고, 당시에는 '나쁜 뉴스' 게임의 저작권이 없었기에 순전히 신뢰를 바탕으로 일했다.

존은 뉴욕으로 가서 구글의 기술 인큐베이터인 구글 직소(Google Jigsaw, 이전의 '구글 아이디어스Google Ideas') 사람들을 만나기로 했다. 구글은 흥미를 보였지만 그들이 직접 '나쁜 뉴스'를 테스트하고 싶어 했다. 얼마 뒤 우리는 케임브리지에 머무는 구글 직원을 초대했고, 그는 구글 직소에서 작업하는 프로젝트를 일부 보여주었다.

나는 특히 '리다이렉트Redirect'라는 프로젝트에 관심이 갔다. 다수의 (전)ISIS/다에시Da'esh 구성원들과의 인터뷰를 기반으로 취약한 개인이 온라인에서 극단주의 콘텐츠를 찾는 데 사용한 주요 검색어를 알아내는 프로젝트였다. 사람들이 구글에서 극단주의 콘텐츠를 검색하면(예. "ISIS에 가입하려면 어떻게 하나요?") 폭력적인 극단주의

10장 '나쁜 뉴스'를 직접 퍼뜨려보자

선전에 반박하는 유튜브 영상으로 '리다이렉트'해주는 광고가 등장했다. 예비 연구에 따르면 약 30만 명이 이 반박 영상을 시청한 것으로 나타났다. 실제로 이 영상을 보고 사람들의 생각이 달라졌는지는 아직 확실하지 않지만 괜찮은 시도로 보였다.

우리 연구팀은 격주로 구글과 통화하면서 최신 정보를 나눴고, 구글은 '나쁜 뉴스'에 관심을 보이기는 했지만 결국 협업으로 이어지지는 못했다. 구글은 버지니아주 시골에서 '나쁜 뉴스'를 테스트한 결과 50대 이상의 참여도를 확신하지 못했다. 나이 든 사람들이 온라인에서 가짜 뉴스를 공유할 가능성은 크지만 애초에 게임을 시도할 가능성은 적어 보였다. 우리도 그에 동의했다. 우리는 오랫동안 게임을 확장하고 조정해 더 많은 사람에게 다가갈 방법을 논의했다. 구글이 좋은 아이디어를 냈지만 구체적인 방안이 나오지 않아 결국 각자의 길을 가기로 했다.

1년쯤 지나서 나는 우연히 동료를 통해 구글과 다시 연결되었다. 그리고 현재 구글 직소의 리서치 책임자인 베스 골드버그를 소개받았다. 나는 베스에게 곧바로 호감을 느꼈다. 솔직하고, 허위 정보에 관심이 많았으며, 허위 정보 문제를 해결하려는 의지가 강해 보여서였다. 베스는 접종 이론에 대한 해박한 지식으로도 내게 깊은 인상을 주었다.

우리는 동료 연구자인 스테판 레반도프스키와 함께 다시 구글과 자주 소통하기 시작했다. 소셜미디어 기업들의 직원 수십 명과 일

해봤지만 베스는 다르게 느껴졌다. 적극적으로 개입하고, 상업화를 원하지 않으며, 연구에 관해 좋은 의견을 내주고, 자금과 인력을 비롯해 우리가 함께 성공하는 데 필요한 모든 것을 제공했다. 다만 베스는 우리 게임을 마음에 들어 하면서도 파트너십에 대해서는 다른 계획을 세우고 있었다. '집단 면역 문제'에 해결책이 될 만한 계획이었다. 베스는 유튜브(구글 소유)를 통해 백신 접종을 확대하는 데 관심이 많았지만 영상 플랫폼인 유튜브에서는 우리 게임을 간단히 구현할 방법을 찾지 못했다. 그래서 우리는 소셜미디어에서 짧은 예방 접종 영상을 배포하는 쪽이 훨씬 수월할 거라고 함께 아이디어를 냈다.

스테판은 이미 영상으로 실험했고(어느 정도 성공했다), 베스는 어떤 유형의 잘못된 정보가 소셜미디어 영상으로 많이 유포되고 음모론 신봉자들에게 공감을 얻는지 연구했다. 베스는 우리의 기법에 주목하는 예방 접종 방법을 좋아했고, 특히 수사학적 기법에 관심이 많았다. 베스는 비유 대상으로 TV를 자주 언급했다. 공포 영화를 예로 들면 늦은 밤 숲속에서 젊은 연인의 차가 고장 나면 무슨 일이 벌어질지 대체로 알 수 있다(차에서 내리지 마!). 예상 가능한 수법이다.

잘못된 정보도 마찬가지이다. 에드워드 제너의 시대에는 천연두 백신을 맞으면 인간과 소의 잡종으로 변할 거라는 소문이 돌았고, 현대에는 코로나19 백신을 맞으면 인간 DNA가 변형된다는 소문이

10장 '나쁜 뉴스'를 직접 퍼뜨려보자

돌았다. 불과 200년 만에 같은 비유가 등장했다. 우리는 심리 조작의 6단계를 통해 수많은 잘못된 정보의 보편적인 구성 요소를 확인했지만 베스는 유튜브에서 이념적 극단주의자들이 사용하는 잘못된 정보의 수사학적 전략에 대중이 어떻게 설득당하는지에 관심이 많았다. 이는 '논리적 추론 오류'라고 생각하면 된다.

베스가 찾아낸 일반적인 기법은 '희생양 만들기'였다. 희생양 만들기는 개인이나 집단에 아무 책임이 없는데도 부정적인 사건의 책임자로 지목당해 비난받을 때 나타난다. 예를 들어 유럽에서는 유대인들이 우물 독극물 사건과 흑사병에 책임이 있다는 누명을 썼다. 수많은 유대인이 살해당했다. 흑사병의 경우처럼 희생양 만들기는 14세기에도 존재했으며, 특히 코로나19 범유행 중에도 여전히 살아남았다. 예를 들어 트럼프 전 대통령은 코로나19를 '중국 바이러스' 또는 '쿵독감'이라 지칭하며 아시아계 미국인에 대한 오랜 차별의 역사를 자극해 모든 책임을 '중국'에 떠넘기려 했다. 이런 유형의 기법은 그 자체로 거짓일 뿐 아니라 사람들을 선동하고 해를 끼칠 수 있다는 점에서 문제이다.

우리가 베스와 함께 논의한 또 하나의 기법은 '거짓 이분법' 전략이다. 거짓 이분법이란 선택지가 2가지뿐이라고 믿게 만드는 기법으로, 실제로는 더 많은 선택지가 존재한다. 가짜 뉴스에 관한 이 중요한 책을 끝까지 읽지 않는다면 가짜 뉴스 문제에 전혀 관심 없다는 뜻이라고 내가 당신에게 말하는 것과 같다. 물론 두 선택지는 상호 배타적이지 않다. 이 책을 읽다 말아도 당신은 여전히 잘못된 정보의 위험에 관심 있을 수 있다. 그러나 나는 2가지 선택지만 있는 것처럼 말하면서 별생각 없이 들으면 그 말에 설득당하게 했다.

유튜브는 뉴스 헤드라인이나 소셜미디어 게시물을 다루지 않는다. 하지만 유튜브 영상에서는 악의적인 사람들이 더 교묘한 수사적 기법을 더 설득력 있게 사용한다. 코로나19와 기후변화에 대해 큰소리 치며 가짜 뉴스를 퍼뜨리는 영상부터 큐어넌과 ISIS에 사람들을 모집하려고 시도하는 영상까지 다양하다. 한 예로 ISIS 모집 영상은 서구의 이슬람교도들을 대놓고 겨냥하면서 "지하드 없는 삶은 없다"라고 제목을 붙였는데 '지하드(성전)'에 가담하지 않으면 의미 있는 삶을 살 수 없다고 말하는, 잘못된 이분법의 사례이다.

우리는 백신을 만들기 위해 약한 버전을 제조해야 했다. 그래서 그 자체로 교육적이면서도 재미있는 영상을 제작하기 시작했다. 다행히 베스는 우리와 유머 감각이 통했다(대체로!). 우리는 대본을 만들고 그래픽 디자인 회사와 협력해 스토리보드를 짜고 영상을 제작했다.

영상은 철저히 예방 접종의 형식을 따르며 시작하자마자 시청자들에게 그들의 의견을 조작하려는 시도의 표적이 될 수 있다고 경고한다. 다음으로 사람들이 이 기법을 노골적으로 사용하는 잘못된 정보를 찾아내 반박하도록 약한 예시(미량 섭취)를 제시해 나중에 이 부분을 쉽게 식별하고 저항할 수 있도록 도와준다. 베스의 연

10장 '나쁜 뉴스'를 직접 퍼뜨려보자

구팀은 다음 인포그래픽을 제작해 구글과 대중에 백신 접종 원리를
설명했다.

| 1. 정서적 경고 | 2. 공격에 반박하기 | 3. 미량 접종 |
|---|---|---|

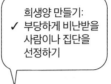

사용자에게 그들을
조작하기 위한 공격이
들어올 거라고
경고한다.

사용자는
조작적인 메시지를
포착해 반박할 준비가
된다.

사용자는 나중에
식별할 조작 메시지의
예시를 본다.

예를 들어 '거짓 이분법' 기법에 대해 경각심을 심어주는 영상에서
우리는 〈스타워즈 III—시스의 복수〉에서 소재를 가져왔다. 특히
다스 베이더가 될 아나킨 스카이워커와 그의 스승 오비완 케노비의
극적인 대결 장면을 보여주었다. 오비완이 "나의 충성은 공화국, 민
주주의를 향한다!"라고 말하자 스카이워커는 "나와 함께하지 않는
다면 당신은 내 적이다"라고 답한다. 이는 분명 잘못된 딜레마이다.
우리는 시청자들에게 오비완은 아나킨이 어둠의 편에 합류하는 것
을 막으려 할 뿐이고, 아나킨과 의견이 다르다고 해서 자동으로 적
이 되는 것은 아니라고 설명한다. 오비완도 이런 오류를 지적한다.

"오직 시스(스타워즈의 세계에서 제다이와 대립하는 어둠의 세력—옮긴이 주)만이 절대적인 것을 말해."

베스는 우리의 다소 모호한 스타워즈 유머에 의문을 표했지만 영상 테스트는 순조롭게 진행됐다. 실제로 우리는 사람들에게 우리의 짧은 영상을 보여주고 통제 집단에는 '냉동실 화상'에 관한 지루한 영상을 보여주어 몇 가지 대규모 통제 실험을 진행했다. 그런 다음 사람들에게 일련의 주장이 얼마나 조작적이라고 생각하는지, 그리고 다른 사람들에게 공유할 의향이 얼마나 있는지 알아보았다. 거짓 이분법 퀴즈는 이런 식이다. "왜 불법 이민자가 사회복지 혜택을 받는가? 왜 노숙하는 미국인들을 도와줘도 모자랄 판에 불법 이민자들을 도와주는가?" 이런 도발적인 주장은 언뜻 일리가 있어 보여 크게 주목을 끈다. 하지만 좀더 비판적으로 보면 이 주장은 거짓 딜레마를 담고 있기에 간단히 깨진다. 사실 우리는 이민자들에게 사회복지 혜택을 제공하는 동시에 노숙하는 미국인들도 도울 수 있다. 같은 게시물의 조작되지 않은 버전은 이렇다. "노숙인 문제를 우선할지 이민자의 빈곤을 우선할지에 관한 논쟁이 이어진다. 왜 둘 다 할 수 없는가?" 희생양 만들기의 예시는 이렇다. "글쎄, 당신들과 같은 이념을 가진 사람들은 분명 재정적으로 책임질 능력이 없다. 그러니 국가 재정이 적자가 되고 참전 용사에게 지원금을 지급하지 못하는 것은 **당신들** 탓이다." 이 실험에서 우리는 사람들에게 이런 잘못된 항목과 통제 항목을 평가하게 했고, 심리 조작 기법에 대해 예방 접종을 해주는 영상에 노출된 뒤 조작적인 콘텐츠와 비조작적인 콘텐츠를 구분하는 능력이 향상되기를 기대했다.

그리고 기대한 결과가 나왔다. 통제 집단과 달리 예방 접종 집단은 특정 심리 조작 전략이 포함된 게시물을 식별하는 능력이 향상됐고, 결과적으로 소셜미디어에서 이런 유형의 콘텐츠를 다른 사람들과 공유할 가능성이 줄어들었다. 표본이 미국 인구를 대표하고 다양한 청중과 영상과 기술에 걸쳐 효과가 상당히 일관되게 나타났으므로 결과를 확신할 수 있었다.


## 소셜미디어에 백신 도입하기

베스는 유튜브의 '광고를 건너뛸 수 없습니다' 공간에 우리 영상을 삽입하는 식으로 유튜브에서 우리 영상을 구현하고 확장할 수 있다고 아이디어를 냈다(유튜브에서 영상을 재생할 때 건너뛸 수 없는 성가신 광고를 계속 봐야 하지 않는가? 바로 이 공간에 우리의 접종 영상을 끼워 넣는다는 뜻이다.) 유튜브 알고리즘이 유해 콘텐츠에 노출될 가능성을 어느 정도 식별해준다면 우리의 '사전 반박' 영상을 자동으로 삽입해 사람들이 잘못된 정보에 노출되기 직전에 예방 접종을 받게 할 수 있었다.

그러면 여러 가지 문제가 해결된다. 첫째, 유해 콘텐츠가 포함될 만한 영상을 시청하려는 사람은 누구나 '사전 반박' 영상에 노출되므로 우리는 사람들에게 사전 동의를 받지 않고도 개입할 수 있다. 둘째, 정책 관점에서 이런 식으로 개입하면 구글과 유튜브가 굳이 '진실의 중재자'가 되어 유해 콘텐츠를 삭제할 필요가 없다. 대신 사람들에게 미리 예방 접종을 해주면 된다. 그렇다고 해서 소셜미디어 기업이 유해 콘텐츠를 삭제하면 안 된다는 말은 아니다. 개인적으로는 삭제해야 한다고 생각한다. 하지만 우리는 소셜미디어 기업들이 문제를 해결하기 위해 무엇이든 하겠다는 의지를 보여주기만 한다면 올바른 방향으로 작은 한 걸음을 내딛은 셈이라고 보았다. 셋째, 광고 공간에 우리 영상을 삽입하면 수많은 유튜브 사용자에게로 심리적 백신을 확장할 수 있다. 베스의 아이디어는 훌륭했다. 다만 문제가 하나 있었다. 베스는 유튜브 CEO가 아니라는 점이었다.

사실 구글과 달리 유튜브는 외부 과학자와 협력한 경우가 거의 없다. 게다가 유튜브는 그들의 독점적 알고리즘이 어떻게 작동하는지 거의 밝히지 않는다. 다행히 그들은 베스와 함께 우리의 백신 접종 연구에 관해 대화를 나눌 의지를 보여주며 우리의 접근법에 흥미를 보였다. 우리의 연구를 마음에 들어 했지만 자체적으로 몇 가지 테스트를 해보고 싶어 했다. 소셜미디어 기업의 전형적인 태도였다. 원래 소셜미디어 기업들은 자사 플랫폼에서 수행하지 않는 연구는 신뢰하지 않는다. 어찌 보면 실험실의 결과가 특정 소셜미디어 플랫폼의 역학 관계에 적용되지 않을 수도 있으므로 충분히 이해할 만한 반응이다. 반면 이 기업들이 수행하는 내부 연구를 많이 봤지만 냉정히 말하자면 상당수가 과학 연구의 기준을 충족하지 않는다(대표성 없는 소규모 표본을 사용하고, 무작위 통제 집단을 설정하지도 않으며, 관대한 통계 기준을 채택한다). 그러나 공정하게 말하자면 그들은 훈련된 과학자가 아니며, 대체로 다른 유형의 질문에 관심이 있다. 사실 그들에게는 어떤 개입이 '효과 있는지' 여부는 UX 테스트 결과에 비하면 부차적인 문제이다(예. 얼마나 많은 사람이 영상을 클릭했고, 이 영상을 보여줘도 계속 우리를 좋아할까? 우리를 더 신뢰할까, 덜 신뢰할까?). 우리는 결국 유튜브의 반대 의견을 무시할 수 없었다. 한마디로 다른 방법을 찾아야 한다는 뜻이었다.

베스가 다른 방법을 찾아냈다. 그냥 유튜브 광고 플랫폼에서 수백만 명을 대상으로 백신 접종 조건이나 통제 조건의 영상을 올리는 것이다. 그러면 사람들이 유튜브에서 영상을 시청하는 사이 우리의 개입을 '실전에서' 테스트할 수 있다. 다음으로 베스는 과학 실험을 위해 '브랜드 성과 증대' 설문조사(주로 브랜드를 아는지 알아보는 설문조사)를 맞춤 설정할 수 있도록 유튜브의 허락을 받아냈다. 사용자들은 24시간 안에 광고 공간에서 백신 접종을 받은 잘못된 정보 기법을 찾아내는 능력을 평가하는 퀴즈를 풀게 된다. 우리는 한 번의 캠페인으로 약 500만 회의 '노출'(조회 수)을 올렸다. 90초 분량의 백신 접종 영상을 시청한 사람들의 경우, 잘못된 정보 콘텐츠를 찾아내는 능력이 약 5~10퍼센트 향상됐다. 개별적으로는 별것 아닌 듯 보일지 몰라도 이 짧은 영상이 수억 명에게 도달할 수 있다고 생각해보라.

구글 직소가 유튜브에 '사전 반박' 영상을 배포하고 있지만 트위터가 우리보다 한발 앞섰다. 2020년 10월 트위터는 미국 대선 결과에 대한 허위 정보를 사전에 차단하기로 했다. 사용자의 피드 상단에 트위터에서 잘못된 정보에 노출될 수 있다고 경고하는 메시지를 띄우고(사전 경고), 선거 과정에 대한 거짓 주장을 선제적으로 반박했다. 이제껏 트위터는 사실로 밝혀진 뒤에야 허위를 밝히는 데 주력한 터라 트위터로서 이번 조치는 혁신적이었다.

예를 들어 트위터는 '사전 반박' 메시지에서 우편 투표에 대한 우려에 관해 이렇게 밝혔다. "2020년 미국 대선에서 우편을 통한 사전 투표가 선거 사기로 이어진다는 확인되지 않은 주장을 접하실 수 있습니다. 하지만 선거 전문가들은 우편 투표가 증가하더라도 안전하고 안심할 수 있다고 확인했습니다." 그리고 이 메시지 아래에 버튼을 넣어 자세한 내용을 확인하게 했다.

트위터의 '사전 반박'은 사실에 기반한 접종으로 알려졌다. 말하자면 트위터는 더 큰 기법을 공략하기보다 사람들에게 특정 거짓 정보에 대한 면역력을 길러주려 했다. 트위터가 채택한 형식은 우리의 기후변화 예방 접종 실험 구조와 상당히 유사하다(전문가의 합의에 관한 거짓 정보에 대해 사전 경고와 함께 '사전 반박' 메시지를 전달하는 실험). 이 방법은 상당히 잘 구현됐지만 그보다 인상적인 것은 트위터가 미국의 트위터 사용자 전체인 7300만 명에게 접종 메시지를 전달했다는 점이다. 지금까지 소셜미디어 기업이 수행한 '사전 반박' 실험 중 가장 규모가 크다. 많은 정보를 밝힐 수는 없지만 내가 살펴본 예비 실험에서 긍정적인 효과를 발견했고 이런 사전 반박 메시지가 미국의 선거 과정에 대한 신뢰를 강화하는 듯 보였다는 정도는 말할 수 있다. 트위터는 현재 같은 방법으로 기후변화에 대한 허위 정보에 대응하고 있다.

결과적으로 약 5년에 걸쳐 우리는 실험실에서 나온 이론적 아이디어를 글로벌 캠페인으로 발전시킬 수 있었고, 소셜미디어와 기술 기업들은 우리의 방법을 평가하고 그들의 플랫폼에 도입했다. 우리는 개인을 대상으로 한 번에 한 명씩 잘못된 정보에 대한 예방 접종을 실시하는 방법에서 시작해 전 세계 수백만 명에게로 온라인 접근법을 확장할 수 있었다. 물론 이 작업은 아직 끝나지 않았다. 생물학적 바이러스에 대처할 때처럼 심리적 집단 면역도 인구의 90퍼센트 이상에게 적용해야 가능하고, 이 책 앞부분에서 살펴본 것처럼 인간의 뇌는 잘못된 정보에 대해 자연 면역을 획득하지 못한다. 그래도 한때는 이론적인 가능성에 불과했던 집단 면역이 이제 현실적인 선택지로 보인다.

심리적 접종의 원리를 당신 삶에도 적용할 수 있는지 궁금할 것이다. 가능하다. 그 방법을 기꺼이 공유하겠다. 심리적 접종은 게임이나 영상, 과학 연구, 공식기관에만 국한되지 않는다. 누구나 간단한 대화를 통해 접종의 힘을 활용할 수 있으며, 모든 대화는 집단 면역으로 한 걸음 더 다가가게 해줄 수 있다. 다음 장과 마지막 장에서 알아보겠지만 우리에게는 백신을 직접 전파할 힘이 있다. 누구나 잘못된 정보로부터 사람들을 접종하는 데 일조할 수 있다.

## 가짜 뉴스 항원 10 | 심리적 집단 면역을 갖추자

— 백신은 사람들을 개인 차원에서 보호하지만 잘못된 정보가 온라인과 오프라인 커뮤니티에서 더 이상 확산하지 못하게 하려면 충분히 많은 사람이 잘못된 정보 바이러스에 대한 백신을 접종받아야 한다.

— 모든 백신 프로그램의 최종 목표는 '집단'을 보호하는 것이다. 개인에게 일일이 백신을 접종하는 것은 현실적으로 불가능하며, 일부 사람들은 백신 접종을 원하지 않을 수 있다. 하지만 지역사회에서 충분히 많은 사람이 백신 접종을 받으면 집단 면역이 이뤄져 나머지 사람들도 보호받을 수 있다.

— 그러려면 백신의 범위를 확장시켜 전 세계 사람들에게 도달할 수 있어야 한다. 각국 정부와 공중 보건 당국, 기술 기업들이 공조해 진전을 이루고 있다.

10장 '나쁜 뉴스'를 직접 퍼뜨려보자

— 심리적 접종의 주삿바늘은 완전히 '가상'이므로 잠재적 도달 범위가 무한하다. 게다가 꼭 게임이나 영상, 메시지여야 할 필요도 없다. 사적인 대화로도 가능하다.

# 11장 우리는 어떻게 거짓의 프레임에서 벗어날 수 있을까

> "먼저 말하는 사람은 자신의 논거를 내놓고 나서
> 상대방의 주장에 맞서 먼저 논박하고 혹독하게 비판해야 한다."
>
> — 아리스토텔레스(『수사학』 3권 17장 중)

이 사건의 사실은 이렇습니다. 8월 6일 자정, 피고인들은 같은 소대원 윌리엄 산티아고 일병의 막사로 들어갔습니다. 그들은 산티아고를 깨워 밧줄로 손발을 묶고 목에 재갈을 물렸습니다. 몇 분 뒤 산티아고의 몸에서 젖산산증이라는 화학 반응이 일어나 폐에서 출혈이 시작됐습니다. 산티아고는 자신의 피를 뒤집어쓴 채 자정을 32분 넘긴 시각 사망 선고를 받았습니다.

이것이 이 사건의 사실입니다. 논란의 여지가 전혀 없습니다. 네. 방금 말씀드린 사실은 도슨 상병이나 다우니 일병에게 들을 진술과 완전히 같습니다. 게다가 피고인들이 독극물을 적신 천을 들고 산티아고의 막사에 들어갔으니 살해 동기와 의도를 가졌다는 사실도 당국이 입증해줄 겁니다.

(사이)

이제 캐피 중위가 마술을 부리며 잘못된 방향으로 틀려고 시도할 겁니다.

캐피 중위는 의식에 관한 이야기로 여러분을 놀라게 하고 '코드 레드(심각한 위기 상황에 대한 경고—옮긴이 주)'처럼 공식적으로 들리는 용어로 여러분을 현혹할 겁니다. 또 여러분 앞에서 장교 몇 명을 난도질할 수도 있습니다. 다시 말하지만 캐피 중위에게는 증거가 전혀 없습니다. 재미는 있을 겁니다. 그러나 마지막에 이르러서는 세상의 어떤 마술로도 윌리 산티아고가 사망했으며 도슨과 다우니가 그를 죽였다는 사실에서 여러분의 관심을 돌릴 수는 없을 겁니다. 이것이 이 사건의 사실입니다.

(사이)

그리고 이 사실은 반박 불가합니다.

애런 소킨Aaron Sorkin이 감독하고 톰 크루즈Tom Cruise, 잭 니콜슨Jack Nicholson, 데미 무어Demi Moore, 케빈 베이컨Kevin Bacon이 주연한 영화로, 1992년 아카데미 작품상 후보에 오른 〈어 퓨 굿 맨〉*A Few Good Men*에 나오는 이 장면을 기억하는 사람도 있을 것이다. 영화는 두 해병이 상관에게서 비공식적 체벌 명령을 받아들고 동료 해병을 우발적으로 살해한 혐의로 법정 구속된 사건을 다룬다. 이 장면을 선택한 이유는 심리적 접종의 완벽한 사례이기 때문이다. 케빈 베이컨이 연기한 검사는 우선 사실을 간단명료하게 전달하면서 시작한다. 그런 다음 배심원단에게 상대측이 '코드 레드' 같은 거창한 용어로 현혹하면서 그들을 호도하는 전술('약간의 방향 전환')을 시도할 테지만 확실한 증거가 없어서 그러는 거라고 사전에 경고한다. 심지어 '재미있을'이라거나 '마술'이라고 표현하며 전체 주장에 유머를 약간 불어넣는다.

이 상황은 우리의 기후변화 백신 접종 실험과 꽤 유사하다. 앞서 우리는 트위터에 정치적 동기로 사람들의 의견에 영향을 미치기 위해 잘못된 정보 기법을 쓰는 사람들이 있다고 경고했다. '박사학위 전문가'의 말을 인용해 과학자들이 기후변화 문제에 합의하지 않았다면서 그럴듯한 청원을 제기할 수 있다고도 경고했다. 그러나 거의 모든 과학자가 인간이 기후변화를 일으킨다는 결론에 이르렀다. 이것은 사실이다. 반박할 수 없는 사실이다.

놀랍게도 우리는 일상에서 알아채지 못하는 사이 심리적 접종을 자주 사용한다. 변호사가 늘 쓰는 방법이다. 변호사는 배심원단에 상대방의 주장을 '사전 경고'하고, 그 주장의 약한 용량을 제공하며, 선제적으로 반박한다. 노동조합도 마찬가지이다. 임금을 올려줄 형편이 안 된다고 호도하는 회사 측 전략을 간파하도록 조합원들을 미리 교육한다. 기업의 대차대조표는 다른 이야기를 한다는 증거를 조합원들에게 제시해, 노사협상이 시작될 때 조합원들이 반론을 펼치고 그들을 호도하려는 시도에 저항하도록 준비시킨다. 조합원들이 예방 접종을 받은 셈이다.

심리적 접종은 정치적 맥락에서도 유용한다. 내가 가장 좋아하는 예시 중 하나는 애틀랜타의 에벤에셀 침례교회 담임목사인 라파엘 워녹Raphael Warnock의 이야기다. 워녹 목사는 2020년 조지아주 상원의원 선거에 출마해 야당의 강력한 공격에 대비해 유권자들에게 '예방 접종'을 해주기로 했다. 그의 선거운동 광고 영상은 이렇게 시작한다. "라파엘 워녹은 포크와 나이프로 피자를 먹습니다… 워녹은 보도블록 틈새를 밟은 적이 있습니다… 워녹은 강아지도 싫어합니다. 조지아주, 준비하세요. 네거티브 광고가 나올 겁니다. 켈리 로플러 상원의원은 전염병의 범유행 시국에 의료보험을 없애야 하는 이유를 설명하고 싶지 않아서 저에 대한 온갖 거짓으로 여러분을 협박할 겁니다. 그나저나 전 강아지를 사랑합니다!"

워녹 목사는 유권자들이 공격받을 거라고 미리 경고하고, 어떤 형태의 공격인지 시뮬레이션하며(약한 형태의 공격), 유머를 섞어 반박했다. 워녹 목사가 선거에서 승리했으니 예방 접종 광고가 통했다고 볼 수 있다.

## 아리스토텔레스가 사랑한 전략

요지는 심리적 접종은 누구든 활용할 수 있는 수사학적 전략이라는 점이다. 따라서 이론상 악의적인 의도를 가진 쪽에서도 심리적 접종을 채택할 수 있으며, 심지어 예방 접종에 반대하는 사람들에게도 접종을 시도할 수 있다(이를 '메타 접종'이라 한다). 대부분 도구가 그렇듯 백신 접종은 그 자체로 좋거나 나쁘지 않다. 문제는 우리가 어떻게 사용하느냐이다.

하지만 우리가 개발한 심리적 접종의 목적은 애초에 사람들이 교묘한 설득 시도를 알아채 심리 조작으로부터 스스로 보호하게 하는 것이었다. 심리적 접종 이론은 현대 심리학자들이 공식화했지만 그 기원은 수천 년 전으로 거슬러 올라간다. 모든 것은 아리스토텔레스에게서 시작되었다.

아리스토텔레스의 합리적 분석은 특히 결함이 있는 추론을 드러내 사람들이 엉터리 설득을 간파하도록 도와주는 데 중점을 두었다. 그리고 어떤 사건의 진정한 상태를 알려면 우리가 가진 사실만이 아니라 반론의 논리적 결함을 포함해 사건의 모든 측면을 고려해야 한다고 강조했다. 아리스토텔레스는 사람들이 추론의 오류를 포착할 수 있다면 그 오류를 이용한 설득 공격에 저항할 수 있다고 보았다. 서기 4세기의 책으로 설득의 기술을 정리한 아리스토텔레스의 『수사학』에 나오는 다음 구절을 보자. "우리는 논쟁할 때처럼

11장 우리는 어떻게 거짓의 프레임에서 벗어날 수 있을까

반대 입장도 증명할 수 있어야 한다. (그렇다고 사람들에게 잘못된 일을 하라고 설득하면 안 되므로) 2가지를 다 해야 한다는 뜻이 아니라, 사건의 진정한 상태를 놓치지 않고 상대가 부당하게 거짓 주장을 펼칠 경우에 대비해 우리가 스스로 거짓 주장에 반박할 수 있어야 한다는 뜻이다." (『수사학』 1권, 1장, 11~14쪽)

이 장 첫머리에 소개한 인용문에서도 알 수 있듯 아리스토텔레스는 심리적 접종 과정을 발견했다. 그리고 이를 '반증적 생략삼단논법refutational enthymeme'이라 일컬었다. 말하자면 2,000년 전의 '사전 반박'이다!

내가 자주 받는 질문 중 하나는 사람들이 심리적 접종의 원리를 각자의 삶에서 어떻게 활용할 수 있느냐는 것이다. 우선 우리 연구에서 얻은 통찰을 적용하려면 약간 주의해야 한다. 우리 연구는 평균적인 인구 집단을 대상으로 결과를 얻었으므로 어느 한 개인이 어떻게 반응할지 정확히 예측하지 못한다. 예를 들어 생물학적 백신이 효과적인 건 알지만 어떤 개인을 얼마나 보호해줄지는 정확히 가늠할 수 없다. 평균적으로 사람들에게 도움이 되고 부작용 위험이 낮다는 정도만 알 수 있을 뿐이다. 심리적 접종도 마찬가지이다. 평균적으로 효과가 좋고 역효과를 낼 위험도 낮다. 실제로 팩트 체크와 같은 다른 방법과 비교할 때, 심리적 접종의 역효과에 관한 기록은 거의 없다. 의학처럼 앞으로 정보가 더 쌓이고 더 많이 테스트하면 상황이 달라질 수 있지만 현재로서는 사람들이 이 방법에 긍정적으로 반응하는 듯하다. 그러면 이 점을 염두에 두고 앞서 살펴본 다양한 심리적 접종 개념이 대인관계 상황에서는 어떻게 적용되는지 알아보자. 가짜 뉴스와 잘못된 정보가 바이러스처럼 퍼지는 상황에서 우리의 친구와 가족에게 어떻게 예방 접종할 수 있을까?

예방 접종을 각자의 삶에서 효율적으로 적용할 방법과 시기를 고려할 때 사실 기반 접종과 기법 기반 접종, 능동적 접종과 수동적 접종, 예방적 접종과 치료적 접종을 구분하면 도움이 될 수 있다. 상황에 따라 각기 다른 접종 유형이 필요할 수 있으니 각자의 상황에 맞는 접종 방식을 선택할 수 있도록 각 접근법의 상대적인 장단점을 고려해 몇 가지 예시를 들어보겠다. 먼저 기존의 사실 기반 접종 혹은 '좁은 범위'의 백신 접종부터 알아보자.


## 사실에 기초한 접종

사실 기반 접종은 NASA가 달 착륙을 조작했다거나 지구 온난화가 사기극이라는 주장처럼 특정 사안별 허위 사실에 대해 사람들에게 면역력을 길러주기 위해 시도하는 방법이다. 예방 접종의 핵심은 사람들이 설득에 맞서 자기를 방어할 동기와 능력을 갖추게 하는 것이다. 우선 동기 부여는 사전 경고를 통해 구현된다. 친구와 가족에게 해로운 잘못된 정보에 노출될 수 있다고 미리 경고하는 것이다. 다음으로 능력은 허위 사실에 선제적으로 반박하는 형태, 곧 '사전 반박'으로 구현된다. 사전 반박은 중요하며, 주어진 사안에 따라 다르다. 그래서 사실 기반 접종을 사안별 접종이라고도 한다 (둘은 같은 개념이다). 우편 투표가 선거 사기로 이어진다는 주장부터 인간이 기후변화를 일으킨다는 과학적 합의에 의문을 제기하는 가짜 청원에 이르기까지, 앞서 몇 장에 걸쳐 사실 기반 접종의 사례들을 살펴보았다. 사전 반박의 목적은 사람들에게 잘못된 정보에서 설득력 있는 부분에 반박하는 데 필요한 '항체', 곧 증거를 기반으로 한 탄약을 제공하는 데 있다.

구체적인 예를 들어보자. 당신은 독감 백신을 맞으면 인플루엔자에 걸릴 수 있다는 허위 주장이 온라인에 퍼진 사실을 알게 되었다. 이제 당신은 가족이나 스포츠 동호회, 소셜미디어 친구들에게 독감 예방주사로 독감에 걸릴 수 있다고 주장하는 가짜 뉴스에 노출될 가능성을 미리 경고할 수 있다. 나아가 인플루엔자 백신이 독감의 원인이라고 속이려 할 거라고도 알릴 수 있다. 다음으로 독감 백신은 감염시키지 못하는 비활성화된 바이러스 변종을 사용하므로 주로 백신이 독감을 일으키는 것은 불가능하다고 설명한다. 독감 백신은 유행병을 일으키기는커녕 한 사람에게 독감을 유발하는 것도 불가능하다! (일부 사람들이 백신 접종 뒤 미열이 나거나 팔이 아프다고 하는데 이는 백신이 감염을 일으키지 않으면서 면역 반응을 유도할 때 나타나는 증상이므로 오히려 백신이 효과 있다는 증거이다. 인플루엔자 예방주사를 맞고 얼마 뒤 독감에 걸린 사람은 접종 뒤 면역력이 생기기 전에 이미 독감에 걸렸거나 다른 종류의 바이러스에 감염되었을 가능성이 크다.)

완전히 가설적인 예시는 아니다. 2018년 페이스북의 한 바이럴 게시물은 인플루엔자 백신으로 독감에 걸릴 수 있으며 질병통제예방센터의 한 의사가 접종한 '재앙적인' 독감 예방주사로 인해 치명적인 독감 대유행이 시작되었다고 주장했다. 이런 잘못된 정보가 소셜미디어에 다시 퍼진다 해도(보통은 그렇다) 당신의 친구와 가족은 당신에게 미리 경고를 받았을 뿐 아니라(독감 유행이 다가올 것을 안다) 약한 용량의 잘못된 정보에 이미 노출되어 전염성 있는 잘못된 정보를 반박하고 저항하는 데 필요한 진실을 알고 있다. 물론 이는 사전 반박의 한 방법일 뿐이다. 그 밖에도 스탠드업 코미디나 교훈적이거나 재미있는 영상, 게임, 소셜미디어 메시지를 활용해 창의적으로 접근할 수 있고, 주치의나 공중 보건 담당자에게 사전 반박 내용을 널리 알려달라고 요청할 수 있으며, 저녁 식사나 술자리에서 사람들과 직접 대화를 나눌 수도 있다. 중요한 것은 주위 사람들에게 자신을 방어할 동기와 실제로 그렇게 할 능력을 갖춰주는 것이다.

사실 기반 접종의 중요한 장점은 백신이 구체적이고 우리가 접할 잘못된 정보에 맞게 맞춤화된다는 점이다. 같은 바이러스의 약한 용량으로 백신을 제조하기 때문에 바이러스와 백신이 완벽히 일치해 사람들의 심리적 면역계가 쉽게 인식하고 바이러스 공격을 무력화할 수 있다.

반면 주요한 단점은 사실 기반 접근으로는 관련 주제에 대해 전반적인 면역력을 보장할 수 없다는 점이다. 가령 사전에 반박하지 않은, 독감 백신에 관한 잘못된 정보에 대해서는 면역력을 보장할 수 없다. 다만 사안별 접종으로도 잘못된 정보에 대한 '보호 우산'을 만들 수 있다는 증거가 있다. 예를 들어 예방 접종을 하면 사람들이 백신 접종에 관한 정보를 더 많이 알아보게 되고 인플루엔자 백신과 관련된 잘못된 정보에 의문을 제기할 가능성이 커진다. 그러나 이런 보호 효과가 반드시 보장되는 것은 아니다. 백신이 잘못된 정보의 변종에 대해 효과가 있다는 강력한 증거가 있지만 그 밖에는 단순한 보너스 효과일 뿐이다. 다시 말해 사실 기반 백신의 문제점은 모든 잘못된 정보에 대해 개별적으로 백신을 접종해야 한다는 점이다. 한마디로 범위가 좁다.

그렇다고 도움이 되지 않는다는 뜻은 아니다. 우선 백신 접종할 특정 허위 사실을 잘 파악할 수 있다. 잘못된 정보를 구체적이고 정확히 겨냥할 수 있어 예방 접종 효과가 비교적 높다는 장점도 있다. 그러나 안타깝게도 어떤 잘못된 정보가 우리 앞에 나타날지 항상 예측할 수는 없다(가령 독감 백신에 대한 잘못된 정보가 매년 겨울에 나타날 것 같지만 항상 그러지도 않는다). 때로는 광범위하게 접근하는 방법이 더 유용할 수 있다.

## 기법에 기초한 접종

기법 기반(혹은 논리 기반) 접종은 넓게 보면 아리스토텔레스가 결함이 있는 추론을 드러내는 접근법에서 나온 방법이다. 대표적인 예로 심리 조작의 6단계DEPICT가 있다. 음모론처럼 광범위한 기법을 구성하는 전략별로 세분할 수도 있다(CONSPIRE 참조). 사안별 접종과 달리 이런 기법별 접종은 특정 사실을 다루지 않고 사람들에게 어떤 잘못된 정보의 기법에 속을 수 있다고 미리 경고한 다음, 하나또는 여러 개의 약한 용량을 사용해 해당 기법을 사전 반박한다.

우리가 이렇게 심리 조작 의도에 집중하는 이유는 이전 연구 결과 사람들은 자신을 조종하려는 의도를 알아채고 스스로 설득에 취약할 수 있다는 사실을 인지할 때 설득 시도에 더 강하게 저항할 수 있었기 때문이다. 한 예로 로버트 치알디니 연구팀은 참가자들에게 권위자로 보이는 인물이 해당 분야에 전문 지식을 갖췄는지에 주목해 판단하게 하는 식으로 '가짜 전문가 기법'을 간파하도록 교육했다. 이어 몇 가지 예시를 들었다. 그런 다음 참가자들에게 오해 소지가 있는 광고를 보여주자(아놀드 슈워제네거가 나와 인터넷 TV 제품을 홍보하며 "이것은 현재 이용 가능한 가장 정교한 기술이다"라고 말하는 광고) 참가자들은 그 광고가 더 조작적이라고 판단하고 광고에 더 저항하고 덜 설득되었다. 아무리 아놀드 슈워제네거를 좋아해도 그는 해당 분야 전문가가 아니며 광고는 단지 그의 신뢰성을 빌렸을 뿐이기 때문이다.

'나쁜 뉴스' 게임은 참가자들에게 조작자의 입장에 서서 사람들을 속이려고 시도하게 만든다. 세상에는 잘못된 정보로 우리를 속이려는 사람들이 존재하고 우리는 그런 공격에 취약한 현실을 강조하고자 했다. 참가자들은 '나쁜 뉴스' 게임을 해보고 나서 잘못된 정보에 대해 면역력을 얻었는데, 플레이어로 게임을 해보면서 가짜 뉴스가 어떻게 조작되는지 알고 그 과정에서 스스로 얼마나 취약한지 깨달았기 때문이다. 따라서 기법별 접종은 특정 잘못된 정보에 대한 반박 내용을 미리 제공해 저항하고 논박하도록 돕는 것이 아니라(사안별 접종) 잘못된 정보 기법을 더 광범위하게 알아채게 해준다. 이를 통해 잘못된 길로 빠질 가능성을 경고하고 잘못된 정보에 저항할 가능성을 끌어올릴 수 있다.

그렇다면 사적인 대화에서는 어떻게 할까? 독감 예방 접종 사례로 돌아가보자. 특정 잘못된 정보를 반박하는 데 집중하기보다는 사람들에게 관련된 심리 조작 기법을 설명하는 쪽으로 관심을 돌릴 수 있다. 예를 들어 잘못된 정보 기법으로 잘못된 정보를 교묘히 퍼뜨려 우리를 조종하려는 악의적인 사람들이 존재한다고 사전에 경고할 수 있다. 한 예로 '사칭' 기법을 통해 가짜 전문가 행세를 하는 사람들이 있다. 이들은 권위자로 보이지만 해당 주제나 분야에 대한 전문 지식이 없다. 또 공중보건 당국과 같이 공신력 있는 기관의 합법성을 빌리는 경우도 많다. 때로 이런 전문가라는 사람은 완전히 가상의 인물이며 '익명'으로 유지된다.

누군가가 이런 기법에 넘어가지 않는다고 장담한다면 간단한 퀴즈로 자신만만한 태도를 깨뜨려보자. 친구에게 어떤 헤드라인에 가짜 전문가 기법이 포함되는지 물어보라. "저명한 과학자, 코로나19 바이러스가 가짜라고 확인하다"라거나 "저명한 역사 교수, 기후변화는 자연적인 현상이며 오랜 시간에 걸쳐 발생했다고 주장하다"와 같이 몇 가지 예시를 들 수 있다. 그리고 이제 당신의 친구가 '질병관리본부의 한 의사'가 독감을 유행시켰다는 가짜 뉴스를 접한다면 이미 접종된 상태라 가짜 뉴스의 세세한 부분을 다 알아채지는 못해도 가짜 전문가를 내세워 의견을 조작하려는 시도라는 정도는 알아챌 것이다.

또 다른 예로 음모론을 들 수 있다. 가족이나 친구에게 음모론은 예측 가능한 줄거리로 간파할 수 있다고 설명한다. 말하자면 음모론은 대개 배후에서 비밀리에 활동하며 사람들을 속이려 하는 사악한 집단이 존재한다고 암시하는 식으로 주요 정치 사안에 관한 주류 서사에 의구심을 제기한다고 일러주는 것이다. 그러면 가족이나 친구는 다음에 유튜브에서 〈계획된 전염병: 코로나19의 숨겨진 의제〉를 봐도 그 영상이 음모론을 다루고 있다는 사실을 더 잘 간파하고 그에 저항할 수 있을 것이다.

기법별 접종의 주요 장점은 범위가 넓어 특정 사안에 국한되지 않는다는 점이다. 가짜 전문가 기법이나 음모론 기법에 대해 예방 접종을 받은 사람은 코로나19, 기후변화, 큐어넌 등 음모론의 온갖 변종에 대해 면역력을 얻는다. 따라서 기법별 접종으로는 모든 음모론이나 사칭 사례에 일일이 반박할 필요가 없다는 점에서 훨씬 광범위하게 보호받을 수 있다.

주요 장점 또 하나는 사람들이 사실에 기반한 접종을 원하지 않을 때 기법별 접근으로 전환할 수 있다는 점이다. 가령 어떤 사안에 대한 증거를 알아보는 데 거부감을 느끼는 사람이 있을 수 있다. 나는 우리 연구와 그 밖에 많은 사적 대화에서 사람들에게 사실을 알려주는 것보다 심리 조작의 기법을 알려주는 방법에 거부감이 적다는 사실을 발견했다. 대체로 덜 직접적이라 오히려 더 효과적이다. 사람들이 스스로 결정하게 해주면서도 적어도 자신이 조작당할 수 있다는 가능성을 알아채게 하는 것이다. 정치 이념의 스펙트럼 어디에 자리하든 남에게 조작당하고 싶어 할 사람은 없다. 특히 스스로 '진실한 사람'이자 '주류에서 벗어난 외부인'이라 믿고 독립적으로 사고한다고 자부하는 사람일수록 더 그렇다. 이들은 기법별 접종을 통해 평소 자신의 생각과 맞는 사안에 대해서도 조작당하지 않을 기회를 얻을 수 있다.

반면 기법별 접종의 단점은 사안별 접종만큼 표적이 뚜렷하거나 구체적이지 않아 평균적으로 심리적 면역력이 떨어진다는 점이다. 모든 사례에서 보편적인 전술을 알아채는 일이 더 어려운 데다 기법별 접종이 잘못된 정보 중에서도 특정 변종에 더 효과적일 수 있기 때문이다. 요컨대 깊이를 버리고 폭을 얻는 기법이지만 그만큼 다양한 사안에 더 넓게 확장되고 심리적 저항에 덜 부딪힐 수 있다.


## 능동적 접종과 수동적 접종

사실별 접종이나 기법별 접종을 전달할 때 '능동적'인 방식을 취할지 '수동적' 방식을 취할지 선택할 수 있다. 수동적 접종으로는 우리 연구팀의 기후변화에 관한 실험에서 참가자들에게 제시한 메시지를 들 수 있다. 우리는 참가자들에게 사전에 우리 실험에서 나올 청원에는 극소수 과학자의 허위 서명과 계정이 포함되며 이 과학자들 중 다수는 기후 과학에 대한 전문 지식이 없는 사람들이라고 알렸다. 달리 말해 우리(실험자)가 참가자들에게 선제적으로 반박 정보를 제공했다. 그에 비해 '나쁜 뉴스' 게임에서는 플레이어가 적극적으로 가짜 뉴스 콘텐츠를 생산한다. 그사이 잘못된 정보가 어떻게 생산되는지 스스로 알아챈다.

나는 능동적 접종이 우리가 세상을 배우고 경험하는 보편적인 방식에 더 부합하기 때문에 더 효과적이라는 가설을 세웠다. 그리고 우리 연구의 결과는 이 가설을 뒷받침한다. 다른 많은 연구에서도 사람들이 게임과 시뮬레이션이 포함된 경험을 통해 더 잘 배운다는 결과가 나왔다. 경험적 학습 이론에는 '능동적 실험'이 포함된다.

사람들은 감각기관을 통해 어떤 현상이 어떻게 작동하는지 발견하는 과정을 선호한다. 행동하면서 배우는 것이다. 경험적 학습은 정보를 기억에 저장하고 검색하는 데 도움이 된다. 인간의 기억은 네트워크 구조라고 볼 수 있다. 특히 장기기억은 거미줄처럼 얽힌 구조로 되어 있는데, 이를 연상 네트워크라고 한다. 연상 네트워크에는 연상 링크(엣지edge)를 통해 서로 연결된 개념(노드node)이 들어 있다. 연상 링크의 강도는 노드가 얼마나 잘 연결되어 있는지, 그리고 사람들이 노드에 중요성을 어느 정도 부여하는지에 따라 달라진다.

네트워크는 대개 특정 노드에 의해 활성화되고, 이어 네트워크 안의 관련 노드가 활성화된다. 예를 들어 '독감'이라는 개념은 기억 안에서 '백신'이나 '발열'과 같은 관련 개념을 활성화한다. 독감, 백신, 발열이라는 개념도 연상 회로에서 서로 연결될 수 있다. 여기서 핵심은 접종 메시지를 통해 개념과 개념의 연결을 강화하거나, 개념의 수를 늘리거나, 네트워크 구조를 완전히 바꿀 수 있다는 점이다. 예를 들어 사실별 접종 메시지에 사람들이 전에 몰랐던 반박 정보가 들어 있다면 새로운 노드가 추가될 수 있다. 원래 '바이러스'가 있던 자리에 이제 '비활성화된 바이러스'와 '살아 있는 바이러스'와 같은 노드가 추가된다. 마찬가지로 원래 '바이러스'에서 '백신'으로 가는 경로가 있었다면 이제는 '비활성화된 바이러스'에서 '백신'으로 가는 경로가 추가될 수 있다. 그리고 이 경로가 원래 있었다면 접종 메시지로 인해 그 링크가 활성화되고 강화된다. 접종과 관련된 기억 네트워크의 밀도가 높을수록 잘못된 정보 공격에 대한 저항력은 강해진다. 따라서 능동적 접종은 접종 과정에서 인지적 노력이 추가되므로 개념 간의 연결고리를 강화하고 우리가 개념에 부여하는 중요도까지 강화하는 데 효과적일 수 있다.

그렇다면 직접 가짜 뉴스 게임을 구축하는 것 이외에 일상에서 능동적 접종의 힘을 활용할 방법은 무엇일까?

전달할 사실이 있을 때 향후 잘못된 정보에 노출되고 저항하는 데 필요한 반론을 사람들에게 수동적으로 제시할 수도 있다. 하지만 게임화된 개입과 비슷하게 접근한다면 어떨까? 그러니까 사람들이 스스로 정신적 항체를 생성하게 해준다면 어떨까?

우선 한 가지 방법은 사람들에게 가짜 뉴스에 대해 스스로 반론을 생각해낼 수 있는지 묻는 것이다. 예를 들어 친구나 동료에게 누군가가 인플루엔자 백신으로 독감에 걸릴 수 있다고 말한다면 어떻게 반응할 것 같으냐고 직접 물어볼 수 있다. 이렇게 잘못된 주장에 좋은 반론은 무엇일까? 무엇이 떠오르는가? 백신은 실제로 어떻게 작동하는가? 마찬가지로 친구에게 어떤 음모론이 불가능한 이유를 말해달라고 요청할 수 있는가? 지구가 평평하지 않은 이유 3가지를 말할 수 있는가?

이 방법의 장점은 주장과 개념에 대해 주인의식을 더 많이 느끼고(직접 생각해냈으므로), 주장과 개념을 검색하고 선택하고 암기하는 데 동기를 훨씬 많이 부여하고 인지적 노력을 기울여 기억에서 관련 개념들의 연결이 더 자주 활성화되고 강화된다는 것이다. 물론 누구나 스스로 좋은 반론을 생각해낼 수 있는 것은 아니므로 그럴 때는 사람들에게 약한 용량으로 설득력 있는 반박을 제공해야 한다.


## 예방적 접종과 치료적 접종

이상적인 심리적 접종은 전적으로 예방적 접종이다. 잘못된 정보에 노출되기 전에 예방적으로 접종하는 것이다. 실험실 조건이라면 참가자들이 사전에 잘못된 정보에 노출된 적이 없는지 확인할 수 있다. 그러나 현실에서는 인구 전체를 대상으로 설문조사를 해보지 않고서는 이런 정보를 알아내기 어렵다. 사람들이 이전에 잘못된 정보에 노출된 적이 있는지, 얼마나 자주 노출됐는지, 그리고 그 정보가 주어진 사안에 대한 태도에 어느 정도 영향을 미쳤는지 알아볼 수 없다. 다시 말해 사람들의 '감염 상태'를 명확히 파악할 수 없다.

다행히 앞서 몇 장에서 보았듯 심리적 접종은 사람들이 이미 잘못된 정보 바이러스에 노출된 경우에도 효과적일 수 있다. 이런 치료적 접종은 이미 이전에 잘못된 정보에 노출된 적 있어도 심리적 면역력을 높일 수 있다. 한 예로 지구 온난화에 대한 과학적 합의에 의혹을 심으려는 허위 청원에 대해 치료적 접종을 시도할 수 있었다. '나쁜 뉴스' 게임 참가자들은 각계각층이라 우리는 그들이 이전에 잘못된 정보에 얼마나 노출됐는지 거의 확인할 수 없다. 그런데도 결과적으로 여러 가지 사안에서 잘못된 정보를 탐지하는 능력이 향상됐고, 잘못된 정보를 남들에게 공유하려는 의지가 줄었다. 따라서 치료적 백신 접종은 바이러스의 확산에 때로는 상당히 효과적으로 제동을 걸 수 있다. 그렇다고 예방 접종만큼 반드시 효과를 볼 수 있다는 뜻은 아니다. 선제공격이 확실히 유리하긴 하다.

그래도 먼저 공격할 수 없거나 어느 시점에 대화가 시작됐는지 확인할 수 없어 사람들이 이미 감염된 이후라고 해도 백신 접종은 효과가 있다. 가령 친구가 방금 바다에 뛰어들었는데 당신이 불길한 무언가를 감지한다. 친구가 상어 출몰 경고 표지판을 보지 못한 사실을 알아챈 것이다. 당신은 당장 친구에게 바다에 위험한 상어가 있다고 알린다. 이미 물속에 들어갔다고 해서(물에 들어갈 의지가 어느 정도 충만하다고 해서) 늦은 것은 아니다. 아직 무사히 빠져나올 여지가 있다. 치료적 접종도 마찬가지이다. 더불어 공공보건 캠페인에 비해 개인적으로 대화를 나누는 방법의 장점은 사람들의 감염 정도를 더 자세히 파악할 수 있다는 것이다. 나는 사람들과 대화하면서 잘못된 정보를 언제 접했는지 물어본다. 아직 그 정보를 믿지 않는지, 아니면 그 정보가 옳다고 확신하는지 가늠한다. 대화 과정에서 어느 단계에 진입할지 판단하고 그에 따라 내 전략을 짠다.

예를 들어 우리 가족은 가끔 떠도는 잘못된 정보를 왓츠앱 그룹에 올린다. 처음에는 꽤 신빙성 있어 보일 수도 있다. 한 예로 나는 '댄 리 딤케 박사'가 코로나19의 고유한 취약점을 공략하는 치료법을 개발했다고 주장하는 바이럴 영상을 받은 적이 있다. 그의 비법은 헤어드라이어로 코에 바람을 넣어 뜨거운 공기로 바이러스를 살균하는 것이었다. 그는 증상이 이미 시작됐다면 하루에 5회, 예방을 위해서는 하루에 2회만 시도하라고 권장했다. 우스운 사례로 들릴지 모르지만 사실 영상에서는 온갖 과학 논문을 제시하고 복잡한 의학 전문 용어를 사용했다.

그래서 나는 어떻게 했을까? 나는 그 왓츠앱 그룹에서 교묘한 조작 기법을 이용한 잘못된 정보가 떠돌고 있다고 경고했다. 딤케 박사는 가짜 전문가이며, 경영학 학위와 교육학 박사학위를 받았으니 의학 전문 지식이 없다고 덧붙였다. 그리고 그의 전문가 경력을 요약해 올렸다. "10세에 세계 최연소 천문학 강연자가 되다" "11세에 세계 최연소 최면술사가 되다" 등이었다. 그는 또한 교육 제도를 직접 만들고 14세부터 출판 활동을 해왔다. 그중에서도 압권은 "1분에 2만 5,000단어에 달하는 속도로 정보를 처리할 수 있다"라는 내용이다. 인상적이기는 하지만 안타깝게도 이런 능력은 의학과 무관하고, 그가 권장하는 비법은 심각한 화상의 위험이 있으므로 위험하다는 말도 덧붙였다. 이미 영상이 유포된 상태이지만 나는 왓츠앱 그룹에서 이런 유형의 콘텐츠에 대해 접종할 수 있었다. (여기서는 전달 방식이 중요하다. 사람들의 우려에 관심을 보이고 공감해주는 방식이어야 한다. 누구도 진실의 최종 결정권자가 될 수는 없지만 서로 도와 조작 시도를 알아챌 수 있다고 알려야 한다. 긍정적으로 의견을 나눠야지 적대적으로 언쟁을 벌여서는 안 된다.)

여기서 왜 헤어드라이어로 코로나19 바이러스를 퇴치하는 방법이 과학적으로 효과가 없는지 공식적인 공중보건 기관의 권고를 들어 사실을 기반으로 접종할 수도 있었겠지만 기법별 접종으로 접근하기로 했다. 코로나19 범유행 기간에 이미 가짜 치료제를 판매하는 엉터리 판매원이 만연했기 때문이다. 예방 접종 기회는 놓쳤지만 치료적 접종의 희망은 아직 남아 있었다.

물론 바이러스가 깊숙이 퍼져 낡고 평범한 반박 외에는 다른 선택의 여지가 없는 시점이 올 것이다. 그러면 개인은 사실로 믿었던 정보를 '거짓'으로 재분류하고 다른 이야기로 대체해야 할 것이다. 따라서 반박이 효과를 거두려면 다른 설득력 있는 설명을 제시해야 하고, 애초에 사람들이 잘못된 정보를 받아들이게 했을 만한 정치적 또는 사회적 편견을 건드릴 가능성이 가장 낮은 방식으로 설명하는 것이 이상적이다. 하지만 이 작업은 훨씬 어렵다. 그러니 예방이 항상 치료보다 낫다.

## 추가 접종과 접종 후 대화

앞서 살폈듯 생물학적 백신과 마찬가지로 심리적 백신의 면역력도 시간이 지나면서 약해진다. 잘못된 정보에 대한 면역력이 소멸한다. 자신을 방어할 방법을 잊고, 또 방어하고 싶은 동기가 사라져 그럴 수도 있지만 사실 2가지가 복합적으로 작용해 동기와 능력을 모두 잃었을 가능성이 더 크다. 나의 왓츠앱 그룹에서도 좋은 예를 찾을 수 있다. 왓츠앱에 사이비 치료법이 몇 주, 심지어 몇 달간 올라오지 않다가 결국 다시 올라왔다. 그래서 추가 접종이 중요하다.

가짜 뉴스로부터 자신을 보호하려는 동기와 실제로 그렇게 할 능력을 모두 유지하려면 정기적으로 추가 접종을 받아야 한다. '나쁜 뉴스' 게임에서는 결과적으로 매주 가짜 뉴스 퀴즈를 내서 사람들이 계속 주목하도록 동기를 부여하고 능력을 다질 기회를 제공하면 시간이 지나도 면역력을 유지했다. 추가 접종 방법에서는 얼마든지 창의력을 발휘할 수 있다. 사람들에게 게임이나 5분짜리 축약 버전을 플레이하게 하거나 짧은 영상을 시청하게 할 수 있다. 나의 왓츠앱 그룹에서 나는 가짜 전문가 기법의 참신한 사례를 요약 공유해 그룹 구성원들이 이런 유형의 콘텐츠를 알아채는 데 필요한 '항원 특이적 기억 세포'를 강화했다. 이처럼 간략한 형태로도 일상 대화에서 사람들에게 자주 추가 접종할 수 있다.

나는 사람들이 잘못된 정보에 대한 장기 면역력을 획득할 수 있다고 생각하지만 그러려면 장기간에 걸쳐 많이는 아니어도 적어도 몇 번은 추가 접종을 받아야 한다. 백신은 기본적으로 우리 몸에 잠재적 침입자의 머그샷을 제공한다. 장기간에 걸쳐 침입자의 머그샷(약한 예시)을 많이 보여줄수록 정신이 바이러스에 더 효과적으로 반격할 수 있다. 사람들이 접종 과정을 방해하는 모순된 정보에 지속적으로 노출되는 세상에서는 정기적으로 추가 접종을 받아야 한다.

심리적 접종의 긍정적인 효과 또 하나는 사람들이 주변 사람들과 접종에 관해 대화를 나눈다는 점이다. 우리는 이런 유기적인 공유 과정을 '백신 접종 후 대화'라 부르고, 이런 대화는 사회 관계망에서 한 친구에게서 다음 친구에게로 백신을 대신 공유할 가능성을 열어준다. 백신의 확산 속도가 잘못된 정보의 확산 속도를 앞지르면 잘못된 정보는 더 이상 발붙이지 못한다. 예를 들어 '나쁜 뉴스' 게임이 출시되자 레딧과 같은 온라인 포럼에서 수많은 사람이 이 게임에 관해 대화했다. 그리고 이 게임에서 얻은 교훈도 나눴다. 마찬가지로 누군가에게 백신을 접종해줬다면 그 사람은 다른 사람들과 접종에 대해 이야기할 수 있다. 게다가 남들에게 접종을 받으라고 권유할 수도 있다. 선행을 나누는 것이다.

접종에 대해 자주 이야기하기만 해도 설득 시도에 대한 저항력을 키울 수 있다. 연구에서도 접종에 대해 자주 이야기했다고 응답한 사람들은 접종에 대해 별로 이야기하지 않은 사람들보다 면역력을

11장 우리는 어떻게 거짓의 프레임에서 벗어날 수 있을까

더 많이 얻은 것으로 나타났다. 따라서 대화를 이어가야 한다. 사람들은 항상 잘못된 정보에 관해 이야기한다. 이제부터는 '백신'에 대해서도 이야기해야 한다. 백신 접종에 관해 공유하면 백신의 효능이 강해질 뿐 아니라 집단 면역을 형성하는 데도 도움이 된다. 우리 사회가 잘못된 정보에 대한 집단 면역을 형성하는 여정에서 한 걸음 더 나아가는 데 모두 적극적으로 기여할 수 있다.

여기까지이다. 내가 수년간 잘못된 정보에 빠지는 이유와 가장 효과적인 대응 방법을 연구하면서 얻은 교훈을 이 책에 모두 담았다. 이 책이 당신의 삶에서 사실과 허구를 더 잘 분별하는 데 도움이 되고, 더불어 이 책에서 얻은 통찰을 사람들과 나누기를 바란다. 물론 인지적 백신 하나는 바다에 떨어진 한 방울에 불과하지만 백신을 공유하면 그 한 방울이 파도가 되고 한 개인이 군중이 되어 세상을 바꿀 수 있다.

잘못된 정보가 퍼져나가는 것도 어느 한 사람이 그 정보를 공유하면서 시작되고, 또 한 사람에게서 잘못된 정보의 확산이 멈추기도 한다. 이제 개인의 저항력을 사회의 집단 면역으로 바꿔보자. 당신에게 맡기겠다. 진실이 당신과 함께하기를.

## 가짜 뉴스 항원 11 | 친구와 가족에게 백신 접종하기

— 일상에서 심리적 접종을 시도할 때는 사실 기반 접종과 기법 기반 접종 중에서 선택할 수 있다.

— 사실 기반 접종은 사실과 증거를 기반으로 특정 허위 사실에 선제적으로 반박하는, 좁은 범위의 백신 접종이다. 이 유형의 장점은 구체적이며 특정 잘못된 정보를 표적으로 삼을 수 있다는 것이다.

— 반면 기법 기반 접종은 잘못된 정보의 유포에 사용되는 주요 기법에 대해 면역력을 길러주는 넓은 범위의 백신 접종이다. 이 유형의 장점은 같은 기법을 쓰는 여러 허위 사실에 저항할 힘을 길러줄 수 있다는 것이다. 또 개인의 입장이 사실과 일치하지 않아도 저항을 덜 느낄 수 있다.

— 두 접종 유형 모두 수동과 능동의 형태로 전달할 수 있다. 능동적 접종에서는 개인이 더 많이 참여해야 한다. 각자 스스로 항체(반론)를 생성하는데, 이 방법은 저항력을 기르는 데 도움이 된다.

— 백신 접종 효과가 오래 지속하고 널리 퍼지려면 사람들이 정기적으로 '추가 접종'을 받고 사회 관계망의 사람들과 백신 접종에 관해 대화를 나눠야 한다. 시간이 흐르는 사이 잘못된 정보를 알아채고 반박할 동기와 능력이 다시 약해지므로, 정기적으로 대화를 나누고 사람들에게 백신 접종에 대한 동기를 부여하고 상기시키며 참여를 유도해야 한다.

　　　　　11장 우리는 어떻게 거짓의 프레임에서 벗어날 수 있을까

# 나가며 | 진실의 미래

"어둠의 마법은… 많고 다채롭고 변화무쌍하고 영원하다.
어둠의 마법과 싸우는 것은 머리가 많이 달린 괴물과 싸우는 것이다.
목을 하나 자르면 전보다 사납고 영리한 대가리가 돋아난다.
고정되지 않고 변형되며 파괴할 수 없는 무언가와 싸우는 것이다…
그러니 너희의 방어술은…
너희가 풀려는 어둠의 마법만큼이나 유연하고 창의적이어야 한다."

— 세베루스 스네이프 교수(『해리포터』 중 다다에 대해)

여기서 세베루스 스네이프 교수의 현명한 교훈이 담긴 문장 전체를 다시 인용하는 이유는 이 내용이 우리 앞에 놓인 과제를 완벽히 설명해주기 때문이다. 일부 바이러스가 변이하면서 전염성이 강해지고 심각한 질병을 일으키듯 잘못된 정보 바이러스도 분명 더 정교하고 전염성 강하며 더 심각한 피해를 주는 변종으로 변이할 것이다. 그리고 현재 나와 있는 백신이 전염성 강한 새로운 변종에도 계속 효과적일지 의문이다.

이런 이유로 우리 연구팀은 한 종의 바이러스뿐 아니라 다양한 변종으로부터 사람들을 보호해주는 심리적 백신을 개발하기 위해 힘썼다. 물론 백신의 효능에는 한계가 있을 것이다. 독감 백신도 최신 변종 바이러스에 대비해 새로운 버전으로 나와야 하듯 심리적 백신도 같은 방식으로 준비해야 한다.

최근 불길하게 엄습하는 딥페이크의 위험성을 경고하는 책이 쏟아져 나오고 있다. 딥페이크는 인공지능, 곧 '딥러닝' 방식으로 극사실주의의 가짜 영상을 만든다. 딥페이크는 사람의 몸과 얼굴을 디지털로 변형해 다른 사람처럼 보이게 만들어준다. 딥페이크 제작자는 대개 목표 인물이 담긴 수천 시간 분량의 실제 영상으로 머신러닝 알고리즘을 학습시켜 다양한 각도와 조명으로 그 사람의 모습을 정확히 파악하게 한다. 이 알고리즘은 주로 '자동 인코더'를 사용해 목표 인물과 배우의 얼굴에서 유사점을 찾아낸다. 그런 다음 압축 기능과 컴퓨터 그래픽을 이용해 목표 인물의 복제 이미지를 다른 배우에게 겹친다. 이것을 '페이스 스왑(face swap, 얼굴 교체)'이라고 한다. 블라디미르 푸틴과 버락 오바마, 도널드 트럼프, 마크 저커버그 모두 최근 널리 유포된 딥페이크 영상의 피해자이며, 영상에서 이들은 한 번도 한 적 없는 말을 한다. 예를 들어 마크 저커버그는 딥페이크 영상에서 이렇게 말한다. "수십억 명의 도난당한 데이터를 완전히 통제할 수 있는 한 남자를 상상해보십시오. 사람들의 모든 비밀과 인생과 미래까지요." 버락 오바마는 영상에서 트럼프를 "완전하고 완벽한 쓰레기"라고 부른다. 대체로 상당히 그럴듯해 보이는 영상이다.

온라인 속임수가 나날이 정교해지기는 하지만 아직 딥페이크에는 우리가 알아챌 수 있는 특징이 있다. 이를테면 눈을 부자연스럽게 깜빡이거나 깜빡이지 않고, 입 모양과 음성이 맞지 않고, 얼굴색이 고르지 않으며, 반전된 얼굴의 가장자리가 깜빡이고, 머리카락과 치아와 조명이 잘못 렌더링되는 식이다. 일부 문제는 앞으로 기술적으로 해결되겠지만 딥페이크 자체는 사칭의 한 형태이다. 내가 게임화된 개입을 좋아하는 이유는 적극적으로 접종해 '살아 있는' 형태의 백신이기 때문이다. 우리는 계속 이 게임을 수정하면서 새로운 도전에 한 발 앞서 대비할 수 있다. 실제로 현재 우리는 딥페이크를 사칭 기법의 '새로운 변종'으로 편입시키는 작업을 수행한다. '쉘로우페이크', 곧 기초적인 소프트웨어로 편집해 상황에 맞지 않게 제시하는 영상은 이미 편입시켰다(쉘로우페이크의 예로 2002년 폭동 영상을 마치 지금 벌어지는 사태처럼 보이도록 재가공한 영상이 있다). 코로나19 범유행이 발생했을 때, 우리는 당장 '나쁜 뉴스' 게임의 시나리오에 현재의 잘못된 정보 환경을 반영해 사람들에게 코로나19 관련 가짜 뉴스에 대해 접종시켰다.

　이처럼 기법을 기반으로 백신을 업데이트할 때의 장점은 진실의 미래와 우리가 거짓을 정의하는 방식과 관련 있다. 사실에 대한 과학적 이해는 특히 위기 상황에서 빠르게 진화하고, 대체로 불확실성을 상당 수준 동반한다. 예를 들어 언론이 처음에는 이부프로펜이 코로나19 증상을 악화시킬 수 있다는 주장을 보도했지만 단일 연구에 나온 주장이라는 사실이 드러나고, 이후 증거가 더 많이 나오면서 이 주장은 철회되었다. 이런 식으로 접근할 때의 문제점은

'진실'이 무엇인지 자주 업데이트해야 한다는 것이다.

반면 이 책 전반에서 자주 다뤘듯 잘못된 정보가 생산되는 근간의 기법을 중심으로 잘못된 정보를 정의하면 거짓을 더 안정적으로 파악할 수 있다. 2,000여 년 전 아리스토텔레스 시대에 잘못된 추론으로 여겨지던 것이 오늘날에도 잘못된 추론으로 여겨진다. 논리 법칙이나 매체 조작의 기준이 근본적으로 달라지지 않는 한, 이 책에서 살펴본 잘못된 정보 기법은 앞으로도 오래 잘못된 것으로 남을 것이다. 기법 자체는 계속 진화하고 정교해지고 전염성이 강해질 수 있지만 기본 속성은 유사할 것이므로 우리는 계속 움직이는 표적을 쏠 필요가 없다.

사안이나 사실 기반 접종도 나름의 역할이 있고, 특히 정립된 과학이나 시급한 사안에 대해서는 그렇다. 그래도 기법 기반 접종이 앞으로도 사람들이 신뢰할 수 있는 콘텐츠를 식별하는 데는 도움이 될 것이다. 기법 기반 접종은 진실(또는 잘못된 정보)에 대한 정의가 바뀌는 상황을 우회할 수 있을 뿐 아니라 어떤 콘텐츠가 조작 가능성이 큰지에 대해 공통으로 이해하는 데 목표를 둔다. 따라서 나는 지나치게 단순한 '진실 대 거짓'의 구도에서 벗어나 모든 사람이 온라인 콘텐츠의 신뢰성과 정확성과 조작 가능성을 더 신중히 판단할 수 있도록 서로 도와야 한다고 믿는다. 완전히 진실이거나 완전히 거짓인 콘텐츠는 거의 없다. 미디어 조작은 대개 일말의 진실을 담고 중간의 회색 지대 어딘가에서 일어난다. 따라서 잘못된 정보의 확산에 사용되는 기본적인 기법에 대해 예방 접종을 받으면 스스로 정보의 신뢰도를 판단할 수 있다.

'사전 반박'의 미래에 대한 나의 낙관론은 전 세계에서 시도되는 '사전 반박' 사례를 보면서 더 확고해졌다.

예를 들어 2022년 2월 3일 바이든 행정부는 러시아의 선전 공격에 노출될 수 있다고 미국 국민에게 사전 경고했다. 특히 우크라이나가 러시아 영토를 공격하는 듯 보이는 장면을 담은 가짜 영상이 곧 유포될 것이며, 이런 영상에서는 러시아의 침공 작전에 대한 거짓 정황을 꾸미기 위해 우크라이나가 러시아어를 쓰는 시민들을 '대량 학살'하려고 시도하는 것처럼 그려질 거라고 경고했다. 그리고 폭발과 시체, 심지어 애도하는 러시아인처럼 연기하는 배우가 등장할 수도 있다고 일렀다. 바이든 행정부의 이런 조치가 지극히 이례적인 점은, 보통 미국은 이런 식의 민감한 정보를 빠르게 공개하지 않기 때문이다. 게다가 미국은 이런 정보 자체는 확신하면서도 모든 세부 사항에는 확신하지 못했다. 하지만 위기일발의 순간이기에 러시아가 우크라이나를 침공하기 전에 국민을 미리 접종하기로 결정했다.

바이든 행정부의 '사전 반박'은 철저히 예방 접종 이론을 따랐다. 우선 국민에게 상대의 선전 공격에 대해 사전 경고하고, 근간의 심리 조작 기법을 소개하며, 예상되는 공격의 약한 버전과 함께 설득력 있는 반박 증거도 제시했다.

이런 '사전 반박'은 미국 국민뿐 아니라 NATO 회원국 국민의 양극화를 방지하고 러시아의 침공을 지연시키는 데 도움이 됐을 거라는 의견도 있다. 나는 러시아의 선전 공격이 실현되지 않았어도 국민이 그에 대비하도록 준비시킨 것은 옳은 결정이었다고 본다. 실제로 크렘린궁이 이런 조작 전략을 반복해 사용한 터라 어떤 형태로든 선전 공격을 감행할 가능성이 큰 상황이었다. 백신 접종을 하면 서사에 대해 통제력이 생기고 정신적 항체가 생길 수 있다.

동시에 심리적 접종은 그 자체만으로 충분하지 않다는 사실을 기억해야 한다. 우리에게 최선의 방책은 허위 콘텐츠를 '사전 반박'하는 방법이지만 그 밖에도 '감염' 과정의 모든 단계에서 개입할 준비가 되어야 한다. 잘못된 정보에 대해 효과적이고 다층적인 사회적 방어 체제를 구축하려면 예방적 백신 접종을 1차 저지선, 치료적 백신 접종을 2차 저지선으로 삼아야 한다. 이 전략이 실패하면 실시간으로 팩트 체크를 진행하면서 잘못된 정보가 유포되는 즉시 태그를 달고 플래그를 지정하는 시스템을 구축해야 한다. 사람들이 팩트 체크를 놓친다면(상당수가 그럴 수 있다) 잘못된 정보가 유포된 이후 반박할 수 있는 가장 효과적인 방법을 시도해야 한다. 나는 다가오는 탈진실 시대의 위험에 대비해 사회적 방화벽을 구축하기 위한 타임라인을 만들어보았다. 감염 과정의 전 단계에서 신속하게 대응해야만 잘못된 정보가 시스템에 깊숙이 침투할 가능성을 줄일 수 있다.

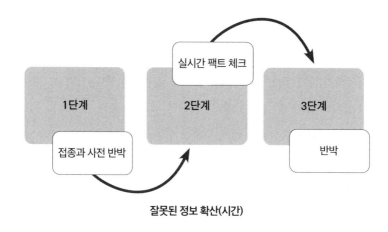

잘못된 정보 확산(시간)

하지만 모든 책임이 개인에게 전가되는 것은 아니다. 이 시스템은 주로 정보의 흐름을 통제하는 소셜미디어 기업으로 구성된다. 진실과 정확성을 얻기 위해 시스템을 활용할 방법을 근본적으로 고민하지 않는다면 개인의 노력도 방해받을 것이다. 흥미롭게도 소셜미디어 기업들과 소통해보면 다들 그들의 플랫폼이 정확성을 높이는 쪽으로 설계되지 않았다는 사실을 분명히 인정한다. 그리고 잘못된 정보의 확산을 막기 위해 노력하지만(관련 정책에 대한 자체 검토, 연구비 지원, 알고리즘 조정, 외부 팩트 체크 전문가와의 협업) 어차피 그들의 목표는 사람들이 나누고 싶어 하는 대화가 기업의 사용자 정책(예. 혐오 발언)을 위반하지만 않는다면 (정확성과 상관없이) 대화를 장려하는 것이다. 따라서 소셜미디어 기업들이 통제하는 사회 정보 시스템은 대체로 정확하고 증거에 기반하고 정보를 건설적으로 공유하도록 유도하는 장려책을 제공하지 않는다. 이런 장려책을 근본적으로 재고하는(그래서 수익 면에서는 손실을 보는) 방안은 소셜미디어 기업의 의제에 들어 있지 않다. 우리가 요구해야 한다. 만약 처음부터 다시 시작할 수 있다면 페이스북과 트위터, 유튜브, 그 밖의 소셜미디어 플랫폼을 어떻게 다시 구축해 인간애의 장점을 최대한 끌어낼 수 있을까? 사실과 증거가 널리 퍼져나가게 하려면 어떻게 해야 할까? 잘못된 정보가 확산하지 못하게 하려면 어떻게 해야 할까?

이 어려운 질문에 답하려면 아직 갈 길이 멀지만 이 책에서 우리가 잘못된 정보와의 싸움에서 결코 무방비 상태가 아니라는 사실이 온전히 전달됐기를 바란다. 새로운 도전은 계속될 것이다. 최근 한 연구에 따르면 가짜 뉴스는 우리가 의식하지 못하는 사이에도 우리에게 영향을 미칠 수 있다. 연구자들은 참가자들에게 읽기 과제를 내주고 최대한 빠르게 톡톡 두드리면서 읽게 했다. 한 조건에는 지능과 두드리는 속도의 관계에 관한 가짜 뉴스 기사를 읽혔다. 가짜 뉴스 조건의 참가자들은 더 빠르게 두드리면서도 자신의 행동이 달라졌다는 점을 인지하지 못했다. 이렇게 인지하지도 못하는 적과 어떻게 싸울 수 있을까? 이 가짜 뉴스는 감정을 이용해 사람들이 지능과 두드리는 능력 사이의 관계에 대해 얼마나 좋거나 나쁘게 느끼는지를 조작했다. 여기에 맞서기 위한 첫 단계는 이런 기법을 포착하고 무력화하는 능력에 달렸다.

『해리포터』에서 필수 과목인 '어둠의 마법의 방어술' 수업을 들는 학생들은 악마의 숨겨지지 않는 징후, 징크스 대응법, 방어술 거는 방법을 배웠다. 교사는 이론만 가르치며 효과적인 시범을 보여주지 못했다. 어둠의 마법에 맞설 방법을 제대로 알려면 학생들은 먼저 약한 용량을 체험해야 했다. 가짜 뉴스도 마찬가지이다.

내가 아직 말하지 않은 사실이 있다. 어둠의 마법에 맞서는 방어술을 가르치는 많은 교사가 오래 살아남지 못했고, 대부분 불운한 운명에 처했다는 것이다. 나는 앞으로도 오랫동안 '어둠의 마법에 맞서는 방어술을 가르치는 케임브리지의 교수'로 남고 싶지만 만일의 상황에 대비해 내가 아는 모든 정보를 이 책에 담았다. 이 책을 어둠의 조작술을 물리치기 위한 지침서로 삼기를 바란다. 이제 당신의 유능한 손에 달렸다. 현명하게 써주기를 바란다.

## 잘못된 정보 확산을 막는 11가지 방법

1. 진실을 유창하게 전달하기
   친숙한 주장일수록 뇌에서 더 쉽게 처리할 수 있다.

2. 정확성 장려하기
   정치적 목적보다는 정확성을 추구하는 환경을 조성하라.

3. 음모론의 숨길 수 없는 징후 익히기CONSPIRE
   음모론에는 예측 가능한 구조가 있어 그 구조를 파악하는 법을
   익힐 수 있다.

4. 잘못된 정보의 지속적인 영향력 최소로 줄이기
   잘못된 정보가 뇌에 오래 머물수록 영향력은 더 커진다.

5. 소셜미디어에서 잘못된 정보가 빠르게 유포되지 못하게 차단하기
   잘못된 정보의 '좋아요'와 공유 횟수를 제한하면 그 영향력을 줄
   일 수 있다.

6. 반향실과 필터 버블 피하기
   반향실은 생각이 비슷한 사람들 사이로 잘못된 정보가 흘러가게

만든다.

7. 마이크로타깃 알아채기

마이크로타깃은 설득에 잘 넘어갈 사람을 찾는 데 도움이 될 수 있다.

8. 잘못된 정보에 대한 예방 접종

가짜 뉴스의 약한 용량에 대해 선제적으로 반박해보면 정신적 면역력을 얻을 수 있다.

9. 심리 조작의 6단계DEPICT를 알아채고 사전 반박하기

비방, 감정, 양극화, 사칭, 음모, 트롤링.

10. 잘못된 정보에 대한 백신 접종이 확산하도록 돕기

충분히 많은 사람이 백신 접종을 받으면 잘못된 정보가 더 이상 퍼져나가지 못한다.

11. 친구와 가족에게 백신 접종하기

사실 기반이나 기법 기반, 능동적 접종이나 수동적 접종 중 원하는 방법을 선택한다.

## 추가 자료

접종 이론에 대해 더 알아보고 싶은가?

www.inoculation.science를 방문해보라.


우리 게임에 참여하거나, 친구들에게 접종하거나, 우리 연구에 참여하고 싶은가? 다음 웹사이트에서 무료로 참여할 수 있다.

www.getbadnews.com

www.goviralgame.com

www.harmonysquare.game.


트위터에서 자신의 미디어 식단을 더 자세히 알아보고 싶다면 우리 앱에 접속해 당신이 가짜 뉴스를 공유한 적 있는지 확인해보라.

https://newsfeedback.shinyapps.io/HaveISharedFakeNews/.


관련 과학에 대해 더 자세히 알고 싶다면 아래 논문을 참고하라.

S. van der Linden (2022), 'Misinformation: susceptibility, spread, and interventions to immunize the public', Nature Medicine, 28, 460 – 7.

S. van der Linden, and J. Roozenbeek (2022), 'A psychological "vaccine" against fake news: from the lab to worldwide implementation', in N. Mazar and D. Soman (eds), Behavioral Science in the Wild, Toronto

University Press, pp. 188 – 206.

잘못된 정보 취약성 테스트MIST로 자신의 능력을 평가해보라. 아래 헤드라인 5개 중 3개는 잘못된 정보이다. 잘못된 정보 기법을 식별할 수 있는가?

    "정부 관료들이 주가를 조작해 스캔들을 덮으려 해왔다."

    "새로운 연구: 좌파 성향인 사람들은 연봉을 올리기 위해 거짓말을 할 가능성이 더 크다."

    "전 세계에서 3명 중 1명은 NGO에 대한 신뢰가 부족하다."

    "특정 백신에는 위험한 화학 물질과 독소가 들어 있다."

    "EU에 대한 태도는 유럽 안팎에서 모두 대체로 긍정적이다."

(첫 번째 헤드라인은 '음모' 기법, 두 번째는 '양극화' 기법, 네 번째는 '감정' 기법을 사용했다.)

옮긴이 문희경

서강대학교 사학과를 졸업하고 가톨릭대학교 대학원에서 심리학을 전공했다. 전문
번역가로 활동하며 문학, 심리학, 인문학 등 다양한 분야의 책을 소개하고 있다. 『예
술가의 해법』 『디지털이 할 수 없는 것들』 『당신의 영향력은 생각보다 강하다』 『지위
게임』 『알고 있다는 착각』 『이야기의 탄생』 외 여러 책을 우리말로 옮겼다.

거짓의 프레임
우리는 왜 가짜에 더 끌리는가

**초판 1쇄 인쇄** 2024년 5월 20일
**초판 1쇄 발행** 2024년 6월 11일

**지은이** 샌더 밴 데어 린덴
**옮긴이** 문희경
**펴낸이** 최동혁

**영업본부장** 최후신
**기획편집** 장보금 이현진
**디자인팀** 유지혜 김진희
**마케팅팀** 김영훈 김유현 심우정 김예진
**미디어팀** 정지애 김영아
**물류제작** 김두홍
**재무회계** 서가영
**인사경영** 조현희
**판매관리** 양희조

**펴낸곳** ㈜세계사컨텐츠그룹
**주소** 06168 서울시 강남구 테헤란로 507 WeWork빌딩 8층
**이메일** plan@segyesa.co.kr
**홈페이지** www.segyesa.co.kr
**출판등록** 1988년 12월 7일(제406-2004-003호)
**인쇄·제본** 예림

ISBN 978-89-338-7242-0 (03300)